日本における経営理念の歴史的変遷

経営理念からパーパスまで

野林晴彦
Nobayashi Haruhiko
［著］

中央経済社

目　　次

序　章 ┃ あいまいな日本の「経営理念」概念を *1*
　　　　　歴史的に振り返る

　第1節　はじめに　*1*
　第2節　「経営理念」という言葉と概念を歴史的に振り返り,
　　　　　整理する意義　*3*
　第3節　研究方法論　*4*
　第4節　本書の構成　*6*

第Ⅰ部　経営理念という言葉の誕生から
　　　　一般への普及まで

第1章 ┃ 「理念」という言葉の誕生と普及：明治・大正時代 ····· *12*

　第1節　理念という言葉の誕生：
　　　　　ドイツ哲学の「イデー」の翻訳語として　*12*
　　　　1.「理念」という言葉が使用された初期の文献　*12*
　　　　2.「観念」から「理性観念」,「理念」へ　*14*
　第2節　理念という言葉の本来の意味　*16*
　　　　1. カントにおける理念　*16*
　　　　2. ヘーゲルにおける理念　*17*
　　　　3. カント・ヘーゲルの「理念」とそのイメージ　*18*
　第3節　理念という言葉の普及：
　　　　　日本におけるドイツ哲学の受容と展開とともに　*18*
　　　　1. 大学でのドイツ哲学の受容と発展　*19*

2．旧制高校の「哲学概説」授業を通じた「理念」の普及　*21*

第4節　戦時体制下での「理念」という言葉の流行とその背景　*25*

1．戦時中に多用された「理念」という言葉　*25*

2．戦時体制で「理念」という言葉が用いられた背景：
政治と哲学の接近　*27*

第2章　「経営理念」という言葉の始まり：
昭和初期〜第二次世界大戦中　……………………*31*

第1節　経営理念という言葉の誕生：最初の意味　*31*

第2節　経営理念の始まり：第二次世界大戦中　*33*

**第3節　経営理念が経営書の「一章」に：
中西勉（1943）『新訂　経営必携』　*38***

1．中西勉の略歴　*38*

2．『新訂　経営必携』が書かれた時代背景　*39*

3．『新訂　経営必携』附録第二　経営理念　*40*

　　1）経営理念の確立が必要となった理由　*40*

　　2）営利主義と利潤追求　*40*

　　3）営利主義とは　*41*

　　4）皇国職分観念とは：二宮尊徳の教え　*41*

　　5）利潤の意味と計算制度の役割　*42*

　　6）米国の営利主義と発展　*43*

　　7）英米思想と日本の「八紘一宇（爲宇)」の精神　*43*

　　8）皇国職分思想に基づく経済性原理　*44*

　　9）原単位計算制度　*44*

　　10）貨幣制度と生産（勤労)　*45*

　　11）個人の「分」の理念　*45*

　　12）企業の「分」の理念　*45*

　　13）結論「分」の最大化と経営理念　*46*

4．『新訂　経営必携』に見る経営理念の背景　*47*

　　　　　　1）国家中心の価値観：皇国主義　*47*

　　　　　　2）西洋思想への批判　*49*

　　　　　　3）日本独自の考え方の優位性の主張　*50*

　　　　5．国家を主体とした「経済思想・経営思想」としての経営理

　　　　　念　*53*

第3章　｜　経営理念という言葉の普及と一般化：　　　　················ *55*
　　　　　　「新しい経営理念」ブーム

　第1節　終戦直後の経営理念：川上嘉市『事業と經營』　*55*

　第2節　経済同友会「経営者の社会的責任の自覚と実践」

　　　　　決議（1956年）　*60*

　　　　1．経済同友会決議とその影響　*60*

　　　　2．なぜ，経済同友会は「経営理念」という言葉を用いたのか

　　　　　64

　第3節　「企業の社会的責任」の理解と普及を促した

　　　　　日本生産性本部海外視察団　*66*

　　　　1．日本生産性本部の発足と経済同友会　*66*

　　　　2．日本生産性本部「海外視察団」　*67*

　第4節　社会的責任論の一般への広まり：ドラッカー・ブーム　*71*

　第5節　「同友会の利潤宣言」：

　　　　　1965年経済同友会「新しい経営理念」提言　*74*

第4章　｜　実業界における「新しい経営理念」ブームの影響 ······· *78*

　第1節　「経営者の哲学，経営者理念としての経営理念」《概念2》

　　　　　への注目　*78*

　第2節　「企業組織の経営理念」《概念3》制定の動き　*82*

第5章 │ 「新しい経営理念」ブームへの学界の対応 ……………… *86*

第1節 「新しい経営理念」の重要性について言及する研究 *86*

第2節 日本の経営理念を確立するべきとする研究 *88*

第3節 それまで研究されてきたテーマを
経営理念とする研究 *90*

1.「経済思想・経営思想としての経営理念」研究 *90*

2.「経営者の哲学，経営者理念としての経営理念」研究 *93*

第4節 経営理念の経営学上での位置づけを
明確にしようとする研究 *94*

1. 経営理念の経営学上の位置づけ：
山本安次郎・山城章・高田馨（1967年） *94*

2. 経営理念論について：2つの研究成果 *97*

1）山城章編『現代の経営理念』 *98*

2）中川敬一郎編（1972）『経営理念』 *101*

第6章 │ 経済思想・経営思想としての経営理念《概念1》……… *104*

第1節 家業維持の理念（江戸時代） *105*

第2節 実業の思想（明治初期〜中期） *106*

第3節 経営ナショナリズム（明治初期〜中期） *107*

第4節 経営家族主義（明治末期〜大正） *108*

第5節 経済統制下における経営理念（戦時中） *109*

第6節 新しい経営理念（1950・60年代） *111*

1. 1955年中山・櫻田発言と
1956年「経営者の社会的責任の自覚と実践」決議 *111*

2. 同友会の利潤宣言：
1965年経済同友会「新しい経営理念」提言 *112*

第7章 経営者の哲学，経営者理念としての *114*
　　　　　経営理念《概念2》

第1節　経営者個人の哲学・思想の源泉は何か　*115*
第2節　経営者の宗教的背景：儒教・仏教/キリスト教　*120*
　　　1．儒教・仏教に基づく経営者理念　*122*
　　　　　1）渋沢栄一　122
　　　　　2）金原明善・佐久間貞一・矢野恒太・（二代目）小菅丹治
　　　　　　　124
　　　　　3）松下幸之助　126
　　　　　4）稲盛和夫　127
　　　2．キリスト教に基づく経営者理念　*128*
　　　　　1）（六代目）森村市左衛門　128
　　　　　2）波多野鶴吉　129
　　　　　3）武藤山治　130
　　　　　4）相馬愛蔵　131
　　　　　5）大原孫三郎　131
第3節　経営者の過去体験　*133*
　　　　　1）渋沢栄一　133
　　　　　2）武藤山治　133
　　　　　3）松下幸之助　134

第8章 「新しい経営理念」ブームによる *137*
　　　　　3つの経営理念概念

第1節　経営理念3つの概念　*137*
第2節　「経済思想・経営思想の経営理念」《概念1》の
　　　　　終焉とその理由　*139*
第3節　経営理念概念のパラダイム変換：経済同友会決議　*140*

第Ⅱ部 「企業組織の経営理念」《概念３》の歴史的変遷

第9章 経営理念の成文化と公表：
経営理念機能論の台頭 *145*

第1節 社是社訓から経営理念へ：経営理念のテキスト化 *145*
第2節 経営理念「テキスト化」の理由とその機能 *148*
第3節 テキスト化によって生じた「経営理念機能論」 *153*
第4節 「企業組織の経営理念」２つの視座：
「経営理念本質論」と「経営理念機能論」 *154*

第10章 経営理念の構造論：
経営理念内容の継承・変更のパターン *158*

第1節 経営理念の構造と名称 *158*
1．経営理念の階層性と，狭義の経営理念・広義の経営理念
158
2．経営理念の名称と構造の比較（製薬企業での比較例） *160*
3．企業の実際の経営理念例（日立製作所） *161*
第2節 経営理念内容の継承・変更パターン *162*
1．不変型（普遍型） *163*
2．刷新型 *165*
3．見直型 *167*
4．追加並列型 *168*
5．追加融合型 *169*
第3節 経営理念に影響を与える要因 *172*

第11章　「企業組織の経営理念」《概念３》が *174*
　　　　　どのように変わっていったのか

第１節　1950年代〜70年代「企業の社会的責任」概念の追加　*175*

第２節　1980年代〜90年代「戦略概念の導入：
　　　　戦略の上位概念としての経営理念」　*176*

第３節　1990年代〜2010年代「ミッション・ビジョン・
　　　　バリューの導入」　*179*

第４節　2000年代〜2010年代「社会性（CSR・サステナビリティ）
　　　　のさらなる強調」　*180*

第５節　2020年代以降「パーパス（存在意義）の導入」　*183*

第６節　経営理念への影響（要因と歴史的変遷）　*187*

第12章　企業組織の経営理念： *189*
　　　　　トヨタ自動車の事例

第１節　創業期：豊田佐吉と豊田綱領の制定（1935年）　*189*

第２節　トヨタ基本理念の制定（1992年）と改定（1997年）　*191*

第３節　トヨタ行動指針の策定（1998年）と改定（2006年）　*193*

第４節　トヨタウェイ2001の制定（2001年）　*195*

第５節　CSR方針の制定（2005年）と改定（2008年）　*196*

第６節　トヨタグローバルビジョンの制定（2011年）　*197*

第７節　トヨタフィロソフィーの制定（2020年）　*199*

第８節　トヨタウェイ2020の制定（2021年）　*201*

第９節　サステナビリティ基本方針の制定（2021年）　*202*

第10節　「トヨタ自動車の広義の経営理念」のまとめ　*203*

第11節　トヨタ自動車の経営理念：歴史的変遷のまとめ　*207*

　　　１．「豊田綱領」：「経営者理念」から
　　　　　「企業組織の経営理念」へ　*207*

　　　２．「トヨタ基本理念」「行動指針」「トヨタウェイ2001」：

　　　　　　企業の社会的責任概念の追加　*207*

　　　3．「トヨタビジョン」：戦略概念の導入　*208*

　　　4．「CSR方針」：社会性（CSR・サスティナビリティ）の
　　　　　さらなる強調　*208*

　　　5．「トヨタフィロソフィー」：Mission・Vision・Valueの制定
　　　　　および「トヨタウェイ2020」「サステナビリティ基本方針」
　　　　　制定　*208*

　第12節　**経営理念に影響を与える要因の相互関係性**　*209*

第13章　│　**「企業組織の経営理念」研究** ……………………………… *211*

　第1節　**1990年代までに多く研究されてきたテーマ**　*211*

　　　1．経営理念の定義　*211*

　　　2．経営理念の機能や効果　*212*

　　　3．経営理念の構造・階層性　*214*

　　　4．経営理念と経営戦略の関わり　*215*

　第2節　**経営理念の浸透**　*215*

　　　1．マクロ理念浸透研究　*216*

　　　2．ミクロ理念浸透研究　*217*

　第3節　**新たな研究テーマ：経営人類学による経営理念研究**　*218*

第14章　│　**経営理念の概念整理：総括** ……………………………… *220*

　第1節　**日本における経営理念概念の歴史的変遷と概念整理**　*220*

　第2節　**経営理念が広範であいまいな概念となった理由**　*223*

　　　1．「経営理念」という言葉自体の理由　*223*

　　　2．経営学者は，「経営理念」という言葉を望んでいたのか？
　　　　　226

　　　3．「経営理念」に相当する英語　*228*

終　章 ┃ おわりに：……………… *231*
　　　 ┃ 本研究の成果・貢献と残された研究課題

　　第 1 節　本研究の成果と貢献　*231*
　　第 2 節　残された課題　*232*
　　　　　 1．経営理念の国際比較，国際化の経営理念　*232*
　　　　　 2．経営理念と組織概念　*233*

あとがき　*235*
参考文献　*237*

序 章

あいまいな日本の「経営理念」概念を歴史的に振り返る

第1節　はじめに

　わが国において，経営理念に関する研究の歴史は長い。今から50年程前，山城（1967）は，「経営の理念が論攷せられてすでに40年，わが国経営学の歴史は，この理念論の展開を中心としたとみることもできる（110頁）」と述べている。日本において，経営理念は90年以上も研究されてきたことになる。

　この経営理念研究のテーマは幅広い分野にわたる。松田（2003）によれば，日本の経営理念に関する研究テーマは大きく5つに分類できるという。①経営理念の定義，②経営理念の機能や効果，③経営理念の構造，④経営理念の浸透の重要性，⑤経営理念と経営戦略の関わり，である。これらのうち①経営理念の定義について，柴田（2017）は，「研究者による経営理念の定義の変遷」として，27の研究者・グループの定義を整理している（22頁）。ここでは研究者によって経営理念の定義は異なり，唯一の定義は存在していないことが示されており，それぞれの視点の違いがあることが明らかとされている。

　「経営理念」という概念は，一般にも広く認知され，その重要性も認められている一方で，その意味は非常に広範であいまいである。例えば，会社がホームページに掲載している経営理念を比較すると，その名称やその示す内容，文章量などは驚くほど多様である。社是社訓，企業理念，ミッション，最近ではパーパスとしている企業も増えている。会社によっては，経営理念が文章化（成文化）されておらず，社長の言葉や行動を経営理念と呼んでいる場合もある。

　この経営理念概念の広範さ・あいまいさは，経営理念研究においても大きな影響を与えている。すなわち，「経営理念」という概念の多様性・多義性が，研究対象としての扱いにくさにつながっているのである。経営理念のこの特質は，「経営理念研究」を実施する上で，マイナスに作用することも多い[1]。さらに，研究者間でも，いまだに統一した経営理念の定義は存在していない。また経営理念に関する先行研究，特に1960年代頃の研究と，最近の理念研究を比較すると，それぞれの経営理念の捉え方が大きく異なっていることがわかる。このことから，経営理念概念は，歴史的にも変化していることが推測される。

　実際に研究者同士の場合であっても，経営理念概念の認識が異なることにより，議論がうまくかみ合わないことが生じている。言い換えれば，研究者により経営理念観が異なっているのである。例えば，土屋（1964）は，経営理念を「経営者精神」あるいは「経営者理念」と考えている。一方，山本（1967）は，「バーナードが組織と構成員を分けているように，「経営者の信念や理念と，経営の理念とを区別すべきである」と述べている。前者の主体は「経営者個人」であるのに対し，後者の主体は「企業組織」なのである。

　また住原ら（2008）は，「経営理念を独立変数とし，成果・業績などを従属変数として測定しようとしても，信頼できる関係性が特定できるものではない」（26頁）と断言しているが，実際に「経営理念に関する定量研究」は数多く公表されている（例えば鈴木2009，野林2015aなど）。前者は，経営理念を，成文化の有無にかかわらず，特定の価値を各人が経営やビジネスの現場で，「解釈・再解釈」することを通じて現実に適用していくという動的な存在と考えている（住原2014）。一方，後者は経営理念を「成文化され，公表されたもの」とする機能主義的な捉え方である。

　このような研究者間の経営理念観の違い，すなわち経営理念の捉え方の違いは，しばしば，経営理念研究の議論を妨げる。もちろん，研究者は自由に経営理念の定義を行い，その定義に基づいて研究を行えばよい。研究者は，自分自身の経営理念観に基づき「経営理念」を定義し，経営理念研究を実施する。しかし，自らと異なる経営理念観，経営理念の捉え方で定義した研究に対峙した場合，建設的な議論を行う前に，「それは経営理念と言えるのか？」という，そもそも論に終始しかねない。

　経営理念の議論を行うためには，どのように経営理念を捉えるかという「経営理念の概念」を同一にする必要があるであろう。しかしながら，これまでの経営理念研究の中で，この「経営理念概念の整理」を行った研究は少ない。

　それらの数少ない研究の中の一つが，山城編（合本版1972）『現代の経営理念』である。日本学術振興会経営問題第108委員会の成果を「経営理念の統一見解」としてまとめ，「経営理念（意義と内容）」，「経営主体と経営機能」，「経営目的」，「経営者の社会的責任」という４つの視点から整理を行っている。また浅野（1991）『日本の近代化と経営理念』では，その第１章「経営理念とは何か」において，それまでの主たる先行研究をレビューし，「定義と類型」，「企業と経営理念」，さらに「企業成長と経営者機能」「経営理念の変化と構造展開」についてまとめている。

　しかしこれらの研究では，経営理念の主体は「経営者」あるいは「経営体（企業）」とされ，中瀬（1967）が述べているような「わが国の経営思想＝経営理念」とする考え方は含んでいない。さらに松田（2003）や柴田（2017）が指摘する，経営理念の「成文化や公開の有無」については言及されていない。したがって，これらの研究でも，「経営理念の概念整理」は十分であるとは言えないのである。

　以上から，本書では日本における「経営理念概念の整理」を行うことを最終目的とする。

第2節　「経営理念」という言葉と概念を歴史的に振り返り，整理する意義

　山本（1972）は山城編（1972）『現代の経営理念』の中で，「『日本の経営』の概念規定が困難であった以上に，『日本の経営理念』の概念規定は困難であるのに，これを無視して，無限定のままで論述されることが多い（185頁）」と述べている。経営理念の概念を規定することの重要性は，すでに50年近く前から認識されていたことがわかる。

　しかし，前述のように，経営理念概念の整理に関する研究は，これまで十分なされてきたとは言えない。浅野（1991）は，経営理念の定義が確定し難い理

由の一つとして，「研究者が経営理念という用語で何を問題にするかが一様でないため（146頁）」[2]と述べている。

　本書では，「経営理念」という用語，すなわち言葉の歴史に注目していきたい。経営理念という言葉の歴史を振り返ることで，その概念がどのように誕生し，変容し，普及していったかを知る手がかりになると思われる。

　わが国において，理念および経営理念という言葉の誕生から広く一般に広まるまでの歴史を振り返り，経営理念概念がどのように捉えられ，また変遷してきたか，を確認する。

リサーチクエスチョン

日本における『経営理念』という言葉と概念は，どのように誕生し，変化し，現在のように受け入れられてきたのか？　その歴史を振り返ることで概念を整理する

　ではなぜ経営理念について歴史的に振り返るのか。山本（1967）は，「経営はすぐれて歴史的存在であり，歴史に規定されながらその形成に参加する。経営の理論も歴史を離れては形骸であり空虚である（21頁）」と述べている。経営理念研究を今後さらに進展するために，経営理念という言葉と概念を歴史的に振り返り，その概念を整理することは意義があることと考える。

　また，土屋も1964年の著書『日本経営理念史』の中で，「日本の経営史，経営理念史を振り返ることで，はじめて日本の経営哲学が確立し得る（5頁）」と述べている。同様に，経営理念という言葉と概念の歴史を振り返ることで，現在の「経営理念」像がより明確となり，さらなる経営理念研究の進展に寄与できるものと考える。

第3節　研究方法論

　須田（2019）は，マネジメント研究における研究方法を「リサーチクエスチョ

ンに基づき，研究の基盤となっている存在論的・認識論的立場を理論的に正当化したうえで，研究で活用する研究アプローチと研究データを活用する研究方法を理論的に正当化しながら解釈するプロセス」と定義している。ここで存在論とは，人間が生き生活している存在をどう捉えるかであり，認識論とはそれをどう認識するか，である。須田（2019）はこれらから，「存在論・認識論・研究アプローチ」を2つに大別し，一つを「客観主義パラダイム」，もう一つを「主観主義パラダイム」と呼んでいる。

	＜存在論＞	＜認識論＞	＜研究アプローチ＞
客観主義パラダイム	実在主義	実証主義	演繹法
主観主義パラダイム	構成主義	社会構成主義	帰納法

「客観主義パラダイム」では，人間の外側にある社会は，人間の認識から独立して存在するという「実存主義」をとり，人間の外にある因果関係を正しく説明・予測する「実証主義」により，理論から仮説を構築し実証を行う「演繹法」を実施する。一方，「主観主義パラダイム」は，社会における現象は人間の認識に左右されるという「構成主義」をとり，人間の内面を理解しようとする「社会構成主義（解釈主義)」により，観察・発見から理論を導き出す「帰納法」を実施する。

　本書は，「経営理念」の概念を問うものであり，またそれがどのように誕生し，変容し普及していったかを扱うものである。この経営理念はそれ自身，人間から独立して客観的に存在するわけではなく，人間がどのように経営理念を捉えているか（解釈しているか）が重要となる。したがって，「構成主義」の存在論，「社会構成主義（解釈主義)」の認識論に立つものである。また，主観主義パラダイムのリサーチクエスチョンは，「なぜ（WHY)」「どのように（HOW)」クエスチョンを追求する（須田2019，42頁）ものであり，本書のリサーチクエスチョン（「日本における『経営理念』概念はどのように誕生し，変化し，現在のように受け入れられてきたのか？」）と合致する。

　以上から，本書は「主観主義パラダイム」の立場をとる。また研究方法として，経営理念を中心とする多くの先行研究や，専門書籍，社史などの文献をもとに，「経営理念」という言葉と概念の歴史を確認し，考察を行うこととする。

第4節　本書の構成

　本書では全体を2部にわけ，第Ⅰ部では「経営理念という言葉の誕生から一般への普及まで」の歴史を確認する。第二次世界大戦中に誕生した経営理念という言葉[3]が，戦後1970年代初旬までに，一般に広く普及されるとともに，経営理念の3つの概念が誕生した。第Ⅱ部では，それらの経営理念概念のうち，現在中心に議論されている「『企業組織の経営理念』の歴史的変遷」について，その概念の誕生した1950年代から現在までを振り返り，その概念整理を行った。

　第Ⅰ部「経営理念という言葉の誕生から一般への普及まで」では，第1章として，20世紀初頭からの「理念という言葉の誕生」への歴史を振り返った。その本来の哲学上の意味と，国内で普及・拡大していった経緯を確認する。

　次に，第2章として，昭和初期から第二次世界大戦に至る間の「経営理念という言葉の始まり」について見てみたい。ここでは「経営理念」という言葉が，企業経営の理念としてではなく，学級経営の理念として始まったことを確認する。さらに第二次世界大戦中，学界での「経営理念」という言葉の誕生と，一般にどのように使われたかを振り返る。そして「経営理念」が単一の章として盛り込まれた最初の経営書である，中西（1943）『新訂　経営必携』について，その内容と主張を見てみたい。ここでの経営理念は，「経済思想・経営思想としての経営理念」《概念1》である。

　「経営理念」という言葉が一般化していったのは第二次世界大戦後である。第3章では，第二次世界大戦後の「経営理念という言葉の普及と一般化」について振り返る。ここでまず取り上げるのは，終戦直後に経営者が経営理念を持つことの重要性を訴えた，川上（1946）『事業と経営』である。次に「経営理念」という言葉が，現在のように一般に広まる契機となった1956年の経済同友会「経営者の社会的責任の自覚と実践」決議を取り上げる。ここではその影響と，なぜ経済同友会が「経営理念」という言葉を用いたのかを考えてみたい。ここで提唱された「新しい経営理念」とは「企業の社会的責任」である。その「企業の社会的責任」の理解と普及を促した日本生産性本部「海外視察団」についても確認を行う。また，その「社会的責任論」を一般に広めるのに大きな役割

を担ったのは，ドラッカー・ブームであった。またその後，経営理念の利潤追求の重要性があらためて問われ，社会性と利潤性を盛り込んだ1965年経済同友会「新しい経営理念」提言が行われた。

　1956年の経済同友会決議に始まる「新しい経営理念」ブームは，実業界に大きな影響を与えた。第4章ではその影響として，「経営者の哲学，経営者理念としての経営理念」《概念2》への注目と，企業組織が経営理念を設立する動き（企業組織の経営理念《概念3》）についてまとめた。

　第5章では，その「新しい経営理念」ブームへの学界の対応を整理した。そこでは大きく4つの動きがみられた。一つは，「新しい経営理念」の重要性について言及する研究である。一方で，米国からの直輸入ではない，日本の経営理念を確立するべきとする研究も報告された。また，それまで国内でなされていた研究テーマ「経済思想・経営思想」《概念1》もしくは「経営者理念」《概念2》の研究が「経営理念」研究としてさらに発展し，報告がなされるようになった。加えて，これらの経営理念研究ブームの中で，経営理念の経営学上の位置づけを明確にしようとする動きも見られた。

　第6章では，第5章を受けて，「経済思想・経営思想としての経営理念」《概念1》について，先行研究を中心に整理した。具体的には，江戸時代の経済思想・経営思想，実業の思想（明治初期～中期），経営ナショナリズム（明治初期～中期），経営家族主義（明治末期～大正），経済統制下における経営理念（戦時中），新しい経営理念（1950・60年代）である。

　同様に第7章では，「経営者の哲学，経営者理念としての経営理念」《概念2》についても先行研究から事例を抽出し，その思想の源泉として，宗教的背景と過去体験などとの関係について考察を行った。

　第8章では，1970年代初頭までに出揃った3つの経営理念概念について整理を行うとともに，「経済思想・経営思想としての経営理念」《概念1》の終焉とその理由を探り，さらに「経営者の哲学，経営者理念としての経営理念」《概念2》，「企業組織の経営理念」《概念3》へのパラダイムシフトを確認した。

　第Ⅱ部では，現在最も一般的に捉えられている「企業組織の経営理念」《概念3》についてより詳細に分析を行った。まず第9章では，1950年代半ばから

の「新しい経営理念」ブームから経営理念が成文化・公表されるようになり，企業経営におけるその役割（機能）を問う視点が強まったことを確認した。これを「経営理念機能論」と名付け，経営理念こそ企業経営の本質であり普遍的なものであるとみなす「経営理念本質論」との違いを整理した。

第10章では，「経営理念機能論」に基づき，成文化・公表されている経営理念の構造についても整理を行った。経営理念の階層性から，社是・社訓や綱領，ミッション，ビジョン，スローガン，行動指針まで幅広い経営理念（および類似概念）を経営理念とみなす「広義の経営理念」と名付けた。この広義の経営理念は，歴史とともに内容が継承されたり，変更されることが多いが，そのパターンを整理した。

第11章では，「企業組織の経営理念」（広義の経営理念）がどのように変わっていったのか，その歴史的変遷について確認を行った。具体的には，「企業の社会的責任」概念の追加（1950 − 70年代），「戦略概念の導入：戦略の上位概念としての経営理念」（1980 − 90年代），「ミッション・ビジョン・バリューの導入」（1990〜2010年代），「社会性（CSR・サステナビリティ）のさらなる強調」（2000〜2010年代），そして「パーパス（存在意義）の導入」（2020年代以降）である。さらに経営理念に影響を与える要因についても検討を行った。

第12章では「企業組織の経営理念」（広義の経営理念）の歴史的変遷について，実際にトヨタ自動車の事例をもとに確認を行い，経営理念に影響を与える要因の相互関係性を考察した。

第13章では「企業組織の経営理念」《概念3》を対象としてこれまで行われてきた経営理念研究をあらためて概観した。特に近年，経営理念研究の中心テーマとなっている「経営理念の浸透」について整理するとともに，最近の新しい研究テーマについてもレビューを行った。

第14章では，経営理念の歴史的変遷を振り返り，「経営理念の概念整理」を行い，3つの経営理念概念と，2つの視座を確認した。さらに，経営理念があいまいで広範な概念になった理由や，研究者が「経営理念」という言葉を望んでいたかを考察した。加えて「経営理念」に相当する英語を確認し，「経営理念」という言葉が日本でオリジナルに生まれた概念であることを考察した。

終章として，本書の成果と貢献をまとめるとともに，残された研究課題を記

◆ 図表序-1　本書の構成

序章　問題提起とリサーチクエスチョン

日本における『経営理念』という言葉と概念はどのように誕生し，変化し，
現在のように受け入れられてきたのか？　その歴史を振り返ることで概念を整理する

第Ⅰ部　「経営理念という言葉の誕生から一般への普及まで」（'70年代初頭まで）

第1章　「理念」という言葉の誕生と普及（明治・大正時代）

第2章　「経営理念」という言葉の始まり（昭和初期〜第二次世界大戦中）

第3章　「経営理念」という言葉の普及と一般化（第二次世界大戦以降）・
「新しい経営理念ブーム」（'55〜70頃）

第4章　実業界における「新しい経営理念」ブームの影響

第5章　「新しい経営理念」ブームへの学界の対応

第6章　「経済思想・経営思想としての経営理念」《概念1》

第7章　「経営者の哲学，経営者理念としての経営理念」《概念2》

第8章　「新しい経営理念」ブームによる3つの経営理念概念

第Ⅱ部　「企業組織の経営理念」《概念3》の歴史的変遷（'50年代〜現在）

第9章　経営理念の成文化と公表：経営理念機能論の台頭

第10章　経営理念の構造論：経営理念内容の継承・変更のパターン

第11章　「企業組織の経営理念」《概念3》がどのように変わっていったのか

第12章　企業組織の経営理念：トヨタ自動車の事例

第13章　「企業組織の経営理念」研究

第14章　経営理念の概念整理：総括

終章　おわりに：本研究の成果・貢献と残された研究課題

した。

【注】

1）高尾（2009）は，「経営理念が価値的側面にかかわるがゆえ研究方法が確立されていない」「ゆえに客観的な研究が難しく，研究者にとって手を出しにくい研究テーマになっている」と述べている（58頁）。

2）浅野（1991）は，もう一つの「経営理念の定義を確定し難い理由」を，「産業界で経営者がインタビューなどを行う際表明する信条，企業内で公認された経営方針など，その具体的表現が著しく多様であること」としている。

3）ビジネスの理念としての「経営理念」という言葉が出現するのは第二次世界大戦中である。一方，昭和初期には，教育学において，「学級経営の理念」，「学級経営理念」という言葉が使われている（第2章第1節）。

第 I 部
経営理念という言葉の誕生から一般への普及まで

　第 I 部では，「経営理念」という言葉に着目し，その言葉の誕生から一般に普及していくまでの歴史的な流れについて，振り返って確認することとしたい。またその流れの中で，経営理念自体の概念も人々にどのように捉えられ，変化していったかについて，整理を行いたい。

　まず最初に，哲学の言葉として20世紀初頭に誕生した「理念」について，国内で普及・拡大していった経緯を見ていくこととする。次に，昭和初期から第二次世界大戦に至る間の「経営理念」という言葉の始まりについて確認する。第二次世界大戦期に企業経営の「経営理念」が使用され始めるが，その概念は「経済思想・経営思想としての経営理念」《概念1》である。

　第二次世界大戦後に，「経営理念」という言葉は広く普及し，一般化していくこととなる。ここではその普及に大きな役割を果たした経済同友会と，その決議（1956年）に導かれた「新しい経営理念」ブームについて，詳しく見ていくことにしたい。さらにこのブームの影響として，「経営者の哲学，経営者理念としての経営理念」《概念2》への注目と，企業組織が経営理念を設立する動き（企業組織の経営理念《概念3》）が生じてくる。さらにその「新しい経営理念」ブームへの学界の対応についても整理を行いたい。

　経営理念の3つの概念のうち，「経済思想・経営思想としての経営理念」《概念1》について，および「経営者の哲学，経営者理念としての経営理念」《概念2》については，先行研究をもとに事例の提示と考察を行いたい。最後に，この3つの経営理念概念について，あらためてまとめることとする。

第│1│章

「理念」という言葉の誕生と普及：明治・大正時代

　まず，経営理念という言葉と概念が歴史的にどのように変遷していったか，について確認を行いたい。経営理念を英訳する場合，business creed やbusiness philosophyのように示されるが，日本では経営信条や経営哲学ではなく，「経営理念」として使われる場合が多い。なぜ経営「理念」という言葉が用いられるようになったのか，まず「理念」という言葉の誕生を確認し，次いで「経営理念」という言葉の始まりについて見てみたい（野林2020c，2022）。

第1節　理念という言葉の誕生：　　ドイツ哲学の「イデー」の翻訳語として

1．「理念」という言葉が使用された初期の文献

　日本語の「理念」という言葉は，いつ，どのように誕生したのであろうか。この言葉は江戸時代には存在していない。「理念」は明治以降に新たに造られた言葉である。

　わが国では，「明治初期，先進西欧諸国の文明の言葉を，翻訳語を造語することによって受けとめ（柳父1972，8頁）」，日本語の中に取り込んでいった。例えば，「社会」「近代」「美」「恋愛」「存在」「権利」「自由」などは，幕末から明治初期にかけて翻訳語として造られた言葉である（柳父1982）。「理念」もそのような翻訳語の一つであるが，明治初期ではなく，それ以降の新造語の一

つであるとされている（朱2005）。

　それでは「理念」はどのような言葉の翻訳語として造られたのであろうか。「理念」という言葉は，ドイツ哲学における「イデー（Idee）」の翻訳語として誕生している。例えば，明治から昭和初期の代表的哲学者の一人である桑木厳翼は，『カントと現代の哲學』（1917年）において，ドイツ哲学，カントのイデー（Idee）を「理性観念」すなわち「理念」として訳している。

　　　…是が形而上學の根本問題となるもので，之を理性觀念或は**理念**（Ver-nunftidee）といふ。カントは此場合の觀念即ち「イデー」といふ語をプラトーンの舊（旧）義に復したものとして居る，即ち英國人の所謂「アイディア」の如く單なる心理學的表象の意味に止めずして，空想に相應するものと看倣して居るのである。此解釋が果たしてプラトーンの眞意を傳へたものか否かは暫く措く，とにかくその其境地が經驗界より廣大深奥等の意味するものであることは推察するに足りる。　　　　　（148頁，以下アンダーラインは筆者）

　この桑木（1917）が，「理念」という言葉が使用された最初の文献ではない。朱（2005）によれば，「理念」という言葉の初出文献は，淀野（1907）『帝國百科全書　認識論』とされている。この中の「第三編　認識の確度及び限界」には，「第三章　超越的理念」として，「概念と理念」「理念と認識」「宇宙的，心理学的および本質的理念」などが記載されている。

　ところが，淀野（1907）より先に，「理念」という言葉が使用されている書籍がある。桑木の最初の著書とされる『哲学概論』（1900年刊行）では，カント哲学の記載中には「理念」という言葉は出てこないが，ドイツ観念論の完成者といわれるヘーゲルの哲学の説明で使用されている。

　　　ヘーゲル（自1770至1831）は曰く，哲學は理念の學なり。論理學（則第一哲學）は絶對的理念の學なりと。（『哲学概論』48頁）

　筆者が現在確認できた文献において，「理念」という言葉を最初に使用しているのが，この桑木（1900）『哲学概論』である。「理念」という言葉は，明治期にドイツ哲学であるカントやヘーゲルの「イデー（Idee）」の翻訳語として

誕生したと考えられる。また桑木（1917）で記述があるように，「理性観念」を略したものとも推測できる。

2．「観念」から「理性観念」，「理念」へ

それでは，誰がドイツ語のIdee（イデー）を，「理念」あるいは「理性観念」として翻訳したのだろうか。さらに歴史を遡って見てみよう。

幕末から明治初期にかけて，西洋の様々な言葉を日本語に翻訳した人物として，西周（1829-1897）が知られている。西周は，幕末から明治にかけて，数多くの西洋語とその概念を「漢字を組み合わせた新造語」によって日本へ導入した啓蒙思想家である。例えば，「哲学」「倫理学」「主観」「客観」さらに「理性」「悟性」など数多くの翻訳語を作成している。1872年３月稿とされる西周の『尚白箚記』には，「イデー」について，以下のように記されている。

　　…此外に「アイデア」（英），希臘根源の辭にて，本語「イデア」，拉丁も同じ。（佛）「イデー」，（日）「フォルステルンク」又「イデー」とも，（和蘭）「デンキベールド」。此語本見ルと云ふ語の變化にて，照影，照像の義よりして，何にても物體の印象の心に留存する者を指すを本義と爲し，それより一般の理會，想像をも指す事と成れり。此語は今観念と譯す。（麻生編1933,『西周哲學著作集』７-８頁）

西周（1872）は，「イデー」やギリシア語の「イデア」あるいは英語の「アイデア」等をすべて「観念」と訳している。この「観念」とは，もともと仏教に由来する言葉であり，仏や菩薩の姿，名称，浄土の相，あるいは真理などを対象として観想し，思念することを意味しており，ここから「深く思いをこらす」という意味が生じている（松本2018,中村編『仏教語源散策』46頁）。

西周の翻訳語が現在までよく使用されているのは，東京帝國大学教授であった井上哲次郎らによる『哲學字彙（初版）』（1881）に多く採用されたことが一因であると言われている（手島2001,朱2002）。この『哲學字彙（初版）』（1881）には，ideaの訳語が「観念」として記されている（『哲學字彙（初版）』41頁）。これらから，「イデー」は当初「観念」と訳されていたと思われる。

　また，井上の門下生であった蟹江義丸は，1899年発行の『帝國百科全書　西洋哲学史』において，カント哲学およびヘーゲル哲学の「イデー」の意味で「理性の観念」あるいは「観念」を使用している。さらに朝永三十郎（1905）『哲学辞典』では，「理念」の記載はないが，「理性観念」について，下記のように，単に「観念」（Idee, Idea）と説明している。

　　理性觀念　　獨　Vernunft Idee　英　Idea of reason
　　單に「觀念」（Idee, Idea）とも書す。カントの用語にして，狭義における理性の對象たる。靈魂，世界，乃神の三者を指さす。（中略）此概念は即ちカントが『理性觀念』又は單に「觀念」と呼びたるもの也。（『哲学辞典』422-423頁）

　西周は，Idee（イデー），Idea（アイデア）などの類似語を「観念」と訳し，井上哲次郎ら（1881）『哲学字彙』にはIdea＝観念と記載され，哲学者に広まっていった。ドイツ哲学のIdee（イデー）は，当初は「観念」と訳され，その後「理性の観念」（蟹江1899），さらに「理性観念」（朝永1905）となり，さらに短縮化されて「理念」となった可能性がある。

　　　　　イデー（Idee）　：　観念　→　理性の観念　→　理性観念　→　理念

　ドイツ哲学，カントやヘーゲルの「Idee」は，ギリシア哲学におけるプラトンの「idea」に由来している。ドイツ哲学において，カントは，プラトンの「イデア論」を批判的に継承し，新たな「理念論」を形成した。このような由来から，当初はギリシア語のidea（イデア）も，英語のideaもドイツ語のIdeeもすべて同じように明治初〜中期には「観念」と訳されたのではないだろうか。

　プラトンの「idea」は現実から遠く離れている超感覚的世界において，思考によって捉えられた真実在であり，「ideal」（理想）ということができる。これに対し，カントの「Idee」も客観的実在から離れているが，「ideal」は「Idee」よりも一層離れている。またヘーゲルの「Idee」は現実性をもち，カントの「Idee」よりもさらに現実に近い存在である。したがって，カントやヘーゲルは「Idee」と「ideal」をはっきりと区別しているのである。このような理由から，「理念はドイツ語のIdeeの訳語として，とりわけカントやヘーゲルの思想

を翻訳する際に使われだしたのであろう」（山口2013，『哲学・思想翻訳語事典　増補版』51頁）と言われている。

　この「理念」という言葉は，日本におけるドイツ哲学の導入と受容によって大きく広まることとなる。次にカントとヘーゲルの理念の本来の意味を確認し，その後，日本におけるドイツ哲学受容の歴史を振り返り，「理念」という言葉が普及した歴史を検討する。

第2節　理念という言葉の本来の意味

1．カントにおける理念

　カント（1724-1804）は，ドイツ観念論の前提をつくりあげたドイツの哲学者である。人間の理性のおよぶ範囲と限界を見極め，理性の能力を吟味する批判哲学を確立し，デカルトらによる大陸合理論，ベーコンらによるイギリス経験論の2つの立場を統合した。

　カントは，理性を「理論理性」と「実践理性」に分けた。「理論理性」とは，真理を探究する理性であり，「実践理性」とは善悪を判断して善いことを行う理性である。この「理論理性」は推論する能力であり，究極のもの・完全なものを思い描く能力である。そして，この究極・完全なもの，究極の真理が「理念（イデー）」である。『純粋理性批判』には下記のような記載がある。

　　　…理性概念の関係する認識は，およそいかなる経験的認識も（おそらくは可能的経験の全体，或は可能的経験の経験的綜合の全体すらも）単にその一部分をなすにすぎないような認識である。
　　　…我々は取りあえず純粋理性の概念に新しい名前を与えてこれを理念（イデー）とよび，かかる名称を付した理由を，これから説明しまた弁明したいと思うのである。（カント著・篠田訳（1961）『純粋理性批判　中』29-30頁）

「理論理性」は推論を重ね，究極の真理である「理念」に行きつこうとする，とカントは述べている。このような「理念」とは，魂の不死（心理学的理念），

世界の始まりと終わり（宇宙論的理念），神の存在（神学的理念）のことを示す。しかしこれら究極の真理である「理念」は，人間の経験では認識することができないものである。

　一方，「実践理性」とは，善悪を判断して善いことを行う理性である。この「実践理性」は，先天的に備わったものであり，普遍的な「道徳法則」に基づいて作用し，「善意志」とも言われる。このような「実践理性」が思い描く「理念」（実践的理念）は，「完全なる道徳的世界とそこでの生き方」であり，それをそのまま実践するように命ずるものである。またカントは，道徳的に正しく生きることを支えてくれるのが神への信仰であると述べている。

　このように，カントの「理念」には，理論理性に基づく，理論理性概念としての「理念」と，実践理性に基づく実践理性概念（実践的理念）としての「理念」の2つが存在する。

2．ヘーゲルにおける理念

　ヘーゲル（1770-1831）は，フィヒテやシェリングとともにドイツ観念論の哲学者であり，その完成者と言われている。観念論（イデアリズム）とは，精神的なもの（＝理念）を世界の根源的実在とみなす立場であり，物質を根源的実在とみなす唯物論と対立する。

　「理念」とは，ヘーゲル哲学の根本概念である。桑木（1900）が『哲学概論』で述べたように，ヘーゲルにおいて「哲学は理念の学」なのである。主要著書の一つである『大論理学』（1812-16）は，存在論，本質論，概念論の3巻で展開されているが，その概念論に第3編「理念」がまとめられている。

　　理念は十全な概念であり，客観的な真理であり，あるいは真なるものそのものである。何ものでもあれ，それが真理をもつというときには，そのものはそれのもつ理念によってこれをもつのである。（武市訳『改譯　大論理学　下巻』，257頁）

　このヘーゲルの「理念」は，カントの「理念」とは意味が少し異なっている。

カントの「理念」とは，ヘーゲルが述べているように，「それに近づいていくものであるが，それ自体はどこまでも彼岸に留まる目標のようなもの」なのである。一方，ヘーゲルの「理念」は現実の彼岸にある到達できない目標ではない。すなわちヘーゲルの「理念」は現実性を有するのである。

3．カント・ヘーゲルの「理念」とそのイメージ

　これまで見てきたように，カントの「理念」，ヘーゲルの「理念」とも一般人には非常に難しい。「理念は言うまでもなく，ヘーゲル哲学において重要な役割を果たしている。それにもかかわらず，理念とは一体何であるか，それを明確に述べることは容易ではない」（川瀬2017，109頁）のである。

　「理念」の哲学的な意味は難しいが，その本来の意味から，「理念」という言葉の持つイメージを考えてみよう。ドイツ哲学において，「理念」は理性が追い求めるもの，普遍的な理想であり，「普遍性」や「理想性」のイメージを備えている。また，カントの理論理性において，究極の真理である「理念」は「究極性」を有している。同様に，実践理性における「（実践的）理念」は，「完全なる道徳的世界とそこでの生き方」であり，「道徳性」が重要であることを示している。またカント，ヘーゲルとも精神的なものを世界の根源的実在とみなす立場（観念論）であり，「理念」は「精神性」のイメージを有していると言える。

　われわれが現在，「理念」という言葉に持つこれらのイメージ－「普遍性，究極性，理想性，精神性，道徳性」といったものは，この「理念（イデー）」の本来の哲学の意味から生じていることがわかる。

第3節　理念という言葉の普及：
　　　　日本におけるドイツ哲学の受容と展開とともに

　カントやヘーゲルによるドイツ哲学の「Idee」の翻訳語として生まれた「理念」という言葉の普及は，わが国におけるドイツ哲学の歴史に重なるものである。

1．大学でのドイツ哲学の受容と発展

　わが国においてドイツ哲学をはじめとした西洋哲学が導入されたのは明治期である[1]。明治初期に，欧州に留学した西周は，私塾育英舎の講義において西洋哲学を紹介し，その中にドイツ哲学も含まれていた（宮永2014）。

　ドイツ哲学が本格的に大学という場で教えられるようになったのは，1878（明治11）年に東京大学に赴任したフェノロサによる。フェノロサは政学（政治学）や理財学（経済学）とともに哲学を教えたが，その中でデカルトからカント，フィヒテ，シェリング，ヘーゲルに至るドイツ哲学の概要を講義している（藤田2018a，2018b）。そして東京大学を中心とした大学が，わが国の西洋哲学の受容の場となっていった。

　「過去の日本のアカデミズムの哲学は，ドイツ系に極端に偏っていた」（加藤2015）。大学で教えられる西洋哲学は，イギリスの哲学ではなくドイツ哲学がその中心となり，紹介されていくようになる。その中心的な役割を果たしたのは，ドイツ留学後に東京大学教授となった井上哲次郎であった。井上は，西洋哲学としては主にドイツ哲学を紹介し学生に教え，またドイツへの留学を勧めている（井上1932）。

　明治末期から大正期にかけて，ドイツ哲学の中で中心に論じられるようになったのはカント哲学である。19世紀末の新カント派ブームの影響を受け，日本でも新カント派やカント哲学が多く論じられた。「『新カント学派』は，明治末期の日本の若い学者にとって，純粋な哲学というだけでなく，当時の西洋の最も現代的で進歩的な社会科学の思想として受け取られた」（大橋2018，131頁）。桑木厳翼や西田幾多郎もそれらの学者のひとりである。

　1896年に東京帝國大学哲学科を主席で卒業した桑木厳翼は，大学院に進学後，東京専門学校，第一高等学校，東京帝國大学で教鞭をとった。西田幾多郎と同時期に，「東の桑木，西の西田」と言われ，第二次世界大戦前の東京の哲学を代表した人物のひとりである。1906年に京都帝國大学に転任した桑木は，1907年にドイツなど欧州に留学した。留学先で，新カント学派の影響を受けた桑木は，1917年『カントと現代の哲學』，あるいは1924年『カント雑考』にその内容をまとめている。この『カントと現代の哲學』は，大正期の日本の哲学界に

最も大きな影響を与えた著作の一つと言われている。

　日本国内で，本格的にカント哲学および新カント学派が受け入れられたのは大正期である。ここには時代的な背景がある。宮川（1966）は，明治の民族的個別の論理と特殊的内面の論理が志向した「日本への回帰」に反発し，「西欧・世界への傾斜」の志向を打ち出すことによって大正期の時代精神が形成されたと述べている。この点で，ドイツ哲学のうち，特に当時世界で大きなブームとなっていた「新カント学派」の日本への影響は大きい。この時期（大正期）における日本の代表的哲学者は，いずれもカント哲学および認識論哲学，すなわち新カント学派を論じていたと言われている。

　新カント学派には「マールブルク学派」と「西南学派」の2つがあるが，日本では特にヴィンデルバントやリッケルトに代表される「西南学派」の影響が大きい。桑木厳翼がドイツに留学し，師事したのは西南学派のリールであった。繰り返しになるが，それらの影響を受けて留学後に前述の『カントと現代の哲學』が著されている。

　西南学派を中心として，新カント学派の哲学が大正期の日本に積極的に受け入れられたのは，当時のドイツ帝國の発展によるところも大きいとされている。宰相ビスマルク率いるドイツ帝國は，当時イギリス・フランスといった先進国を急追しながら飛躍的な発展を遂げつつあった。このドイツ資本主義の，中産階級の理想主義の哲学として，新カント学派が形成され，展開されていったとされている。このような歴史的な背景と世界観的な性格を持つ新カント学派の哲学にとって，大正期の日本は「恰好の普及の地」であったという（宮川1966）。

　一方，ヘーゲル哲学の研究はどうであったか。前述のフェノロサはヘーゲル哲学を紹介し，その講義を受講した学生の一人であった三宅雄二郎（雪嶺）は1889年の哲学入門書『哲學涓滴』の中でヘーゲルについて詳しい記述を行っている。その後，「大正の末期から昭和の初頭にかけて，カント哲学に代わってヘーゲル哲学の研究がわが国哲学界の主要な動向を形作るにいたった」（宮川1966，134頁）のである。

　ヘーゲル哲学が注目されてきた理由は，一つはヘーゲル没後100年（1931年）での欧州でのヘーゲル哲学復興の動きであり，もう一つは世界のマルクス主義

思想の台頭である。19世紀にヘーゲル哲学を学んだマルクスは，やがてヘーゲルの観念論を批判し，唯物史観を形成した。わが国においても，マルクス主義について，ヘーゲル哲学およびその弁証法の解明の点から究明しようとする動きが見られた。例えば，京都大学の田邊元は1932年に『ヘーゲル哲學と辯證法』を出版している。田邊と同じ京都学派であった三木清や戸坂潤はマルクス主義へ傾倒していくこととなる。

　マルクス主義が広まる中で，やがてマルクス経済学を反映した経営学，「批判的経営学」がわが国独自の経営学として生まれることとなる。この批判的経営学は，東京帝國大学教授であった中西寅雄による『經營經濟學』（1931年）が始まりとされている。

2．旧制高校の「哲学概説」授業を通じた「理念」の普及

　日本における「哲学」の教育は，旧制高校における文科の必修授業「哲学概説」によって広く行われた。旧制高校の若きエリート学生たちに，わが国の哲学の主流であったドイツ哲学が教えられ，カント哲学やヘーゲル哲学の説明の中で「理念」という言葉が使用されてきたのである。

　下記に旧制高校（旧制第一高等学校）の週別時間数を示す。旧制高校文科3年生必修授業として「哲学概説」の授業が3時間組まれているのがわかる。また高等学校高等科文科の「哲学概説」教授要目（大正12年2月8日文部省訓令第2号）[2]を見ると，第3学年の90時間において「1.哲学ノ概念」から「40.現代ノ哲学」まで教えることとなっている。そのうち「37.カント哲学」「38.カント以後ノ独逸哲学」であり，カント哲学や，ヘーゲル哲学が教えられた。

　大正期において，世界および日本の哲学界の影響を受け，旧制高校においてもドイツ哲学の中で特にカント哲学および新カント派の哲学が教えられた。「カントの思想は全体として文科哲学と理解され，その真面目でストイックな生活態度は旧制高校に在籍するエリート予備軍の模範ともなった」（佐藤2005，252頁）という。同時に，ドイツ哲学のイデーから訳された「理念」という言葉は，旧制高校のエリート学生にとって非常に新鮮に響き，好まれ使われ始めることとなった（厚東2010，368頁）のである。

◆ 図表1-1　旧制第一高等学校　学年別科目別教授時間数（文科）

學年＼科目	修身	國語及漢文	第一外國語	第二外國語	歴史	地理	哲學概説	心理及論理	法制及經濟	數學	自然科學	體操	計
第一學年	一	六	九	④	三	二				三	二	三	二九（三三）
第二學年	一	五	八	④	五			二	二		三		二九（三三）
第三學年	一	五	八	④	四		三	二	二		三	三	二九（三三）

（出所：『第一高等學校一覧　自大正十三年　至大正十四年』第一高等學校, p.37-38)

　「理念」という言葉が若者たちに好んで使われるようになったのは，それが「Idee」の翻訳語であったという側面が大きい。翻訳語研究者である柳父章（1972）は，この翻訳語が「不透明」な言葉であり，一方で若い知識層に「乱用」される特質について述べている。明治以来，日本においては，西洋先進諸国の外来語を，新たな翻訳語として造語することによって導入することに成功してきた。心理，権利，社会，理性，疎外などといったこれらの翻訳語は，今日私たちの生活に不可欠な言葉となっている。しかしながら，これらの言葉は，今日でも「私たちの言葉になりきっていない」と柳父はいう。若者，特に若い知識層にとって，このような翻訳語は魅力的であり，十分理解できないまま，「乱用」するのである。

　「イデー（Idee）」はドイツ哲学の用語であり，前述のように本来の意味の理解は難しい。したがって，その翻訳語である「理念」の本来の意味も同様である。旧制高校で哲学をはじめて学んだエリートたちは，哲学自身の難しさとともに，新たな「理念」という言葉とその意味の難しさに直面したはずである。しかしそれ以上に，その言葉の魅力に惹かれたのではないだろうか。旧制高校文科の「哲学概説」で哲学を学んだ学生すべてが，理念の本来の哲学的な意味

をどれだけ真に理解できたのかはわからない。しかし「理念」という言葉は，その本来の意味から「普遍性，究極性，理想性，精神性，道徳性」というイメージを持つ非常に魅力的な言葉である。この言葉の魅力に惹かれた学生は，その意味を十分に理解できないまま「丸ごと呑み込み」，そして様々な場面で「乱用」するようになったと考えられる。

　このように「理念」という言葉は，知識層の若者，すなわち旧制高校出身のエリートたちに浸透し，様々な場面で使用されることとなったのであろう。本来の意味を十分できないまま（丸ごと呑み込んで）使用されるうちに，本来の哲学の意味から，「ある物事についての，こうあるべきだという根本の考え，理想」というようにその意味が拡大していったと考えられる。

　図表1－2は1920年代，30年代の「理念」という言葉が使用された文献をCiNiiで検索した一覧である（野林2020c）。1920年代の24報から1930年代の108報へと「理念」を使用した論文は増えている。また掲載された学術誌も哲学や史学などが多いものの，英文学研究や民族學研究など多岐にわたっており，幅広い分野で「理念」が普及していったことがわかる。特に日本経営学会『經營學論集』には1920年代から「理念」という言葉を使用した論文が存在し，1930年代には「哲学」に次いで2番目に多い17報の論文に使われている。経営学者

◆ 図表1－2　理念という言葉が使用された論文と掲載誌（CiNii）

		「理念」が使用された論文数と掲載誌	
1920年代	24報	哲學	8報
		史学	4報
		史苑	4報
		經營學論集	3報
		英文学研究	2報
		その他	3報
1930年代	108報	哲學	24報
		經營學論集	17報
		社会経済史学	12報
		史学	11報
		英文学研究	10報
		民族學研究	10報
		駒沢大学仏教学会学報	8報
		その他	16報

（出所：野林2020c，2019年2月10日閲覧）

も比較的早くから「理念」という言葉を使用していったことがわかる。それでは1920年代に「理念」という言葉を使用した『經營學論集』の論文3報について具体的に見てみよう。

　1928年『經營學論集』第2巻に掲載された，名古屋高等商業學校　宮田喜代蔵「經濟性と經營性」の中では，「經濟の理念」の記載がある（9頁）。

　　…經濟の理念に忠實なる時，經濟性とはいかなる意味に解せざるべきであるか。それは經濟の目的としてゐるところの「欲望充足」に對してもつ意味，従って生活促進に對してもつ意味でなければならぬ。即ち經濟性とは生活の促進に對してもつ意味の度合いである。

　ここで「經濟の理念」とは，経済の原理，経済がこうあるべきだという根本の考えを示していると言える。

　また，大阪高等商業學校　竹島富三郎は同じく『經營學論集』第2巻（1928年）に掲載された「經營學と經濟學との關係に關する一考察：社會政策より經營學へ，との時代の要求の變遷に就いて（經營學の諸問題，株式會社制度）」の中で，「社會政策の理念」という言葉を用いている（274頁）。

　さらに，1929年，井上貞蔵（日本大學）は，『經營學論集』第3巻に掲載された「日本の經濟政策とその基調」の第2章を「經濟政策の指導理念」としている（165頁）。これらはいずれも「こうあるべきだという根本の考え」とする意味を有している。

　日本経営学の黎明期において，理論経営学の形成・確立を志向した馬場敬治（東京帝國大学）も，1931年の『経営学方法論』の中で，「理念型」という言葉を用いており，後年（1949年）の『組織と技術—組織の調整力とその諸理念型』につながっている。なお，この「理念型」はマックス・ウェーバーのIdealtypus（ドイツ語）由来の言葉であり，社会科学方法論の基礎的概念である。理念型は，多数存在する経験的に与えられた所与の現実のなかから，その概念を構成するのに必要と思われる本質的要素とされる。なお，マックス・ウェーバーもドイツ哲学，新カント学派の影響を受けている。いずれにしても1920年代頃から，経営学者も「理念」という言葉を使用していることがわかる。

　ではなぜ，当時の経営学者は「理念」という言葉を使用し，それが広まっていったのか。戦前の日本の経営学は，ドイツ経営学（経営経済学）が中心であり，そのドイツ経営学はドイツ哲学の影響を受けていると言われている。また当時，ドイツ経営学では方法論が重要視されており，その点でも新カント学派が注目されていた。したがって当時の経営学者にとって，ドイツ哲学由来の「理念」という言葉も受け入れやすかったのではないかと考えられる。いずれにしても，当時の経営学はドイツ哲学と近い存在にあり，したがって「理念＝イデー」という言葉も親しみやすかったことが考えられる。

　しかし昭和初期までは「理念」という言葉は，旧制高校出身者を中心とした一握りのエリートのものであり，一般にはまだまだ知られていなかった。

第4節　戦時体制下での「理念」という言葉の流行とその背景

1．戦時中に多用された「理念」という言葉

　「理念」という言葉が，一部のエリートから拡大し，さらに一般に広まっていったのは，戦時中である。図表1－3－1は国立国会図書館デジタルコレクションにおいて，図書・雑誌を対象に「理念」という言葉の掲載数を年代別に示したものである。国立国会図書館においてデジタル化された図書・雑誌のみであるという制約はあるが，一見して1940年代に急激に「理念」という言葉が掲載された回数が増えている。

　さらに1935年から1946年の10年間について1年ごとに見ると図表1－3－2のようになる。「理念」という言葉の掲載数は，1940年から増え，1942年がピークとなり，1945年・1946年には激減していることがわかる。1940年は日中戦争中であり，また日独伊三国同盟を締結した年でもある。また1941年からは太平洋戦争が開戦し，1945年8月には終戦を迎えている。戦時中に「理念」という言葉が多く使われたことがわかる。実際に1940年に発行された図書・雑誌で，「理念」という言葉の使用状況を確認すると，8割程度が「新体制の理念」「東

◆ 図表１－３－１ 年代別「理念」掲載数
（国立国会図書館デジタルコレクション：図書・雑誌）

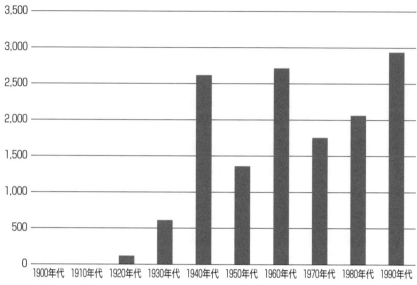

(2020年３月12日閲覧)

亜協同体の理念」などといった戦時体制に関する使用であった。

　ではなぜ，戦時体制のこの時代に，「理念」という言葉が多く使用されていったのだろうか。ここでは当時の政治および思想の状況を確認しながら，その理由を考えてみたい。

◆ 図表1－3－2　「理念」掲載数
　　（国立国会図書館デジタルコレクション：図書・雑誌）1935～1946年

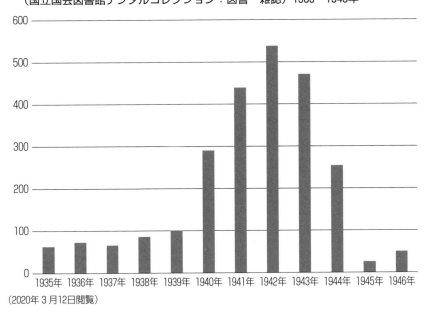

（2020年3月12日閲覧）

2．戦時体制で「理念」という言葉が用いられた背景：
　　政治と哲学の接近

　大正から昭和に入り，政治・社会・文化の各方面における民本主義の発展，自由主義的な運動が終わりを告げた。1930年代頃からは軍部が台頭し，周辺諸国との衝突が激しくなっていった。1937年7月には日中戦争が勃発し，1940年には日独伊三国同盟を締結，1941年には太平洋戦争が開戦する。

　このような中，政権や軍部は哲学に他国侵攻や戦時体制の大義名分・理由を求めることとなる。この時代は「政治と哲学」が近い関係にあった時代ともいえる。その当時，政治と関わりを持った有名な哲学者が，西田幾多郎らの「京都学派」であった。また「皇国哲学・皇国至上主義」の学者や思想家たちは軍部や政治にさらに強い影響力を持っていた。

　1940年頃によく使われていた「新体制の理念」「東亜協同体の理念」という言葉について考えてみよう。新体制運動とは，指導力を失った既成政党に代

わって，近衛文麿を押し立て，ドイツのナチスやソ連の共産党のような一国一党の強力な全体主義的国民組織をつくりあげようとする運動である。この運動は1940年6月頃から活発となり，この運動をもとに，1940年10月には，総理大臣である近衛文麿を総裁として大政翼賛会が発足することとなる。

　近衛文麿の政策研究集団である「昭和研究会」は，1936年に正式に発足し，「東亜協同体」の考え方を理論づけていった。京都学派の哲学者である三木清は，1938年に昭和研究会に参加し，その中の文化研究会委員長として1939年に『新日本の思想原理』，『新日本の思想原理　続編　協同主義に哲学的基礎』をまとめた。これは1938年に近衛内閣が出した「東亜新秩序」声明にあるべき具体的内容と方向を示したものであり，協同主義の哲学を理論化したものである。また，この昭和研究会には，三木清の師でもある西田幾多郎も講師として招かれている。

　当時の政権や軍部は，新体制や東亜協同体を成し遂げるために，知識層を含む多くの国民の賛同を得る必要があった。そのため，新体制・東亜協同体についての基本的な考え方，精神あるいは目的を前面に打ち立て，大義名分を主張する必要があった。近衛文麿のブレインとなった昭和研究会などの政策集団や，あるいは陸軍・海軍などの軍部は，その理論的な部分を哲学者に求め，哲学者は消極的もしくは積極的に政治に関与をすることとなった。

　このような背景から，その基本的な考え方，精神あるいは目的を「理念」という言葉で表現することで，「理念」という言葉の有する普遍性，究極性，理想性，あるいは精神性，道徳性を強調したことが考えられる。西田幾多郎や三木清は哲学者であり，ドイツ哲学に由来する「理念」という言葉をその昭和研究会の中でも使用している。例えば，三木清が中心となって作成したと言われる前述の昭和研究会編『新日本の思想原理』では「世界史の統一的な理念」「世界史の新しい理念」（3頁）のように使用されている。また西田幾多郎の論文「世界新秩序の原理」（1943年）では，「我国の八紘為宇の理念」などの言葉が使用されている。

　このような中，哲学者以外のアカデミアも，「理念」という言葉を用いるようになった。彼らの多くは大正期から昭和初期にかけて，旧制高校で「哲学」を学んだエリートである。例えば，東京帝國大学経済学部教授から大政翼賛会

の経済部長に就任した本位田祥男は，1940年に『新體制下の經濟』を著し，その第一部第二に「新體制の理念」をまとめている。京都帝國大学経済学部長であった谷口吉彦は，1940年に『新體制の理論』発行し，その第一篇で「新體制の根本理念」を示している。また終戦直前の1945年5月には，京都帝國大学法学部長であった牧健二が『「いへ」の理念と世界観』を発行した。「いへ」（家）の理念を国家に結び付け，「日本の世界政策は八紘をして宇（いえ）たらしめるにある」として，日本の侵略戦争を正当化している（南1994，143頁）。

　経営学者も「理念」という言葉を多く使用するようになる。神戸商業大学（現神戸大学）教授であった平井泰太郎は，1941年『国防経済講話』では「商業理念」（250頁）という言葉を使用し，1942年『統制経済と経営経済』（日本評論社）では，「イタリアの統制理念」「ドイツの統制理念」をまとめている。

　このように，哲学者，また哲学者以外のアカデミアから発信された「理念」という言葉は一般知識層に広まり，「流行語」となっていったと考えられる。

　さらに一般大衆層へ「理念」という言葉を普及する要因となった一つが，大政翼賛会の活動である。第二次近衛内閣は，1940年に大政翼賛会を発足させ，国民に対しポスターや小冊子を作成することにより，大政翼賛の意味やその考え方を伝達した。その中には「理念」という言葉が使用されている。例えば，有馬頼寧（1940）による小冊子『大政翼賛会の発足に当りて』では「滅私奉公が新体制の理念」との記述があり，高橋正則（1941）『大東亜共栄圏の指導理念』という小冊子も刊行されている。

　このように，「理念」という言葉は知識層から，徐々に一般の国民に対しても広く浸透していったのではないだろうか。そして，「理念」という言葉の持つ普遍性，究極性，理想性，精神性，道徳性のイメージがより強調されていったと推測できる。

　もう一つ注目すべきは，この「理念」の主体は，国家（あるいは協同体）であるということである。戦時期における「理念」，すなわち「新体制の理念」「東亜協同体の理念」といったものは，あくまでも個人が主体ではない。その「理念」は，国家全体（あるいは協同体）を対象としているのである。その考え方は，「経営理念」という言葉の最初の概念にも引き継がれていくこととなる。

【注】

1）日本では16世紀，日本に訪れた宣教師の神父が西洋哲学（スコラ哲学）を教えている。

2）旧制高等学校資料保存会編纂（1981）『資料集成　旧制高等学校全書　第3巻教育編』に掲載されている大正11（1922）年〜昭和11（1936）年の教授要目による（127-129頁）。

第 | 2 | 章

「経営理念」という言葉の始まり：
昭和初期～第二次世界大戦中

　20世紀の初頭に，ドイツ哲学から「理念」という言葉が生まれ，旧制高校や大学で哲学を学んだエリートから，「理念」という言葉が使われるようになった経緯を見てきた。また戦時体制下での「理念」という言葉が流行している状況も確認した。ここからは，「経営理念」という言葉が日本で誕生し，使われるようになった歴史を振り返ってみたい。

第1節　経営理念という言葉の誕生：最初の意味

　「経営理念」という言葉が最初に出現したのは，1930年代である。前章第3節で見てきたように，大正期に，ドイツ哲学の中のカント哲学および新カント学派の流行の背景を受けて，理念という言葉が大きく広まっていった。例えば，「理念的社会教育学」（入沢1927）や，「正義公平の理念（社會知）」（江幡1925），あるいは「理念型的社會學」（新明1929）のように使用されるようになった。また理念という言葉にその対象となる言葉を加えて，「〇〇理念」という言葉も生まれてきた。「教育理念[1]」や「文化理念[2]」などである。そのような言葉の中の一つが「経営理念」であった。

　「経営理念」という言葉を誰が最初に使用したのかは明らかになっていないが，1930年代には「経営理念」という言葉が記載された書籍が現れる。安部（1935）『新修身指導案　尋2』や三本（1935）『尋三の學級經營』などである。

　例えば，三本（1935）『尋三の學級經營』では，第1章「學級<u>經營理念</u>の本質」

において下記のような記載がある。

　　學校教育の單位が學級生活である以上，<u>學級生活經營の根本理念</u>は，之を
當然協同社會生活的教育に求めなければならぬ。
　　於此慮，學級生活經營の根本理念は，過去の乾燥した教材傳達の爲のみの
學級生活の中に家族生活的社會の特質である，人格の自然的發現によって家
族の人格を達成して行く，人格接觸教育に足場を置き，學級經營者の人格修
養を根幹とし智育偏重教育から情操教育への實踐指導によって自然的な共同
生活態度への伸展を取り入れていくことにあらねばならぬ。

（5頁，以下アンダーラインは筆者）

　また1942年に開催された第18回群馬縣國民學校教育研究會の大会記録集『國
民學校經營の研究』の中には，「我が校の經營理念に立つ實際」のタイトルで
下記のような記載が見られる。

　我が校の<u>經營理念</u>に立つ實際

碓氷郡後閑校　津金英治

第一章　我が校の<u>經營理念</u>
　我が校の經營理念は，國民學校の大精神を確認し，皇道に歸一し，國民の
基礎的鍛錬をなすのを其の根本精神とする。皇道とは言ふまでもなく，教育
勅語の「斯（こ）ノ道」の大道である。

　学級経営とは「小学校・中学校で，学級担任が教育の効果を高めるために学
級で様々な活動を工夫し，実践すること」（大辞林第三版，三省堂）である。「経
営理念」としての言葉の始まりは，実は企業経営の理念ではなく，学校教育に
おける学級経営の理念としてあったようである。
　これらの書籍が発行される前，1930年発行の武政太郎著『教育學の基本問題』
でも「第五章　教育學の理念」「第十二章　學校經營の理念」の章がある。ド
イツ哲学の中には，教育学に関する書籍もあり，教育学とドイツ哲学は"近い"
関係にあったことが考えられる。
　教育学で使用されていた「学級経営」「学校経営」という言葉と，ドイツ哲
学由来の「理念」の言葉が合体して「経営理念」という言葉が誕生したと考え

られる。

第2節　経営理念の始まり：第二次世界大戦中

　それでは，企業経営に関して経営理念という言葉が出現するのはいつか。それは学級経営の経営理念が出現してから5年程経過し，第二次世界大戦に入ってからのようである。前章第4節で見てきたように，戦時体制下において「理念」という言葉が流行するようになっていた。このような状況の中でビジネスに関わる理念として「経営理念」という言葉が誕生したようである。

　企業経営の理念としての「経営理念」という言葉が出現するのは，第二次世界大戦中である。神戸商業大学（現神戸大学）教授であった古林喜樂による，日本経営学会『經營學論集』(1940年) での論文「ナチス下の經營學」の中で「ナチスの経営理念」との記述が見られる。当時ドイツはナチス政権によって，ポーランドやフランス，オランダに侵攻し，第二次世界大戦が始まっていた。また1940年の9月には日独伊三国軍事同盟が締結され，日本とドイツは政治的・軍事的に関係性を強めていた時代である。

　　　ナチス政権が成立した當初に於ては，一時經營學は利潤追求學であり或は個々の經營の個別經濟の立場に立ってものを考へていく學問であるから，ナチスの公益を優先せしめる原理，全體經濟の立場に立つ考へに合致しないのみならず有害でさへあるとして，一部の強硬なナチス論者によって經營學の打倒論さへ叫ばれたのであるが，しかし結局，現實の經營經濟の問題を究明すること自體の必要に變りはなかったから，かかる極端な打倒論は間もなくその姿を全然没したのみならず，今日に於てはむしろ，國民經濟學の研究とともに經營經濟の研究の必要であることが積極的に認めらるに至った。(213頁)

ドイツも日本も戦時下にあり，経営および経営学を取り巻く環境は似ていたと考えられる。戦時経済のもとで，経営に対する考え方・価値観自身も変わらざるを得なかったのではないだろうか。経営学（当時はドイツ経営学）自身も存在意義を問われ始めた時代，日本の経営学の手本となっていたドイツ経営経

済学の動向は，大きな参考になったと考えられる。古林もドイツ経営経済学の
研究者であった。

　　経營協同體は國民協同體の一分肢に對して一定の任務を果たすべきところ
　のものである。卽ち經營は國民から一定の働きを任されたものとして國民に
　奉仕するために一體となって協力すべきものである。だから經營は單なる金
　儲けのための設備ではなく，又私益を追求すべきものではなく，それは國民
　のための國民同報の勤勞場でなければならぬ。(218頁)
　　…物の世界に對する人間の不動の優位を認めることによって，初めて<u>ナチ
　スの經營理念卽ち經營協同體の實現</u>が基礎づけられる。かくて經營の組織は
　働く人間を中心にして，指揮者と被指揮者との関係卽ち指揮秩序として形成
　せられる。…(219頁)

　この論文の中では，公益優先原則，経営協同体観，国民協同体の原理，指導
者原理といったナチス理論に生ずる原理が，経営学の理論に取り込まれている。
ここではナチスの経営協働体実現を「ナチス経営理念」として捉えている。こ
こでの経営理念とは，すなわち単一の企業組織を対象としたものや，経営者個
人の思想を示したものではなく，ナチス全体の「経済思想・経営思想」である。
　なお，古林は，この論文に先行する4か月前の論文「ナチズム経営学の見地」
(1939年) において，ドイツの経営学者が，ナチズム経営学を構築しようとし
ている点をまとめている。ナチズム経営学は，ナチス世界観の上に経営学の本
質的な問題から，その理論を組み立てることを目指しているという。ここで古
林 (1939) は，「ナチズム経営学の理論は，事実の究明よりは<u>理念の体系を建
設する</u>ことを目指している」(143頁) と述べている。なお，この場合での「理
念」とは経営理念のことを示しているが，まだこの論文では「経営理念」とい
う言葉は使用されていない。一方，理念という言葉は数多く使用されており，
「経済理念」という言葉も登場している。
　また，同じく古林による『戰時勞働と經營』(1943年) では，経営理念とい
う言葉は見あたらないが，同様の意味で「理念」という言葉が多く使われてい
る。

　最後に，新しい勤労精神と新しい勤勞體制のもとに於ける能率問題は，これからの問題である。この問題が解決されていくためには，一方に於て，より精練された明確な理念の確立と，他方に於て，理念を實現していく制度・組織の整備が必要である。新體制が，新しい時代の原理を持つためには，これを經濟について云へば，新體制は舊體制にまさる經濟力を出すものでなければならない。新しい理念は，この經濟力の源泉を見きはめ，その上に形成されなければならない。この意味に於て，各種の新體制要綱に各樣の理念が掲げられてゐるが，なほ精練が必要とされるであらう。例へば經濟新體制要綱[3]には，企業を持って資本と經營と勞働の有機的一體となしてゐる。…（134頁）

　…新體制の理念としては適當と云へない。新體制が産業報國，職域奉公，國民總力の結集，一億一心等に表現されてゐる原理を重視するものである限り，企業新體制も國民としての人間を重視する理念を採らなければならない。次に理念の精練とともに，<u>理念を實現せしめる制度・組織がひろく備はらなければならぬ</u>。この場合，勞働についてのみ，新しい理念による組織が出來ても，企業經營が歩調を合わさない時には，新しい努力が崩れて來るであらう。だから企業經營の全般にわたって，新しい理念にそつた制度が樹てられなければならないのである（135頁）。

　ここでは，「経営理念」という言葉は出てこない。しかし経済や経営等を包含した国家全体の理念を述べていると思われる。戦時下における新体制のための「新しい理念」と，その理念を実現するための制度や組織が必要であることも述べている。「<u>新しい理念とその実現のための制度・組織</u>」という考え方が明確に示されていることは非常に興味深い。

　繰り返しになるが，著者の古林喜樂[4]はドイツ経営経済学者であり，ドイツ哲学には比較的馴染みがあったことが推測される。また当時経営学で注目されていた方法論は，「新カント学派」の影響を強く受けている。さらに古林が学生時代に所属した京都帝國大学は，当時「京都学派」の西田幾多郎が所属していた。したがって，古林もカントやヘーゲルから影響を受けている西田[5]から，間接的（もしくは直接的）に影響を受けた可能性が考えられる。そのような古林が「理念」と「経営」とを結びつけて「経営理念」という言葉を用いたことは納得性が高い。

　また経営学だけでなく，史学においても「経営理念」という言葉が使用され

た文献がある。1943年，『史学』に掲載された，鈴木泰平「ジロンドの崩壊」
において，「国民公会のベルギー占領地経営理念」（45頁）の表現が使われてい
る。

　これらの「経営理念」の主体は，いずれも個人や一企業を示すのではなく，
主体は国家である。さらにそこには，「理念」という言葉の持つ「普遍性，究
極性，理想性，精神性，道徳性」が加味されていると考えることができる。

　同様にアカデミア以外でも，戦時下での経営のあり方として「経営理念」と
いう言葉が用いられるようになってきた。1940年に発行された『我社の江風會
運動』には『新經営理念と其の實踐』のサブタイトルがつけられている。これ
はグリコ株式会社支配人の吉武顯による非売品の小冊子であり，1938年に社員
の自主的活動として誕生した「江風会運動」を紹介している。江風会運動とは，
江崎社長の事業精神「どうすればより一層国家，国民の利益の増進に役立つか」
を社員全員が共有して，より強い会社組織となろうとする活動である。またこ
の事業精神は，当時の国民精神総動員運動や，産業報国の考え方とも合致する
と記している。この事業精神は江崎社長，そしてグリコ株式会社の経営理念で
あるが，戦時下の企業全体に当てはまる経営理念であると言える。すなわちこ
の「経営理念」概念も，国家を主体とした「経済思想，経営思想」と言えるで
あろう。

　また，工業新聞編集局長であった佐々木周雄は『兵器工業の指標』（1943）
の第六章で「兵器工業の經營理念」について著している。

　　軍は軍需工業経営指導要綱の冒頭に於て特に新經営理念の確立を要望し，
　左の如く強調してゐるが，これは單なる形式的な言葉として受取られること
　なく，以上に述べた觀點に立って深刻に吟味されるべきである。
　　専ら利潤追求を基調とする工業経営の觀念を是正し，國家的利益の増進，
　職分奉公の理念を基調とする新経営精神を確立すること。企業経営は國民経
　濟の分岐として國家の必要とする物資の生産確保を目的とし，其の責任を分
　擔するものにして，経営活動の目標は當該経営の生産性の増進に極力邁進し，
　大量迅速且最も経濟的なる生産を図るにあり，経営に於ける全員は總て右の
　目的に對し各々を其の職域に應じて努力を集中し，渾然として事業一體職分
　奉公の實を擧ぐるを以て最高の任務とす。（113頁）

戦争経済の下，自らの利潤追求ではなく，国の利益増進を目的とした「新しい経営理念」を確立する必要性を述べている。上記に記載があるように，軍による軍需工業経営指導要綱の中に「新経営精神」の確立が要望され，それを佐々木周雄は「新経営理念」と読み替えている。

また満州重工業開発本社の川合正勝は雑誌『新天地』（1943年）の中で「統制下の新經營理念」について述べている。

　…が，しかし日本の産業は，今迄健全なる發達をして来たが盤石の如き，堅き基礎に立って居るであらうか，否といはざるを得ない。…産業の根本となる理念に於て混迷があり，透徹した哲理がない。…所謂船載の商業主義なり工業主義が日本在来の道徳なり人倫の道を踏み躪って了ったのではあるまいか。かかる低調な道徳で果たしてよいものであらうか。（38頁）
　…日本人は先祖よりうけ繼いできたる日本的精神，とくに武士道精神によって株式會社を経営してきたるが故である。彼の「士魂商才」といふ文字通りのモットーにて株式會社を經營し来り彼のジューイッシュ的商才によらざる日本獨特の精神を以て株式會社の經營に當ったからである。それについても故上田貞次郎博士が，「株式會社論」に於いて武士道精神が株式會社経營に大いに役立ってゐるといふことはつとに云っておられる。（40頁）
　…この戦時下に於いて會社経理統制令が，その第一條に於いて，「會社は國家目的達成上　國民經濟における責任に分擔することを以て経營の本義とし」従来の營利至上主義を捨てて，公益優先の道に進むべしと規定してゐるにかかはらず，未だに十分徹底しないのは困ったものだ。…（43頁）
　…再び我々は思ひ起こしたい。金銭を多く搔き集めた人間が，米英式に又，ジューイッシュ的に云へば成功者であらうが。我々はかく信じたくない。富に目を奪はれることなく，日本人の個體自體のエラサに目を瞠（みは）りたい。篤農家に偉さを見出し，優秀なる熟練工に頭を下げ，地下に働く産業戦士に偉さを見出さなければならぬ。要は精神の深さ正しさに偉さを見出したい。民族の爲めに一身を捧げた美しさに感動すると共に，我々の職場に於いて，我々の會社に於いて功労のあったことに感謝し，人に敬意を表したい。黙々とその職務に忠實に働いて行くに感銘したい。積んだ富の量や，儲けた金高には餘り経緯を拂ひたくないものである。
　これが新らしい，しかして日本人としては，古くして又新らしい経營の理念でなくてはならない。これが普偏化してこそわが日本も大東亞戦に戦ひぬき，勝ちぬくこともできる。どうやら日本の政治もこの線に進められてやうである。果たして産業人はどうか。（44頁）

　川合（1943）は，戦時下において，西洋から入った営利至上主義を捨てて，公益優先を徹底すべきだと訴えている。日本古来の価値観，士魂商才―すなわち武士の精神と商人としての抜け目ない才能とを併せもち，株式会社を経営すべきであると述べている。これこそが日本本来の経営理念であり，古くも新しい経営理念であるとしている。

　また白石剛も『理論と実際　銀行研究』（1942年）の中で，「銀行經營理念の轉換と其の方向」として，戦時下における経営理念の転換の必要性を訴えている。さらに，古荘凌も雑誌『汎自動車』（1943年）の中で，「大東亞共榮圏完成過程における　満州都市交通經營理念」について述べている。さらに，住田正一も雑誌『実業之日本』（1943年）の中で，「生産増強と經營理念」について述べている。

　これらはいずれも，戦時下における企業経営の価値観として，新たな経営理念を徹底することの重要性を訴えているものと言える。

第3節　経営理念が経営書の「一章」に：
中西勉（1943）『新訂　経営必携』

　「経営理念」という言葉がより一般に浸透する契機となった書籍の1冊として，中西勉（1943）『新訂　経営必携』（図南書房）を取り上げたい（野林2020b）。ここではまず中西勉の経歴を確認し，この書籍が書かれた時代背景について見たうえで，『新訂　経営必携』附録第二編「経営理念」の章の内容について具体的に見ていきたい。

1．中西勉の略歴

　1938年東京大学経済学部商業科を卒業している。学部時代には，「中西寅雄先生や故馬場敬治先生に経営学の手ほどきを受け，興味を持ち始めた」（中西1963，3頁）と述べている。

　大学を卒業し，「故大河内正敏博士の科学主義工業の実態を体験すべく」工

業会社に就職したが，その中で「経営学の確立普及」を痛感し，自ら出版したのが1942年『経営必携』である。1943年に追加改訂版として『新訂　経営必携』を発行した。この書籍を著した際，工業会社を辞し，産業能率研究等を実施していると『新訂　経営必携』の巻末には記されている。発行時の正確な年齢はわからないが，20代後半であったことが予想される。

　なお戦後には，千葉工大，神奈川大学を経て，1961年日本大学教授に就任している。著書としては，1942年『経営必携』，今回取り上げる1943年『新訂　経営必携』，戦後には1954年『経営学（経営マニュアル）』，1956年『経営管理と原価計算』，1958年『経営必携』，1958年『会計実務必携』，1963年『経営学要説』，1968年『システムと管理会計』などがある。

2．『新訂　経営必携』が書かれた時代背景

　1930年代後半から1940年代前半，日本は日中戦争から太平洋戦争に突き進んだ時期である。1930年代から「国体とは何か」を明らかにする国体明徴運動が行われており，文部省が1937年に『國體の本義』，1941年に『臣民の道』を編集・出版し，国民への教化が行われた。同1937年には，盧溝橋事件により日中戦争が勃発した。日中戦争の長期化に対し，政府が経済統制を強化して総力戦に対応できるように，1938年に「国家総動員法」が成立した。これによって経済・国民生活のあらゆる分野において，政府は議会を経ることなく統制をできるようになった。

　政府はさらに戦時経済体制を進めることになる。1938年には物資動員計画が作成され，軍需産業に資材・資金が割り当てられるようになった。1939年には賃金統制令，会社利益配当及資金融通令，国民徴用令などが実施され，労働者の賃金・株主への利益配当・会社の資金調達などが統制された。1940年に第二次近衛内閣によって「経済新体制確立要綱」が閣議決定された。公益優先，職分奉公，生産増強，指導者原理，官民協力を基調として，企業体制の強化と経済団体の組織化を規定した。

　日本全体が戦争に向かって総力戦の準備を行っていく中，統制経済が進み，それまでの経営思想が通用しなくなってきた時代である。

3.『新訂 経営必携』附録第二 経営理念

　中西は1942年に『経営必携』を発行し，1年後に「経営理念」など3編を加えた新訂版を刊行している。この新訂版の緒言に，なぜ「経営理念」等を加えたのかが記されている。ここでは，日本固有の思想である「和」と「分」を，経営理念や生産哲学について説明を行うために追加したと述べている。

　この『新訂 経営必携』の附録第二編「経営理念」について実際の内容を確認してみたい。全419頁の中で，この「経営理念」の編は，383〜403頁と20頁を占める。この「経営理念」の編の中には，章や節は明示的に設定されておらず，それぞれの章や節の内容を示す小見出しも記されてはいない。その代わりに内容が変わる際には1行を「×××」で区切り，それぞれの主旨が変わることを示している。これらそれぞれの章（節）について，簡単な小見出しをつけ，記載のポイントを順番に見てみたい。

1）経営理念の確立が必要となった理由（383頁）

　1942-43年当時，戦況が進む中で，経済統制政策が実施され，数多くの統制団体が組織され，それまでの「企業は営利目的を追求する」という経営理念は通用しなくなっていた。

　そのような中，「営利主義や利潤追求は罪悪である」という考え方と，相対する「必要である」とする考え方が出現し，混乱をきたしている状況にあった。この状況を解決するために，企業（あるいは生産団体）に通じる経営理念の確立が必要になった。

2）営利主義と利潤追求（384-386頁）

　「営利主義」と「利潤追求」は混同されてきたが，これらは異なるものである。営利主義とは資本主義の考え方であり，富を蓄積しようとする欲求のことであり，利潤追求を必要としている。一方，利潤追求とは「収益を高め費用を節減する」という「経済性原理」のことであり，これは営利主義を必要とするものではない。またこの点は，マックス・ウェーバーらの学説にも示されている。

　西洋では，カルヴァンによって，職業が神の奉仕への道とされ，利潤を追求することが神の前で正しいことであるとされた。また，禁欲的に仕事に取り組むことが大切であるとされた。富（利潤）を得ることが神の目的とされたので

ある。

　しかし，その後，快楽主義という資本主義の倫理観が成立し，快楽と富が結ばれて営利主義となっている。この倫理観は，アダム・スミスの『国富論』の基礎理論になっている。

　このように，英米の資本主義における利潤追求は，営利主義が原動力となっている。快楽主義は，一方では「自己の最大の快楽」という理想となり，もう一方では「最大多数の最大幸福（快楽）」－功利主義－という理想となっている。米国ではこの功利主義による倫理観をもとに，社会経済思想として個人主義が成立し，自由主義が生まれており，政治的には民主主義となる。

3）営利主義とは（386-387頁）

　営利主義の起点は快楽主義である。さらに英米の営利主義の問題点は「貨幣獲得の手段としての勤労を置き，勤労自体には目的はない」とする点である。これは言い換えれば，盲目的守銭奴である。人間の命の尊厳を紙幣に売っていることと同じである。

　この点で，日本における「皇国職分観念」（「分」）と（英米の）営利主義とは根本的に相いれないものである。営利主義や個人主義が排斥されるべきであり，利潤追求（経済性原理）はそうではない。

4）皇国職分観念とは：二宮尊徳の教え（387-389頁）

　西洋の考え方に対し，日本の皇国職分観念と経済性原理が結ばれることは望ましい。この考え方はすでに二宮尊徳の教えとして実践されてきたものである。

　二宮尊徳の話を弟子が書き留めた『二宮翁夜話』に以下のような話がある。

　「ある村が千石高であり，百戸の家があれば，一戸は十石であり，これがその村の住民の天命である。これより多い家は富者であり，富者の務めは『譲』である。そう先生は説いた。

　話を聞いていた一人が，私はその村に住む一人であり，よく働いて倹約を行い，年々不足なく暮らしを立て，さらにお金を積んで田畑を買うことはしていないと言い，これは譲道にあたるであろうと。

　これを聞いた先生は，これは不貧というべきで，譲ではないと答える。悪くはないが，もう一段上に行かなければ国家の役には立たない。そうでなければ，どのように天の恩や，四恩（父母，衆生，国王，三宝の恩）に報いることがで

きるだろうか。

　よく働いて倹約を行い（勤倹），財を成して田畑を買い求め，家の財産を増やして，天命があることを知らず，あくまでも財産を増やすことだけを欲し，自分のみにそれを費やすことは，言うまでもなく小人である。その心は「奪」であり，自分だけよければどうでもよいという考え方である。

　よく働いて倹約を行い（勤倹），財を成して田畑を買い求め，家の財産を増やすまでは同じでも，天命を知り，譲道を行い，土地を改良・開墾し，国民を助ける。このようなことこそ「譲道」であり，国家に役に立ち，報徳ともなる。」

　ここで示されている「奪」は自分さえよければ人はどうでもよいという営利主義・個人主義であり，譲道の「譲」とは根本的に異なっている。「奪」は環境やすべてを私利私欲に利用しようとすることで，その環境やすべてのものはなくなり，結局自分も滅んでしまうものである。一方，「譲」は私利私欲を制限して環境やすべてのものを生かすことであり，ともに栄える道が譲道である。

　二宮尊徳は，利潤追求という方法は同じであるが，それによって得られたものに対して天命を知り，譲道を行い，国家の役に立ち，報徳となる「皇国職分」を説いている。

5）利潤の意味と計算制度の役割（389-391頁）

　利潤には通常2つの意味が存在する。

　第一の「利潤」は，適正原価に適正利潤を加えたものが適正価格である，という価格政策的な利潤である。この価格政策は企業経営よりも，国家的・社会的な問題である。

　第二の「利潤」は，企業経営において，販売高から費用を引いた経営固有の利益を意味する。この場合の利潤には「（収益を高め費用を削減するという）経済性原理」を適用できる。

　経営における利益の増大を目標とする場合，収益を増やすか，費用を減らすかの2つの努力がなされる。これが経営（の技術体系）を改善する要因となる。具体的には，生産量増加，労働力の向上と節約，材料費等の節約，浪費節減などである。この点において，財務諸表・原価計算制度・経営比較・標準原価計算制度・予算統制などを実施する意義がある。これらの計算制度を通じて，費用を減らす点，収益を増やす点を見出して，それに対応して技術改善を行うか

らである。

6）米国の営利主義と発展（391-393頁）

米国産業の発展は，資本主義を支える利潤追求方式すなわち経済性原理によるものである。利潤追求方式が最も要求するものは大量生産技術である。大量生産方式の発明と実施は米国が先であった。フォード・システム，テーラー・システム，タクト・システムが米国で行われ，ドイツに輸入されて独自な改善が行われ発展してきた。また米国の大量生産は生産量を増加し経費を節減するばかりでなく，価格を引き下げ，さらに高賃金につながっている。米国の産業能率は，その営利主義の利潤追求によって発展してきたと言える。

わが国では，産業技術の発展を要求するものは営利主義ではなく，皇国職分観念（「分」）である。たとえ営利主義を採用しても，その道の先輩である米国に勝てるわけはない。米国に勝ち得る唯一の道は営利主義より強力で，宇宙の真理である皇国職分観念によらねばならず，「分」の遂行あるのみである。

7）英米思想と日本の「八紘一宇（爲宇）」の精神（393-395頁）

英米思想が，「最大多数の最大幸福（快楽）」を理念とする限り，極端な営利主義・個人主義ではない。この最大多数の最大幸福とは個人の快楽を寄せ集めたものであり，その団結の強さは日本固有の精神にはとても及ばない。わが国固有の精神が真に発揮されれば，生産戦でも十分英米に勝ちうる。そのためには英米思想の悪い点が輸入された極端な営利主義・個人主義は排除されなくてはならない。極端な営利主義・個人主義とは自分一人，あるいはごく少数の幸福を理念とするものである。

わが国固有の精神は「八紘一宇（爲宇）」の精神であり，営利主義・個人主義とは根本的に異なるものである。また宗教のような合理的でないものとは異なり，真実の立場から自然科学的知識・技術を最も強く要求するものである。「和」と「分」とは，その国家的立場から自然科学的知識・技術や経済性原理を営利主義以上に要求し，使用するものである。「和」は功利主義のような単なる個人の幸福の寄せ集めではなく，「分」は個人主義の幸福でもない。わが国の倫理は，「分」遂行の中に，真の幸福が存在するのである。「和」と「分」は国体の本質に基づく伝統の精神である。

日本固有の精神である人類最高の理念に従うときに，英米思想で捨てなけれ

ばならない点が明確に示され，生産戦で勝つことは宇宙の道理である。しかしながら，英米から輸入された極端な営利主義・個人主義に利潤追求方式が支配されるとき，生産戦の目的と相反する行動を引き起こす。それは以下のような場合である。

(1)　能力向上に努力せず，価格の引き上げ運動を行うか，あるいは「ヤミ」をする

(2)　営利のために質を下げて費用を節減するか，あるいは売れればよい主義をとる

(3)　「分」を尽くさずして，収入のないところには努力を惜しむ

8）皇国職分思想に基づく経済性原理（395-396頁）

利益金処分する場合，社外分配は配当と賞与である。社内留保は設備拡張・改良改善・信用拡大・負債償還・配当平均・福祉増進・損害補填・退職給与等の目的を持つ積立金である。

利益金が多くなるということは国家財政を健全にすることにつながる。

(1)　価格を引き下げることができる

(2)　生産拡充資金として使用できる

(3)　貯蓄・納税・公債消化・献金が多くなる

すなわち，皇国職分思想に基づく経済性原理は産業能率を向上し，戦力増強に奉仕するとともに国家財政を健全化する。

9）原単位計算制度（396-397頁）

原単位計算制度は，昭和17年10月の「重要鉄工業生産の能率増進に関する件」に基づくもので，商工省・統制会などで実施されている。原単位計算は単位生産量に対する設備稼働率，主要原材料使用効率，労働能率などの要素を総合的に勘案して，少量の資材や労働力によって単位生産量の増加を求めるもので，貨幣経済の面ではなく物質の面から生産能率を向上しようとするものである。原単位計算の効果は，公正妥当な資材・労働量の配給基準を発見し，設備の改良，労働の能率，技術の改善，産業合理化の目標を立てることができるものである。これまで原価計算制度によって，貨幣計算を主とし，物量計算を従としてきたものが，両者ともに並行してきたものである。当局は，原価計算制度と原単価計算制度を共に合わせて実施すると言っている。

10) 貨幣制度と生産 (勤労) (397-398頁)

　貨幣制度は，金本位制から管理通貨制度へ移行した。管理通貨制度とは，正貨（金等）を準備して紙幣の額面価値を保証しなくても，最適と思われる通貨量を決めて，通貨量を管理・調整できる制度である。貨幣量が多く流通しても，国力（生産力）が増大するならば貨幣価値は下がらない。貨幣価値の基準は重要物品の価格を中心として落ち着くと思われる。その価格の構成要素を追求すれば，結局国民の勤労がその中心となる。このように，貨幣と生産（勤労）は密接に関係を持つようになり，経済性原理と生産能率が車の両輪のように，国力を生じる作用を持つことになる。しかし，価格引き上げによる貨幣の価値の増殖は，価格引き上げそのものが国力の消耗を意味し，決して良いものとは言えない。

11) 個人の「分」の理念 (398-399頁)

　個人と企業は給与で結ばれている。勤労が国力を生むと考えると，給与百円の労働者が百円の働きをしたのであれば国力は決して生まれてこない。国力を生むためには，給与以上の働きをしなければならない。すなわち，以下の理念（方式）に基づくことが必要である。

「分」の成果 　−　 給与 　＝　 最大

　産業能率のみの観点に立てば，昇給の方法はこの方式に基づくべきである。しかし「分」はあくまで「分」であり，給与の増加を少しでも目標としてはならない。

12) 企業の「分」の理念 (399-400頁)

　皇国職分に基づく経済性原理を適用して効果が大きいのは，直接生産に関与する工業・鉱業・農林水産業の企業である。これらの企業でも，経済性原理は企業運営の基礎ではなく，あくまで「分」の遂行でなくてはならない。経済性原理は「分」の遂行のための一つの技術に過ぎない。企業の実態を把握するためには貨幣価値的表現する必要があるためである。そのため，採算が取れない場合，企業の存在価値がないということは誤りである。直接生産の企業でも国家の費用補填の下，採算を度外視して行う場合もある。

　商業は公定価格のために，すでに公的性格を持つ機関になってきている。さ

らに，間接的生産に関与する統制会・営団・金庫・商工組合・農業団体などの費用補填主義の企業（最広義）がある。

　すべての企業は各々その国家的な目的を持っている。これらの企業の経営理念はその目的達成，すなわち「分」の成果を最大化することである。

$$「分」の成果　-　費用　=　最大$$

　もし公的性格を持つ企業が費用に比較して活動しないならばこの経営理念に基づいて統率していないからである。言い換えれば，真に皇国職分を自覚していないということである。

13）結論「分」の最大化と経営理念（400-403頁）

$$「分」最大\begin{cases}企業の経営理念 & 成果-費用=最大\\個人の経営理念 & 成果-給與=最大\end{cases}$$

　例えば，航空機部品製造会社に至急の注文があったとき，その会社の「分」の成果はできるだけ質のよい製品をその注文数だけ早く納品することである。しかし，この製造に無制限の人的物的資源を使用してよいわけではないから，最小費用の原則を必要とする。また間接生産の統制企業では，その統制業務をできるだけ迅速に正確に公平に果たすことがその企業の「分」の成果であるが，ここでもまた最小費用の原則を必要とする。要するに国家経済経営の有限な人的，物的資源で最大の生産増強をするように対応する。

　個人の経営理念は，国家への「分」，企業への「分」を果たすために，当然この方式によらねばならない。経済性原理の最小費用の原則は必要となったが，もう一つの最大収益の原則はどうであろうか。企業の本質は「分」であって国家目的の達成であり，また収益と最も關係のある価格の大部分は当局によって決定されるのであるから，最大収益は企業の目的すなわち経営理念にはなりえない。しかし，個々に同種の生産企業が二つあり，一つの企業が他よりも生産能率の優秀性により生産量が多いときはそれだけ収益は増加する。生産量増加という「分」の成果の結果として収益増加が生ずるのである。このように考えると，この経済性原理は産業能率増加のための一つの技術方式として成立することができる。

　さらに経済性原理の結果である利益は，経営理念となるであろうか。企業を営利目的追求と捉えるならば，これが最大の経営理念となるであろう。しかし，企業の本質は「分」であって企業自らのためのものでなく，最小費用にて「分」の成果をできるだけ多くすること，すなわち国家奉仕の度合を多くすることが究極の目的である。

　ただ「分」の成果と最小費用によって，他の企業に比べて多くの利益を得ることができ，さらにこの利益が「分」の一つである財政健全等の国家目的に使用されるのであれば，第二次的な（派生的な）経営理念となりうるであろう。すなわち，経済性原理とは，企業の「分」の遂行のための一つの技術方式として捉えられなければならないのである。

4．『新訂　経営必携』に見る経営理念の背景

　これまで「附録第二　経営理念」の内容を確認してきた。ここではその特徴を，1）国家中心の価値観，2）西洋思想の批判，3）日本独自の考え方の優位性の主張−和と分−，の3つに分けて，その背景について整理と考察を行ってみたい。

1）国家中心の価値観：皇国主義

　中西（1943）の「経営理念」とは，国家を主体・目的とした思想である。この『新訂　経営必携』の第一編の冒頭には，国家を中心とした経済あるいは経営のあり方を述べている。

　　経済とは國家といふ大いなる「いのち」を彌榮たらしむる爲，物を生むことである。企業とはその物を生む實踐體であり，經營とはその機能である。
　　企業と經營の本質はわが國體の本質に基く「和」と「分」の思想により明にすることが出來る。
　　「會社經理統制令」に示さるるが如く，企業の目的は國家經濟の一分子としての「分」を遂行することにある。決戦下の企業の「分」は國家經濟により課せられたる責任を果たせばよいといふ消極的なもののみでなく，生産戦に勝つといふ積極的なものを持たなくてはならない。

　国家の繁栄が最重要であり，経済はそのための手段，そしてその経済の「実践体」が企業，その企業の機能が経営であるとする考えである。著書の冒頭に書かれたこの文章が，中西勉の基本的な考え方を示している。

　この企業と経営の本質は「國體（国体）」の本質に基づく「和」と「分」の思想で明らかにできると述べている。この「国体」とは，「国家の状態。くにがら」を示す言葉であるが，第二次世界大戦前の日本において「天皇を倫理的・精神的・政治的中心とする国の在り方」として盛んに用いられた言葉である。

　1930年代から「国体とは何か」を明らかにする国体明徴運動が行われていたが，1937年に文部省が『國體の本義』を編集・出版し，日本中の学校で教えられた。中西勉（1943）の『新訂　経営必携』はその基本的な考え方をこの『國體の本義』に依拠していることがわかる。

　　我が國民經濟は，皇國無窮の發展のために大御心に基づく大業であり，民の慶福に依るところのものであって，西洋經濟學の說くが如き個人の物質的欲望を充足するための連關總和ではない。それは，國民を擧げて「むすび」の道に參じ，各人その**分**に從ひ，各々そのつとめを盡くすところのものである。…これが我が國産業の根本精神である。
　　　　　　　　　　（『國體の本義』，137-138頁，太字アンダーラインは著者）

　また，「会社経理統制令」は1938年成立の『国家総動員法』に基づき，1940年に公布・施行されている。会社は「国家目的達成の為，国民経済に課せられたる責任を分担することを以て経営の本義」（第2条）とするなど，企業の経営に公益優先の論理を導入している。国家総動員法は日中戦争の長期化に対応して策定された全面的な戦時統制法であり，日本の総力戦体制の根幹となったが，その根本的な考え方は『國體の本義』に基づくものということができる。

　新訂版で追加された「附録第二　経営理念」の編だけでなく，国家中心の価値観は，『新訂　経営必携』の書籍全体に貫かれる思想である。そしてその価値観のベースは，『國體の本義』に記された内容である。

　橋爪（2020）は，『國體の本義』が，皇国主義という世界観を提供しているという。そして，「この世界を理解し，この世界に立ち向かう『正しい考え方と行動の原理』である」としている。またさらに，「『國體の本義』の皇国主義

は，学校教育を通じて，またあらゆるメディアを通じて，日本全体にふりまかれた」と述べている。中西も，この皇国主義という国家中心の価値観に共鳴し，それがこの『新訂　経営必携』の基本思想として取り込まれていると言えよう。

橋爪（2020）はさらに，『國體の本義』が，「世界の様々な情報を読み解く『万能カギ』（世界解釈枠組み）の役目を果たし，その世界観が優れているという感覚を与える」と述べている。その優れた世界観は，「普遍的で世界を残らず説明でき，特殊であってほかにはない優位を持っている」という性質を持っているからであるとも加えている。

『新訂　経営必携』附録第二編「経営理念」においても，その内容はこの世界観で満ち溢れている。皇国である日本は，西洋思想と異なる日本独自の思想が存在し，優れているということが書かれている。

２）西洋思想への批判

国家中心の価値観（いわゆる皇国主義）がこの書籍の基本の考え方であるが，その流れの中で，西洋思想，経済思想を整理するとともに，批判している。

まずプロテスタント，カルヴァンの職業召命観を示している。職業は神の栄光を実現するために人間が奉仕する場であり，禁欲的に職業に励むことが大切であるとされた。またそれまで否定されてきた利潤（富）をとることも神の目的として認めている。

また詳細には述べていないが，マックス・ウェーバーの『プロテスタンティズムの倫理と資本主義の精神』のことにも触れている。この著名な書籍では，西洋近代の資本主義を発展させた原動力は，このカルヴィニズムにおける宗教倫理から産み出されたとされている。

中西（1943）は，このような西洋の資本主義における利潤追求は，富を蓄積しようとする欲求，すなわち営利主義が原動力であるとしている。

一方，営利主義の起点は快楽主義という倫理観であるとも述べている。「快楽を産出する行為をなすべき」という快楽主義には，その快楽が自分自身のものだけであるという利己主義，関わる人々すべてのものであるという功利主義の２つがある。功利主義を唱えたベンサムは，「最大多数の最大幸福」を道徳や立法の基準とした。この功利主義は西洋の資本主義の価値観となっている。またアダム・スミスは，『国富論』の中で，個人が追求する自由な経済活動が，

「見えざる手」に導かれて産業を活性化し，社会全体の富を増やすと主張した。

　ここで中西（1943）は，営利主義の問題点として，「目的が利潤（富）・手段が勤労であり，勤労自身に目的はない」ことを指摘している。「盲目的守銭奴」であり，「人間の命の尊厳を紙幣に売っているのと同じ」と厳しい言葉で批判している。

3）日本独自の考え方の優位性の主張

　「西洋思想の批判」と相まって，日本独自の考え方の優位性を主張している。その一つが，「分」（皇国職分観念）であり，もう一つが「和」である。繰り返しになるが，『新訂　経営必携』の緒言において，「経営理念」「生産哲学」の編を追加した理由として，これらを日本固有の思想である「和」と「分」で説明したかったからであると述べているのである。

　またこの「分」と「和」については，「國體の本質に基く傳統の精神」（394頁）であるとし，その基本は「国体」の思想にあることを示している。

①　皇国職分観念（「分」）

　「分」すなわち「職分」とは，江戸時代の社会的義務観念である。武士・百姓・町人はそれぞれ自己に与えられた役割＝「職分」があり，その役割を遂行する義務を負っているという言説が，江戸時代には広く流通していた（日本思想史辞典2009）。

　江戸時代からの「分」「職分」の考え方は明治以降も残り，明治以降の皇国史観が定着し，皇国主義の思想の中で，「皇国職分」といった考え方が定着していったと思われる。『國體の本義』の短縮版というべき『臣民への道』（文部省教学局，1941年）では，「職分奉公」について以下のように説明している。

> 　凡そ皇國臣民の道は，如何なる職にあるを論ぜず，國民各々國家活動の如何なる部面を擔當するかを明確に自覺し，自我功利の念を棄て，國家奉仕をつとめとした祖先の遺風を今の世に再現し，夫々の分を竭くすことを以つてこれが實踐の要諦とする。

　自らの「分」を知り，自らの利益ではなく国家への奉仕として，その「分」を尽くすことが重要であるとしている。中西（1943）は，この「皇国職分観念」

が，西洋の快楽主義に基づく営利主義とは，全く異なっていることを強く主張している。

さらに，その「皇国職分」の考え方は，二宮尊徳の報徳思想にあると述べている。二宮尊徳は幕末期に農民の出身でありながら，数多くの荒れた農村や諸藩の再建を成功させた人物であり，その根本思想を報徳思想という。人は天・地・人の徳に報いるために，自ら徳行を実践しなければならないとの考えである。それぞれの経済力に応じた消費支出（「分度」）を守り，「勤労」に励み，「倹約」を実践し，倹約して生まれた余剰を家族や子孫・あるいは社会のために提供する（「推譲」）生活態度で国を救うことができるという考え方である。この報徳思想の「分度」や「勤倹譲」（勤労・倹約・推譲）は，まさしく「皇国職分」の考え方に通じていると言える。

この「分」の思想として注目すべき中西（1943）の考え方は，その「分」の最大化が経営理念とした点である。

企業においては，成果から費用を引いたものの最大化，個人においては成果から給与を引いたものの最大化を目指すことが「分」の最大化，すなわち経営理念であるとしている点である。そしてその「分」すなわち「職分」は個人や企業のためではなく，国家のためであるという考え方である。

すなわちこの「経営理念」は，経営者個人の経営哲学や，一企業組織を主体とした概念ではなく，「皇国職分」に基づく「国家を主体とした経済・経営思想」であると言える。

② 「和」

もう一つ，日本固有の思想として，中西（1943）が重要視しているのが「和」である。中西（1943）が述べているように，「和」も国体の本質に基づく伝統の精神の一つであり，『國體の本義』の「第一　大日本國體」に，「四．和とまこと」の章として記されている。

> 我が肇國の事實及び歴史の發展の跡を辿る時，常にそこに見出されるものは和の精神である。和は，我が肇國の鴻業より出で，歴史生成の力であると共に，日常離るべからざる人倫の道である。和の精神は，萬物融合の上に域

り立つ。人々が飽くまで自己を主とし，私を主張する場合には，矛盾對立の
みあつて和は生じない。個人主義に於ては，この矛盾對立を調整緩和するた
めの協同・妥協・犠牲等はあり得ても，結局眞の和は存しない。即ち個人主
義の社會は萬人の萬人に對する闘争であり，歴史はすべて階級闘争の歴史と
もならう。かゝる社會に於ける社會形態・政治組織及びその理論的表現たる
社會學説・政治學説・國家學説等は，和を以て根本の道とする我が國のそれ
とは本質的に相違する。我が國の思想・學問が西洋諸國のそれと根本的に異
なる所以は，實にこゝに存する。(50-51頁)

　ここでは「和」の精神を，日本が発展を遂げてきた歴史を作り上げてきた力
であり，我々日本人が必ず行わなければならない人の道である，と述べている。
加えて西洋のような個人主義では「和の精神」は育まれないとしている。西洋
思想・学問との決定的な違いはここにあり，加えて日本独自のこの「和」の精
神の優位性を示しているのである。
　さらに『國體の本義』の中には，「和」における個人と全体との関係も示し
ている。それぞれの職分をもって生まれた個人が，各自の職分の相応する務め
を果たすことによって全体がよく一体となることである，としている。ここに
は，「和」とともに「分」(職分)についても述べられている。
　中西(1943)は，この「和」の精神の優位性を以下のように述べている。

　　英米思想が「最大多數の最大幸福(快樂)」を理念とする限り，それは極
　端なる營利主義・個人主義ではなくなっている。この最大多數の最大幸福と
　は個人の快樂の数量的なバラバラなものを寄せ集めたものであり，その團結
　の強力さはわが國の固有の精神にとても及ばないものである。(393頁)

　この「わが国固有の精神」が「和」である。さらに「和は功利主義の如く単
なる個人の幸福の寄せ集めではない」と述べている。
　これまで，中西(1943)『新訂　経営必携』附録第二編「経営理念」を確認し，
その考察を行った。
　中西(1943)では，戦時下の経済統制と，統制のための経済団体が増えてき
た中で，これまでの営利目的といった経営理念が通用しなくなり，「新しい経
営理念」の確立の意義を訴えている。

　その背景には，『國體の本義』に基づいた当時の思想が基盤となっている。すなわち，国家中心の価値観（すなわち皇国主義）をベースに，西洋思想を否定し，日本独自の考え方である「分（職分）」と「和」の優位性を主張している。

5．国家を主体とした「経済思想・経営思想」としての経営理念

　国家中心の価値観（皇国主義）のもと，西洋思想を強く批判し，日本独自の価値観を礼讃し，その正当性を訴えた中西勉は，統制経済が進む中で，個人の利潤追求でなく，国家に奉仕するためという「新たな経営理念」を示すために，「経営理念」の編を加え『新訂　経営必携』として発行した。そして，経営理念は，個人や企業ではなく，国家を主体とした「経済思想・経営思想」とする概念として広まっていったのである。

　若く，愛国心にあふれる青年であった中西は，その想いから『経営必携』の新版に「経営理念」の章を加えたのではないだろうか。その『新訂　経営必携』は第二次世界大戦中，多くの経営者および経営に携わる人達に読まれ，戦時下における経営理念のあり方とともに「経営理念」という言葉も伝わったのだと考えられる。中西自身も「この本は大東亜戦争中，何度か版を重ねて，今から想えば，経営学ブームの先駆をなしたのではなかろうかと自惚れられるものである」（中西1963）と述べている。

　しかし，第二次世界大戦後，日本の価値観は一変する。中西自身も，「わが国の未曾有の敗戦のために，私自身も一時学問上の進路を見失い，空白となって，数年を過ごし…」（中西1963）とある。なお，『新訂　経営必携』を発展させたという1963年発行の『経営学要説』には「経営理念」の章は見られない。戦後の著書の中には，経済・経営思想を含む経営理念の記述も全くなされていないのである。

　しかし，国家を主体とした「経済・経営思想」としての経営理念概念を，「経営理念」という言葉とともに普及した中西勉の功績は大きい。また，初めて「経営理念」を経営書の1章（編）までに示し，経営（学）上の重要な概念としたのである。

【注】

1 ）東京市政調査会編（1928）『公民教育研究上巻（明治以前に於ける自治制度と公民的教育）』，東京市政調査会，の第 1 節は「武士と庶民との教育理念の比較」が述べられている。

2 ）越川弥栄（1933）『文化主義新教育原論』，明治図書，の第 2 章「文化理念と教育」が記述されている。

3 ）『経済新体制確立要綱』1940年12月 7 日に第 2 次近衛内閣によって閣議決定された，経済体制についての要綱である。

4 ）古林喜樂の経営学についての考え方は，西村剛（2017）「古林喜樂の経営学方法論に関する一考察」，『商学論究』（関西学院大学），第64巻 3 号，131-157などに詳しい。

5 ）平山洋（1991）「西田幾多郎とカント」，『比較思想研究』，第18巻，39-46。

第 ｜ 3 ｜ 章

経営理念という言葉の普及と一般化：「新しい経営理念」ブーム

　第二次世界大戦中から，経営理念という言葉が使われるようになるが，まだまだ一般に使用される言葉ではなかった。「経営理念」という言葉が一般化していった大きな契機になったのは1956年の経済同友会決議であり，生産性本部の海外視察であり，ドラッカー・ブームであった。これらの働きがなければ，「経営理念」は現在のように一般に使われることはなかったであろう。

　本章では，戦後直後の「経営理念」に関する著作に触れるとともに，経済同友会・生産性本部・ドラッカー・ブームが「経営理念」という言葉の普及にどのように貢献したかを見てみたい。

第1節　終戦直後の経営理念：川上嘉市『事業と經營』

　第二次世界大戦が終わり，これまでの価値観が否定されるとともに，経済活動自身もゼロからの再スタートとなった。前述の中西勉も，「わが国の未曾有の敗戦のために，私自身も一時学問上の進路を失い…」と述べている（『経営学要説』，1963，3頁）。

　このような中，終戦直後の1946年に刊行されたのが川上嘉市『事業と經營』（東洋経済新報社）である。日本楽器製造（現ヤマハ）の社長であった川上は，価値観が喪失した戦後における企業経営と経営者のあり方について，明確な指針としての「経営理念」を示している。戦後直後にこのような書籍を発行したところに，日本経済や企業，経営者への熱い思いが込められている。

自序

　艱難（かんなん）は人を玉とするが，それはまた時として，人の心を打ちひしぐ。

　濱松市は戰時中，聯合軍の空襲を受けた回數が，前後四十三時間の多きに及んで，この點では，全國都市ちゅうの筆頭にあった。それが爲に，終戰間際の頃には，市民は恐怖の爲に疎開するものが多く，軍需工場の從業員の士氣は衰へ，欠勤は増加する一方で，生産を維持することは容易では無かった。いくら激勵しても，いくら鞭撻しても，頽勢（たいせい）はどうにもならなかった。虚脱状態といふのが，正にこれである。

　敗戰日本の姿を，我濱松の當時の状況とを思ひ較べてみると，何れ劣らぬ虚脱状態にあると，私には思はれてならない。ただ違ふのは，今日は國民が戰争といふ恐怖から逃れた安心感と，インフレに踊る一部の人達の甘醉との爲に，精神的弛緩が瀰漫（びまん）してゐるといふ，點だけである。

　だが，吾々は冷静に事態を判断して見なければならない。例へば，焼けた都市の小學校の校舎を建てようとしても，事變前に五萬圓で出来たものが，今日は二百萬圓ほど掛かる。しかも大工の手は無い。木を切り出す樵夫（しょうふ）も無い。トラックは一日五百圓もの，料金を要求するという状況下に，果たしてどんなものが出来るであらうか。

　會社は工場を動かさうにも石炭が無い。一方では，生産サボタージュであると，罵ってゐる。何といふ混亂であらうか。

　だからと云って，國民が茫然自失してゐては，國は潰れてしまふ。一體われれは，何處から先に，手を着けたらよいであらうか。

　政治に，經濟に，教育に，やる可き仕事は無數にある。打つべき手も山ほどある。唯この際一刻も速に一切の私心を捨て，一切の空論を排し，一切の跛行を是正して，國民が總掛りで，戰後の跡片付けと次に来る可き建設とに，協力しなければならない。今われわれは，ノアの辞退の洪水の跡に立ってゐる。廃墟を眺めて茫然としてゐて皆が餓死する。

　吾々の前途は，峻しく骨の折れる道である。だが吾々には，襤褸（らんる：ぼろの意）をまとひ，バラックに住み，餓じい腹を抱へ，疲れた足を引摺りながら，一足づつ，地についた道を踏みしめて行かねばならない。

　だが考えやうに依っては，今日こそは，従来の資本主義的の經營や，時局便乗の粗笨な經營は，一切これを放棄して，<u>新しい理念</u>と，合理的，進歩的，獨創的な經營とに，<u>立ち歸るべき絶好の機會である</u>

　私は學校卒業以来今日まで，三十七年の一生涯を，工業の經營に打ち込んで来た。その間多數の先輩に，色々と世話になったが，仕事に關する限りは，實は一人の指導者をも持たなかった。そして乏しい乍らも，自分の創意と工夫に依って多少經營の面に，一つの新しい道を拓いて来たと信じてゐる。

　殊に自分が，事業の主腦として働くやうになった最近の二十年間は，<u>少な</u>

くとも仕事の中に，一つの主義－それは人生を業務の中に織り込んだ－一つ
の經營倫理といふものを，持ち續けて来た。

　また仕事は，創意と工夫とを加へる始めて愉しいものとなり，丁度詩人や
歌人が，その政策に喜悦を感ずると同様に，工業には日々刻々の創作の喜び
のあることを覺えた。

　私はここに，事業に對する理念と，會社經營並に整理に關する，自らの體
驗の一部とを取纏めて，敢て大方の批判是正を乞ひ，この混沌時代に於て，
時局を背負って起たうとする實業人，特に若い事業經營者の爲に，幾分の資
料を提供し度いと念願した。これ本書ある所以である。

　尚本書は，工業政策や技術に關する議論には，殆ど觸れない事にして置い
た。それらは，私の前著「勝利の生產」および「生產戰随想」に述べて置い
たから，重複を避けやうとする微意に外ならない。幸に讀者が，本書と併讀
せられるならば，著者の本懐とするところである。

　石橋湛山[1]詞兄が，快く本書の刊行を引き受けられたご厚意を，個々に感
謝する次第である。

　昭和二十一年五月一日

濱松　青々庵に於て

川　上　嘉　市

（アンダーライン，太字は筆者）

　終戦直後の混乱にありながら，これを絶好の機会とし，これまでの経営を放
棄して，「新しい理念」と，「合理的・進歩的・独創的な経営」にするべきだと，
エールを送っている。また，自分自身の経営者としての経験から，「経営倫理」
を持ち続けたことを示している。ドラッカー・ブームの始まる前，社会的責任
論が注目されるはるか前に，日本ですでに経営倫理の重要性を訴えていること
に驚きを覚える。

　川上は，この書籍の目的を，「戦後直後の混迷時期にある実業人，特に若い
事業経営者へ事業に対する理念と実際の経営のあり方についてまとめた」とし
ている。

第一編　事業經營と人　（一）經營の倫理観
　一．日本の現状
　二．生產
未曾有のこの難局を切り抜ける方法は，各方面における，國民の總努力の

結合に…

　三．經營理念
　正しい經營理念を持たない經營者は，個人としても不幸だと思ふ。つまり
人としての正しい人生観を有してゐないからである。だが夫れよりも，かう
いふ經營者が多いことは，國の爲に不幸だと思ふ。…例へば戦時中，軍需生
産擔當者に，<u>經營理念の缺如（欠如）してゐた</u>ことは，確に敗戦を早めた一
の原因であった。(10頁)

　四．奉仕の理念
　新日本の文化再建の爲には，この意味からも經營者の理念を根本から改め
て，もっと大きな理想と信念を以て再出發する必要がある。(16頁)

　五．<u>經營理念を裏付くる人生観</u>
　以上經營理念を説き，<u>奉仕</u>の精神を説いた。奉仕の精神は，事業經營に於
て必要なる。指導精神であるばかりでなく，實に吾々の人生観そのものが，
ここに出發して居るのでなければならない。

（アンダーラインは筆者が追加）

　川上はこの著書の中で，新しい時代の中で，企業が経営理念を確立しなけれ
ばならないこと，そして経営者が正しい経営理念を持つ必要性があり，その根
本は奉仕の精神であるとまとめている。社会的責任論ブームが生じる前に，「奉
仕の精神」の重要性を述べ，経営倫理のあり方を記している。現在の経営理念
の原型がすでにここには記されていると言ってよいであろう。
　なお，川上は学生時代に洗礼を受けたクリスチャンであり，その基本的な考
え方にはキリスト教の倫理観がある。小島（1971）は，「明治の青年の立身出
世主義は修身齋家治国平天下[2)]という儒教倫理をバックボーンにしていたが，
川上の場合，キリスト教の倫理がこれにとって代わったとみるべきである（19
頁）」としている。
　また，川上が戦後に著した『随想　人間教育』（大日本教育會，1946年3月
発行）では，その序において「國家理念」「教育の理念」という言葉を用いて
いる。川上は旧制の第一高等学校卒（東京），東京帝國大学工科大学卒（1909年）

である。旧制高校時代の授業で，「理念」という言葉が用いられていたかどう
かは明確ではないが，戦後直後には理念という言葉を好んで使っていることが
わかる。

　ここでの経営理念は，「日本全体の経済思想・経営思想」**《概念1》**とともに，
「経営者の哲学，経営者理念」**《概念2》**を示していると言えよう。

　版を重ねた川上（1946）『事業と經營』は，全国の多くの経営者に影響を与
えたと思われる。例えば2008年日本経済新聞「私の履歴書」（3月10日）にお
いて，トステム（現在のLIXIL母体企業）創始者である潮田健次郎は，この『事
業と經營』を読んで製造業を始め，結果として成功したと述べている[3]。また
川上の「経営理念」の考え方が，経営者に影響を与えたことも推測できる。
1953年に発行された湯浅蓄電池製造株式会社の社史『湯浅35年のあゆみ』には，
下記のような「経営理念」の記載がある。

　　経営理念
　　当社の基本方針は，「人類の文化水準を高める生産**奉仕**である」との信念
　である。
　　…実に現社長は，自ら「社僕」（企業を通じて**奉仕**する下僕の意）と謙虚
　しつつ「先んじて憂へ，遅れて楽む。」様に役員や幹部社員を導きつつある
　のも，蓋し経営理念の発露の一つである。
　　当社は此の確固たる信念を基礎とし，「和」をバックボーンとして，拳社
　常に社長を中核に凝結して居る。…　　　（太字アンダーラインは筆者が追加）

社是や社訓ではなく「経営理念」であること，また経営者としての「奉仕」
の精神を説いていることから，川上（1946）『事業と經營』の影響を受けてい
ることも推測される。

　なお，この湯浅蓄電池の湯浅佑一社長は，当時40代の若手社長であり，後の
関西経済同友会の二代目代表幹事であり，同じく関西経済同友会の幹事ともな
る倉敷紡績（現クラレ）の大原総一郎社長とも旧知であった。

第2節 経済同友会「経営者の社会的責任の自覚と実践」決議 （1956年）

1．経済同友会決議とその影響

　経営理念という言葉がさらに広く使用されるようになったのは，1950年代後半以降と思われる。ここで経営理念という言葉が広く普及するために大きな役割を担ったのは，「経済同友会」である。

　終戦直後の1946年，30代後半から50代前半の「中堅経済人」が中心となって設立された経済同友会は，「企業民主化」論により戦後日本の企業システムを体現する存在となっていた（岡崎ら1996）[4]。1955年11月に開催された経済同友会第8回全国大会の「議会政治擁護に関する決議」が採択されたが，その中には，「企業は国民経済の発展のために存立し，経営者は国見の負託に応える責任を有することを経営の基本理念とすべきである」と記されている。この大会において，経済同友会の中山素平幹事は次のように述べている。

　　いまや時代は新しい経営理念，新しい労働運動の方向というものを要求していると思う。従つて労働者の側にも行き過ぎないし，非現実性を反省してもらわねばならぬが，経営者の立場においても従来我々の対象が何であつたか，本当に新しい時代の経営者としてなすべきことを，つくしてきたかどうかの反省をなすべきだと思う。議会政治擁護の要求をするためには，我々はそれだけの資格を備えておかねばならぬと思う。（経済同友会1962「経済同友会十五年史」，71-72頁）

　さらに中山は，「新しい経営理念」とは「社会的責任」であり，その社会的責任とは「株主に対する責任，従業員に対する責任，公衆に対する責任」である点を強調し，経営者の反省を訴えた。さらに櫻田武幹事も「経営者精神の根本は，我々経営者がその事業を真に公器としてこれを預かるかの理念に徹することである」と「企業の公器性」を強調した。

　なお，中瀬（1967）は，この中山発言こそが，その後の「経営理念」という

言葉のブームを引き起こす直接の端初だったのではないかと述べている（52頁）。

　これらを受けて，経済同友会では「経営方策特別委員会」を設け，長期的企業行動あるいは経営理念の研究をすすめ，「経営者の社会的責任の自覚と実践」というテーマに取組んだ。その研究会は，1956年3月から10月までに，大小30回もの会合を開き議論を重ねた（山下1992）。

　翌年の1956年11月に開催された経済同友会第9回全国大会では，前年の中山幹事の発言を受けて進められてきた「新しい経営理念」と「社会的責任」についての1年の研究の成果が「経営者の社会的責任の自覚と実践」決議につながった。この決議の中で経済同友会は，経営者の「社会的責任」の自覚を訴えており，ここでの経営理念の概念は，「**経営者の哲学としての経営理念，経営者理念**」《**概念2**》ということができる。『経済同友会十五年史』においても，この決議で発表されたのは「新経営者理念」であると明記している（142頁）。

　なお，わが国における「企業の社会的責任」に関する議論は，1956年の経済同友会決議が最初であるとされる場合が多いが，経済同友会決議の前に，学界において社会的責任の議論が行われていた。その背景には，戦後のアメリカ経営学の導入，戦後改革における「経済民主化」（財閥解体・独占禁止・財界人追放）の伸展，戦後労働運動の中で，新しい企業体制・経営体制，新しい経営者の地位，そして新しい経営学を構築することが求められていた状況がある（堀越2006，67頁）。これら学界の影響も受け，1955年経済同友会全国大会および1956年「経営者の社会的責任の自覚と実践」決議につながったことが考えられる。

　1955年経済同友会全国大会および1956年「経営者の社会的責任の自覚と実践」決議から「（新しい）経営理念」という言葉と概念，さらには「社会的責任」の概念も全国に普及していった。まず1955年経済同友会全国大会の中山発言・櫻田発言の影響を見てみよう。例えば，1955年12月に発行された全日本映写技術者連盟による『映写』92号では，その巻頭の論評に「経営理念と映写技術」が掲載され，映画産業の健全経営のためには，経営者の経営理念に映写機操作

を含んでいることが重要であると述べている（中田1995，5頁）。また，雑誌『実業之世界』1956年1月1日号では，運輸大臣であった吉野信次が「人間性尊重の経済　新しい経営理念」について述べている。さらに日本国有鉄道営業局の『国鉄線』No.83（1956年）では，昭和31年度事業計画の概要の中において，国鉄自動車（事業）に関して「経営理念の確立とその合理化」が必要であると述べている。

　関西経営者協会の『関西経協』1956年1月号では，「新しい経営理念」として，九条伸鉄専務の真野三郎が，1955年経済同友会全国大会での櫻田発言を紹介している。そして「新しい経営者は金もうけを忘れて人間をつくることに専念すべきである」こと，および「新しい経営者は，事業を基盤としてこの理念を国民大衆に普及すべき」と訴えている（16頁）。

　さらに1956年11月「経営者の社会的責任の自覚と実践」決議の後にも，ビジネスマスコミや業界団体などがこぞってこれを取り上げた。例えば，決議の翌月に発行された『日本経済新報』第15巻12月号では，巻頭言で「財界の新経営理念」として経済同友会の決議内容を紹介し，「財界知性の時代感覚とその決意を素直に受け取り，その成果を見守っていくべきだろう」と述べている。ゴム業界を対象とした専門誌『ゴム時報』1957年1月号でも，巻頭の月間展望において，「近代経営理念に徹せよ」（まつうら1957，7頁）との論評がみられる。ここでは企業の近代化を経営理念の近代化と捉え，ヒューマン・リレーションズとデモクラシーを尊重する経営理念は，企業の公共性にも通じる，としている。同月に発行された経済誌『経済往来』1957年1月号では，第一特集として「新経営理念の探究と特集」が組まれている。ここでは東大経済学部教授の柳川昇が「実践の理念か，理念の実践か−経済同友会の決議を読んで−」を掲載し，経済同友会の決議を「経営者の時代的認識や積極的な態度として評価」しつつも，実践されなければならないと述べている。また同号で，横浜市大教授土屋好重の「ビジネスと万人同報の理念−新経営理念における人間関係の諸問題−」では，新経営理念におけるヒューマン・リレーションズの重要性を述べ，万人同胞という考え方が重要だと主張している。

　さらに1957年7月に発行された『日本経済新報』第320号でも，近畿相互銀行取締役の菊久池博が，「近代的経営理念とヒューマン・リレーションズ」と

して，企業における科学的な人間関係が重要であり，それが企業の公共性，社会経済的使命と結びついていなければいけないと述べている。また1957年『労働経済旬報』1月上旬号でも，「新しい経営理念と労務管理方式」（横田1957）の記事が掲載され，新しい経営理念に基づく新しい労務管理方式の考え方について述べている。さらに1958年『経営セミナー』11月号では，住友銀行常務の降簱英弥は，時代に合った新しい経営理念が必要であるとし，企業の社会的責任を果たすべきであると述べている。また1958年『事務と経営』誌では，「フォードを追い越したGMの経営理念」（岩沢1958）といった記事も見られるようになった。さらに福本邦雄は1959年，『学閥・人間閥・資本閥』（知性社）の第九章に，「経営者の新経営理念と経済同友会の活動」をまとめ，経済同友会の活動と「経営者層の理念」が注目されてきた経緯を示している。

　実際に自社の経営理念を紹介したり，インタビューする記事も見られるようになった。1957年7月の『先見経済』320号では，丸善石油取締役の倉田貞雄が「当社の経営理念について」を述べ，1958年の『日本経済新報』7月中旬号では，「新しい経営理念－田辺製薬，平林専務に聞く－」が掲載された。

　さらに，経営書にも「経営理念」の記載が見られるようになった。中小企業庁監修　中小企業診断協会編（1959）『企業診断ハンドブック　商業編（上巻）』には，一般卸売業および卸売業それぞれの総合診断の領域の中で，まず最初に「経営理念」を記載している。また吉村（1959）『企業繁栄の条件』（日刊工業新聞社）の中でも「経営理念の基礎」として，経営者の人生観や社会観，その世界観の重要性を訴えている。さらに桝谷（1957）は，『経営改善の着眼』（日刊工業新聞社）の中で，中小企業労働管理のあり方として「職場の隅々にまで，経営者の経営理念を浸透させる」ことを述べている。近年，経営理念研究はその浸透が主たるテーマとなっているが，この書籍はその浸透の重要性について述べた最初期の文献であろう。また，三上（1961）は『卸売業経営』（同文館出版）の「第8章　卸売業の経営理念と経営者」の中で，経営者の卸売業経営に対する基本的考え方を経営理念として整理している。

　このように，経済同友会の1955年大会および1956年「経営者の社会的責任の自覚と実践」決議を受けて，ビジネスマスコミ，業界団体，あるいは企業が大きく反応し，「経営理念」ブームが生じた。ここでの新しい経営理念とは「社

会的責任論」を強く反映したものであった。社会的責任論，すなわち企業の「社会性」，経営理念の「社会性」が一般に広まっていったのである。また，この経済同友会決議によって始まる「経営理念」概念は，「**経営者の哲学，経営者理念としての経営理念**」《**概念2**》であった。

2．なぜ，経済同友会は「経営理念」という言葉を用いたのか

　経済同友会では，1955年には「経営理念」という言葉を公式に使用し，それが経済界を中心として社会全体に広まっていった。それではなぜ経済同友会のメンバーが経営理念という言葉を用いたのだろうか。

　経済同友会の創立時の幹事一覧を図表3－1に示す。40代の専門経営者や二世経営者が中心となっていることがわかる。また出身大学を見ると，半数以上が東大出身であることもわかる。これらの経済同友会メンバーは大正期から昭和初期に旧制高校や大学で学んでいる。当時の旧制高校は文科必修として「哲学概説」を学んでおり，その中でカントやヘーゲルのドイツ哲学を学んでいた（第1章第3節）。

　ドイツ哲学を学んだ学生は必然的に認識論の中でイデー（Idee）＝理念という言葉を学び，「純粋に理性によって立てられる超経験的な最高の理想的概念」という意味に魅了されていったのではないだろうか。特にメンバーの一人，野田信夫は東大文学部哲学科と経済学部を卒業しており，ドイツ哲学にも造詣が深かったことが予想できる。また特に東大は，日本のカント哲学発信の中心であったとされている。このように学生時代に「理念」という言葉を学んだ経済同友会のメンバーにとって，「経営の理念」，「経営理念」という言葉は受け入れやすかったのではないだろうか。

　この経済同友会メンバーが，「経営理念」という言葉が記載された，戦中の中西（1943）『新訂　経営必携』や戦後直後の川上（1946）『事業と經營』を読んでいたかどうかははっきりしない。中西（1943）は，経済統制下における日本の新しい「経営理念」のあり方について熱き想いを伝えている。また川上（1946）『事業と經營』は，戦後の価値観喪失後の経営者に対し，奉仕の気持ちをもった経営者の理念，「経営理念」を持つべきであると伝えている。

◆ 図表 3 − 1 　経済同友会創立時の幹事

当番幹事	氏名	種別	年齢	学歴	肩書
	青木均一	専門経営者	48	東京商大卒	品川白煉瓦社長
	磯村乙巳	二世経営者	41	東大・理卒	保土谷化学社長
	岩井雄二郎	二世経営者	43	剣橋大卒	岩井産業社長
	牛尾健治	二世経営者	47	東京商大卒	神戸銀行取締役
二代	大塚萬丈	専門経営者	49	東大・法卒	日本特殊鋼管社長
	金井寛人	専門経営者	48	上田蚕糸専門卒	日本塩扱社長
	川勝 傳	専門経営者	44	立命大・経済卒	寺田合名理事
	川北禎一	専門経営者	49	東大・法卒	日本銀行理事
	栗本順三	二世経営者	44	東大・工卒	栗本鐵工所顧問
	小池厚之助	二世経営者	47	東大・法卒	山一證券社長
初代	郷司浩平	団体職員	45	青山学院・神学卒	重要産業協議会事務局長
	櫻田 武	専門経営者	42	東大・法卒	日清紡績社長
	鹿内信隆	専門経営者	34	早大・政経卒	日本電子工業常務
	島田 藤	創業者	50	東大・工卒	島藤組社長
	清水康雄	二世経営者	45		清水組社長
	鈴木治雄	二世経営者	33	東大・法卒	昭和電工常務
	鈴木万平	専門経営者	42	東大・法卒	東洋紡績社長
	武富英一	専門経営者	59	東大・工卒	大成建設社長
	寺田栄吉	専門経営者	44		大日本紡績常務
	永野重雄	専門経営者	45	東大・法卒	日本製鐵取締役
	野田信夫	専門経営者	53	東大・文・経済卒	三菱重工業調査役
	萩尾 直	専門経営者	41	東大・工卒	東芝柳町工場副工場長
	藤井丙午	団体職員	40	早大・政経卒	鉄鋼協議会事務局長
初代二代	帆足 計	団体職員	40	東大・経済卒	日本産業協議会創立委員
	堀田庄三	専門経営者	47	京大・経済卒	住友銀行東京支店長
	松本幹一郎	二世経営者	51	神戸高商卒	明治鉱業社長
	森 暁	二世経営者	38	京大・文卒	昭和電工社長
初代	諸井貫一	二世経営者	50	東大・経済卒	秩父セメント常務
	渡辺忠雄	専門経営者	47	東大・法卒	三和銀行常務

（出所：岡崎哲二ら（1996）『戦後日本経済と経済同友会』, 岩波書店, p.27（一部改変））
　　　当番幹事…初代（1946年度）, 二代（1947年度）

　中西は1938年東大経済学部卒であり, 経済同友会メンバーよりも若いが, 1943年の『新訂　経営必携』が戦時中版を重ねていることから, 経済同友会メンバーが読んでいる可能性も考えられる。

　一方, 川上は東京帝国大学工科大学（現在の東大工学部）を1909年に卒業し, 東京瓦斯へ入社後, 1910年住友電線製造所（現在の住友電工）に転職し, 住友電線取締役を務めた後, 1927年には日本楽器製造（現在のヤマハ）の社長に就

任していた。川上は戦前から実業界における人材教育に関する著書が多く[5]，戦後直後の経営者への熱いメッセージである『事業と經營』は，経済同友会メンバーも読んでいたのではないだろうか。

第3節 「企業の社会的責任」の理解と普及を促した　　日本生産性本部海外視察団

　経済同友会が「企業の社会的責任論を反映した経営理念」を主張する大きな裏付けとなり，これらの考え方を普及する理由付けにもなったのが，日本生産性本部の海外視察である。ここでは，まず経済同友会と生産性本部の関係性を見た上で，日本生産性本部海外視察団と「企業の社会的責任」「経営理念」について整理を行いたい。

1．日本生産性本部の発足と経済同友会

　日本生産性本部は，日本の生産性向上を目指して1955年に設立された財団法人であり，国内企業の経営教育とともに生産性向上に貢献してきた財団法人である[6]。この設立のキーマンとなったのが，経済同友会幹事の一人であり，第3代の生産性本部会長となった郷司浩平である。

　まずその背景から見てみよう[7]。1948年に米国で成立した「1948年対外援助法」に基づく，「欧州復興計画」（マーシャルプラン）により，欧州の生産性活動が始まった。それを受けて，英国で「英米生産性協議会」が発足し，米国への産業別・課題別視察団の派遣とその報告書発表，あるいは米国から経営の専門家を招いてのセミナーなどが実施された。なおこれらの費用は約8割が米国からの援助によるものであった。これらの活動により英国は経済再建が大きく進んだという。欧州の他の国々も，生産性向上を図る組織的な活動の重要性を認識し，米国と技術援助協定を結び，各国の生産性本部を設立していった。

　1953年に，郷司浩平はウィーンでの国際商業会議所総会に出席し，その際に西ドイツや英国を訪問し，欧州の生産性運動の取り組みに大きな刺激を受けた。

帰国後，生産性運動の取り組みの重要性を経済同友会のみならず，経団連や日経連，商工会議所にも呼びかけ，「日本生産性協議会」が設立された。米国からの要請で，経営者だけでなく，政府や労働側も参加することが検討された。このような中で，1955年日本生産性本部が設立され，郷司浩平はその専務理事として，日本の生産性運動をけん引していくことになる。

2．日本生産性本部「海外視察団」

　日本生産性本部は，日本における「生産性向上運動」を推進する組織として設立された。設立当初の最も重要な活動は，生産性向上に関する海外視察団の派遣，あるいは海外からの専門家の招聘であった（伊藤2009）。

　1955年以降，産業別・課題別の海外視察団は，1961年までに393チーム，3,986名にものぼっている。そしてその費用の多くは米国政府や米国企業の負担で成り立っていた。

　これら海外視察団の中で特に「企業の社会的責任論」や「経営理念」に対し影響があったのは，産業界で指導的な役割を果たしている企業のトップ層や専門家をメンバーとした「トップ・マネジメント視察団」であった。このトップ・マネジメント視察団の目的は，「企業の公共的性格，経営者の社会的責任，経営哲学や経営理念，トップ・マネジメントの機能や経営技術的な問題など多岐にわたっていた」とされる（伊藤2009，82頁）。

　第一次トップ・マネジメント視察団は1955年に実行された。日本生産性本部会長であった東芝　石坂泰三社長を団長に，同じく副会長であった一橋大学教授　中山伊知郎と，本部顧問であった三井銀行　佐藤喜一郎頭取を副団長に総勢14名のメンバーであった（図表3－2）。日本生産性本部の会長・副会長・顧問・理事を中心としたメンバーである。また，その中には，経済同友会の創立メンバーであり，生産性本部理事も務めていた日本興業銀行頭取の川北禎一や，同じく経済同友会創立メンバーで，成蹊大学教授であり，生産性本部理事でもある野田信夫も参加している。

　この第一次視察団の米国企業訪問で，最も強く感じたのは，企業トップの「社会的責任感」であったという（伊藤2009）。副団長であった佐藤喜一郎は，ア

メリカの経営理念の特色として，「第1には，非常にソロバンが強いということ。第2には企業形態について非常に，苦心をして，絶えず組織，体形の改善に努力していること。第3には，社会的責任ということを強調していることである」と述べ，経営理念と社会的責任を強調している（佐藤1956）。そこでは最初に訪問した，スタンダード・オイル社の社長が，「自分の会社は大衆・社会のために役立っているし，また役立たせなければならないと強調していた」という。

　また1956年に日本生産性本部から発刊された『生産性の理論と実際Ⅲ』では，巻頭に1955年度の海外視察団団長座談会「生産性向上と新しい経営理念」が特集され，トップ・マネジメント視察団の石坂泰三団長を含む，様々な産業・課

◆　図表3－2　第一次トップ・マネジメント視察団のメンバー

団長	東京芝浦電気株式会社社長		
	日本生産性本部会長	石坂　泰三	
副団長	中央労働委員会会長		
	日本生産性本部副会長	中山伊知郎	
副団長	三井銀行頭取		
	日本生産性本部顧問	佐藤喜一郎	
団員	日本学術会議会員		
	日本生産性本部理事	井上　春成	
団員	東京大学教授	東畑　精一	
団員	通産省企業局長	徳永　久次	
団員	大阪府立商工経済研究所所長	押川　一郎	
団員	日本興業銀行頭取		
	日本生産性本部理事	川北　禎一	経済同友会幹事
団員	成蹊大学教授		
	日本生産性本部理事	野田　信夫	経済同友会幹事
団員	安川電機製作所社長		
	日本生産性本部理事	安川　覚	
団員	第一生命保険相互会社社長	矢野　一郎	
団員	神戸製鋼所社長		
	日本生産性本部顧問	浅田　長平	
秘書	東京芝浦電気株式会社渉外部長	石黒　直一	
秘書	日本生産性本部国際部長	諸田　亮	

注）各自の所属先・職位は，チーム渡米時のもの
（出所：伊藤健市（2009）をもとに一部改変（p.83））

題の使節団団長が，経営者の理念について述べている（2-16頁）。また日本生産性本部副会長の富士製鉄　永野重雄社長は，「現代における経営理念」として，企業の公共性について述べている。永野重雄は経済同友会幹事であり，「経営方策特別委員会」のメンバーで，1956年に発表された「経営者の社会的責任の自覚と実践」を研究していた。

　さらに経済同友会創立メンバーの一人であり，第一次トップ・マネジメント海外視察団のメンバーでもあった川北禎一は，この視察を『米国における企業経営の理念と実際』という報告書にまとめている（1956年4月）。

　1955年に実施された海外視察団，特に第一次トップ・マネジメント視察団の結果が「経営者の社会的責任の自覚と実践」決議の内容に反映されたと考えられる。

　翌年の1956年には，第二次トップ・マネジメント視察団が組織され，9月から35日間にわたって米国企業や官庁，労働組合等を視察し，アメリカにおける経営の実情を視察した。この視察団は，三菱石油の竹内俊一社長をはじめ，生産性本部の郷司浩平専務，湯浅電池の湯浅佑一社長と，10人のメンバー中3名が経済同友会の幹事で占められていた。

　日本生産性本部の第二次トップ・マネジメント視察団は，1957年に『前進するアメリカ経済　第2次トップ・マネジメント視察団報告書』をまとめている。この報告書の中で，郷司浩平は，訪問したリバーサイド・セメントの社長の言葉「収益が上がるだけでは，その会社は成功したとは言えない。消費者も，政

◆　**図表3-3　第二次トップ・マネジメント視察団のメンバー**

団長	三菱石油株式会社社長	竹内　俊一	経済同友会幹事
団員	麻生産業株式会社専務	麻生　典太	
団員	一橋大学教授	古川　栄一	
団員	日本生産性本部専務理事	郷司　浩平	経済同友会幹事
団員	日本精工株式会社社長	今里　広記	
団員	国策パルプ工業株式会社副社長	水野　成夫	
団員	大阪チタニウム製造株式会社社長	中川路貞治	
団員	通商産業省軽工業局長	斎藤　正年	
団員	湯浅電池株式会社社長	湯浅　佑一	経済同友会幹事
幹事	日本生産性本部業務部長	野口　敏雄	

注）各自の所属先・職位は，チーム渡米時のもの
（出所：日本生産性本部『前進するアメリカ経済』（トップマネジメント視察団報告書），1957年，p.4をもとに一部改変）

府も，従業員も満足しなければよい会社とは言えない」に強い印象を受けたと述べている。「一般会社の経営哲学が，この水準まできている」ことに驚きを覚え，「この辺境にある中位の会社経営ですら，こうした指導原理が浸透していることに感心させられる」と述べている（149頁）。

　これら視察団の成果は，『視察団報告書』として発行されたばかりでなく，全国各地の講演により，一般の経営者に幅広く伝えられた。その中で，米国企業の経営理念と社会的責任の考え方も浸透していったと思われる。また，日本生産性本部生産性研究所次長の増田米治は，『視察団報告書』を題材に，1959年『経営実務－マネジメントの実務－』（光文社）を発行した。この本の第二章に「経営理念」の章を掲げ，一般の経営者や経営実務に関わる人達にわかりやすく説明している。この中で，第一次トップ・マネジメント海外視察団メンバーである，浅田長平や佐藤喜一郎，川北禎一の言葉を引用している。また視察団が訪問したスタンダード・オイル社社長の言葉も紹介されている。「最近のアメリカ経営者の関心は，かつての株主第一主義から，広く社会的責任を重視する方向に変わってきている。そしていまや国民一般消費者にたいする奉仕こそが第一となっており，つぎに従業員，最後に株主の利益というふうに，昔とはちょうど逆の順序になるように経営理念が変わってしまった（38頁）」。

　もちろん，海外視察団は，経営理念と社会的責任論だけを国内に紹介したのではない。日本生産性本部は，海外視察団を通じて，アメリカ経営の積極的な紹介・啓発普及に努めた。（海外視察で学んだ）「アメリカ経営学は大きな流れとなり，アメリカにならった技術経営・手法がとられ，QCやIEのような統計的・工学的手法のほかに管理者・監督者訓練の手法なども導入された。QCは後にTQCへと展開し，また現場で働く人々によるQCサークルも形成されていった」（春日2012）という。その中で，特に第一次，第二次トップ・マネジメント視察団は，経営者の社会的責任といった考え方を日本に導入するのに大きな役割を果たした。

　経済同友会と日本生産性本部はその設立の経緯からも非常に強い関係性があった。専務理事であった郷司浩平のみならず，重複するメンバーも多い。その日本生産性本部が行った海外視察団，特に第一次トップ・マネジメント視察団が米国で見聞きした「経営者の社会的責任に対する考え方」は，「経営方策

特別委員会」および1956年の決議「経営者の社会的責任の自覚と実践」に強い
影響を与えたと思われる。

第 4 節　社会的責任論の一般への広まり：
　　　　　ドラッカー・ブーム

　経済同友会が「経営者の社会的責任の自覚と実践」という宣言を行った背景
には，米国におけるピーター・ドラッカー『現代の経営』によるブームがあっ
たとされている[8]。また，ダビッド・リリエンソール『ビックビジネス−大企
業の新しい役割』，アドルフ・バーリ『二十世紀資本主義革命』もほぼ同時期
に刊行され，企業の近代化と社会の関係，経営者の社会的役割について世論が
高まっていたとされている。

　日本において，ドラッカーが広く普及したのは，1956年に "The Practice of
Management" の邦訳『現代の経営』（野田一夫監修・現代経営研究会[9]訳，
自由国民社）が発行されてからと言われている（春日2016）。正編と続編の二
分冊で刊行され，国内で70万部の大ヒットとなった。『現代の経営』正編には，
経済団体連合会会長の石坂泰三の推薦の言葉が掲載されている。石坂泰三は日
本生産性本部の会長でもあり，第一次トップ・マネジメント海外視察団の団長
でもあった。この書の中で，米国の経営者に非常によく読まれており，米国の
企業経営の現状をよく示した書籍であると紹介している。

　　私は先頃日本生産性本部から派遣されたトップ・マネジメントチームの団
　長として約5週間にわたり全米各地を視察してきた。
　　…このとき，ニュー・ヨーク大学のピーター・F・ドラッカー教授が著し
　た "The Practice of Management" の邦訳が出ると聞いて私は欣喜の至りに
　堪えない。この本は私が視察旅行中に見聞きしたことをよく整理して紹介し
　ている。ピーター・F・ドラッカー氏の著書は，アメリカの経営者の間で非
　常に反響を呼んだ書物で，私が視察旅行中に訪問したどこの会社の重役室に
　も備えつけられていた。私はこの書物は日本の経営者にとっても非常に参考
　になる書物であると思う（1頁）。

　また，正編の序文を記したのは，経済同友会の創立メンバーの一人であり，成蹊大学政経学部長に就任していた野田信夫であった。序文の最後にはこのように書かれている。

　　わが国でも，近来一部の経営者は，経営というものをどう見たらよいのか，経営を導くに足りる灯をかかげたいとして，**経営理念**の探究が真剣に行われようとしている。この時をあたって，この本の日本版が出たことは，まことに意義のあることと信ずる。

実際に『現代の経営』を読むと，その続編の終論「経営者の責任」において，企業の社会的責任についての記載が見られる。

　3．指導的集団としての責任
　　さてつぎにわれわれは，事業自体に基づく責任以上のもの，すなわち経営者が社会における指導的集団の一つであるという事実から由来する責任の問題に移ろう。
　　責任の限界
　　経営者の立場を代弁するものがこうした**新しい公共的責任**を無視しうる時代はすぎ去ってしまった。経営者は，いまやほとんどがありとあらゆる責任を要求されている。…（301頁）
　　指導的集団の一つとしての**経営者の社会的責任**を考察することによって，最後に重要な結論が生まれる。すなわち，**経営者の公共的責任とは，「真の公共の利益を，企業の利益と一致せしめることである。」**…（302頁）

経済同友会の1956年「経営者の社会的責任の自覚と実践」と時を同じくして，ドラッカー『現代の経営』の邦訳本が発行され，経営者の社会的責任論の考え方が大きく広まった。1959年に出版された藻利重隆『ドラッカー経営学説の研究』（森山書店）の序文には，以下のような記載がある。

　　わが国の経営学界において，ドラッカーの名を知らない人はないであろう。そればかりではない。実業界に身をおくインテリゲンチアについてもまた，これとほぼ同様のことがいわれうるであろう。それほどに彼の名はわが人口に膾炙（かいしゃ：評判になって知れること）しているわけである。

『現代の経営』が国内で発行されてから 3 年，経営学者のみならず実業界でも非常に高い知名度を誇り，その考え方が広まっていたことがわかる。

　このような国内のドラッカー・ブームの高まりを受け，ドラッカーの初来日を実現させる後押しをしたのは，日本生産性本部の活動であった。日本生産性本部は海外視察団の派遣と国内での報告講演会を実施し，米国の経営手法の導入を行ってきたが，ドラッカーはその理論的な柱として実業界に受け入れられていったのである。1959年日本事務能率協会（現　日本経営協会）に招聘されたドラッカーは，東京での講演会と，箱根での 3 日間のセミナー 2 回を実施し，多くの経営者にその考え方を広めた（山下2016）。講演は記事となり，ドラッカーの思想や考え方は，さらに広く実業界を中心に浸透していった。ドラッカーを招聘した日本事務能率協会は野田一夫監修（1959）『ドラッカー経営哲学』としてその講演内容を出版した。この本には，最高経営者の責任として，社会的責任をどう調整するか，が記されている。
　経済同友会においても，ドラッカーの思想を経営者はじめ実務家に対して広める活動が行われた。経済同友会研究部会では，経営者をはじめとする実務家に対し，経営のあり方の講演が開催されていたが，その 1 テーマとしてドラッカー『現代の経営』をテキストとした12回の講座が開催された。講師は経済同友会創立メンバーで，成蹊大学長になっていた野田信夫である。この講座内容は，野田信夫講述・経済同友会研究部会編（1963）『「現代の経営」を通じてみたドラッカーの経営学』（鹿島研究所出版会）として出版された。
　野田信夫は，さらに自身が監修した1965年『現代経営理論のエッセンス』（ぺりかん社）の中で，ドラッカー（邦訳1964）『創造する経営者』をもとに「経営理念」の章を執筆している（39-62頁）。
　ドラッカー・ブームと同時に国内に生じたのは，「経営学ブーム」であった。ドラッカーによる『現代の経営』（邦訳1956），アベグレン（邦訳1958）『日本の経営』（ダイヤモンド社），坂本（1958）『経営学入門』（カッパ・ブックス）などが出版され，ベストセラーになった（中瀬1967，56頁）。坂本（1958）は，経済同友会による「修正資本主義」や1956年「経営者の社会的責任と自覚と実践」についても紹介し，社会的責任論や企業の公器性にも触れている（255頁）。

　米国でのドラッカーへの注目を受け，日本生産性本部の海外視察団の報告の後押しによって，日本国内でもドラッカー・ブームが実業界を中心に生じ，「企業の社会的責任論」という概念が広く広まっていった。経済同友会による「**企業の社会的責任＝（新しい）経営理念**」という「新しい経営理念」ブームと流れを一つにして，「経営理念」という言葉はその概念とともに広く普及し，一般化していった。

第5節　「同友会の利潤宣言」：
1965年経済同友会「新しい経営理念」提言

　1956年「経営者の社会的責任の自覚と実践」決議以来，新しい経営理念とは「経営者の社会的責任論」であった。多くの経営者が社会的責任論について議論し，また発言を行ってきた。ここには，1954年頃から始まった日本の「高度経済成長」という背景がある。すなわち，順調な成長基調の中で，経営者（企業）が社会的責任について検討する余裕があったということである。

　しかし，1964年末から，国内外の経済状況は変わってくる。東京オリンピックの終了に伴い，企業業績の悪化が顕在化し，1964年にサンウェーブと日本特殊鋼（現大同特殊鋼）が，1965年には山陽特殊製鋼が負債総額500億円で倒産した。このように国内は構造的不況，国際的には各国間の競争激化という状況にあった。

　この構造不況にさかのぼる1964年2月，関西経済同友会の主催する関西財界セミナーにて，松下幸之助は，「企業が適正な利潤を確保できてはじめて，社会的責任を果たすことができる」と述べた。"もうからない企業はつぶれるほかはない。つぶれないためにはもうけなければならぬ，口でどんな立派なことを唱えても，つぶれたら「社会的責任」は果たせない"（中瀬1967，87頁）という明快な論理であった。この発言を受けて，1964年11月，関西経済同友会は「新しい情勢に対処する経営理念の展開」の声明を発表し，「経営者は企業本来の目的である利潤の増大に最善の努力をかたむけるべきである」と声明した。「このような内外情勢の大きな変化のなかにあって，経営者は過去の行動を反

省するとともに，新しい事態に応ずる確固たる理念と，行動の原理を訴えなけ
ればならない」「経営者も，いまや単なる社会的責任の主張ではなく，実践で
これに応えない限り，経営者に対する社会の期待は薄れ，自由企業体制への不
信感は増大するであろう」という宣言である。さらに，現代資本主義観，企業
観，利潤観など「新しい経営理念」を展開した。

　この声明に励まされ，促されたかのように，翌1965年1月に，経済同友会経
営方策審議会による度重なる検討の結果，「新しい経営理念」として提示され
たのである（古林1979，215頁）。

　経済同友会は1965年1月の年頭見解として，この「転機に立つ経営者の自覚
と実践」および「新しい経営理念」の提言を発表して，不況にあえぐ経済界に
指針を与えた（「経済同友会三十年史」，131頁）。「同友会の利潤宣言」と評さ
れて反響を呼んだこの提言では，「利潤の増大」が重視され，日本の経営の最
大の特徴とされた温情主義，和，経営家族主義に代わるべき機能主義，能力主
義が強調された（浅野1991，135頁）。

　「経済同友会三十年史」によると，その提言の中には「社会的責任と利潤」
の項があり，下記のように明記されている。

　　われわれは企業の歴史的・社会的責任を重視するが，それは利潤をあげる
　という企業本来の目的を決して否定するものではない。むしろ，もっと真剣
　に利潤について考えるべきことを要請する。勿論，同時に利潤獲得の方法と，
　その配分について，より慎重に考えなければならないことは当然である。
　　強調したいのは，これから，"本格的なビジネス"の時代を迎えようとす
　る日本において，また，いまだかつて真の意味における利潤についての洗礼
　を受けていないわが国の経営にあって，利潤をあえて無視し，高踏的な議論
　をもてあそんでいるようでは，国内・国外での競争にも勝てないし，社会的
　責任も果たし得ないということである。
　　経営者は，もっと大胆に利潤を論じ，その獲得に努力すべきである。いま
　問題になっている過当競争にしても，経営秩序の乱れにしても，利潤概念に
　厚味をつけ，それで筋を通すことによって初めて，根本的解決が可能になる
　と考える。（『経済同友会三十年史』，185-186頁）

1955年，1956年の経済同友会決議では「企業の社会的責任」，すなわち「社

会性」が強調され，1965年の「新しい経営理念」提言では「利潤性」が強調されるようになった。中瀬（1967）は，これを「経営理念の分裂」と述べている（121-124頁）。

　このような経営理念の「社会性」と「利潤性」という2つの側面を反映し，それをまとめようとする著書も発行された。「新しい経営理念」提言と同年の1965年，日本生産性本部生産性研究所所長であった中西寅雄と，東北大学教授の鍋島達の編著による『現代における経営の理念と特質』（日本生産性本部）である。この著書では，新しい経営理念には経営の「社会性」といった面を含まざるを得ないことだけでなく，経営理念における社会性と利潤性という2つの性格の意義と相互の関係性についても述べられている。（Ⅱ章　経営の社会性と利潤性）

- ・現代企業の経営理念は，かつての古典的自由経済の時代における，<u>利潤追求に専念するというだけの経営理念ではなくて，その中に，経営の社会性を含まざるを得ない必然性を持つ</u>。それは，現代企業，特に大企業の存在が，単なる出資者だけの私的所有物ではなくて，社会化された制度として，客観的な存在となっているからである。
- ・こうして**現代経営理念の中核となっている社会性と利潤性の意義，ならびに両者の相互関連**は，現代企業の二重の存在性格にもとづいて理解されなければならない。それは，ひとつは共同経済の一環としての存在（分肢的存在）であり，他は自主的全体（有機的存在）としての企業の存在である。
- ・<u>社会の分肢的存在としての企業は，経営理念としての社会性を必然的なものとし</u>，他面，自主的全体ついての企業の存在は，利潤性を統一目標として形づくられる。そうして，自主的全体としての企業は，近代社会における人間性の確認を前提として現出される。資本提供者，経営者，労働者の強調に基づく組織体である。
- ・現代企業における社会性と利潤性は，相互に他を前提し内含する。すなわち，企業は，その社会性を強調することによって，かえって利潤性を増大し，また利潤性を伸展することによって，かえって社会性を充実することができる。（41-42頁）

（アンダーライン，太字は筆者追加）

　企業にとって，「社会性」と「利潤性」は同時に必要なものであって，企業

は社会性を強調することによって利潤性を増大し，利潤性を伸展することによって社会性がさらに充実すると述べている。したがって，経営理念には，「社会性」と「利潤性」の両面を含むことが必要である。

【注】

1）石橋湛山（いしばしたんざん）：東洋経済新報社のジャーナリスト。戦前は「東洋経済新報」により，一貫して日本の植民地政策を批判して加工貿易立国論を唱えた。

2）修身齋家治国平天下：下を平らかに治めるには，まず自分のおこないを正しくし，次に家庭をととのえ，次に国を治めて次に天下を平らかにするような順序に従うべきである。儒教の基本的政治観。（大辞林第三版）

3）澤井隆治編著（2013）『独創改革』，日経BP社，19頁。

4）経済同友会の創立メンバー29名のうち，9名が，戦前の工業倶楽部　火曜会のメンバーであったといわれる。火曜会は工業倶楽部の若手実業家の会であり，その中の有志により素修会がつくられた。素修会は，中島久万吉から「修養講話をお伺いする有志の団体」である。経済同友会の思想に，この素修会と中島久万吉の考え方が影響を与えていたことが考えられる。（村山元理2023『中島久万吉：高僧といわれた財界世話役の研究』，文眞堂）

5）例えば，『人間苦の解脱（教育パンフレット）298輯』（1938年，社会教育協会）や『勝利の生産』（1944年，昭和刊行会）など。

6）日本生産性本部の事業内容は，(1)国内における知識，経験および技術の交流の推進，(2)海外との知識，経験および技術の交流の推進，(3)調査および研究，(4)経営の科学的管理，その他生産性向上に関する教育，訓練，(5)生産性向上技術の紹介および普及，(6)図書，資料等の収集及び公開，(7)経営に関する相談および指導，(8)広報および啓発，(9)資料および図書の出版，(10)生産性運動の育成およびこれとの連携，(11)その他本財団の目的達成に必要な事業，である。（日本生産性本部，1985『生産性運動30年史』，104頁）

7）坂東学（2014）「生産性本部の設立と運動の展開」，『産研論集』（関西学院大学），第41号，15-22頁，および，山下静一（1992）『戦後経営者の群像－私の「経済同友会」史－』，日本経済新聞社，を参考にした。

8）山下静一（1992）『戦後経営者の群像』，日本経済新聞社，80頁。

9）邦訳を担当したのは，キリンビール株式会社に所属し，米国留学をした若手社員を中心としたグループメンバーであった。

第 | 4 | 章

実業界における
「新しい経営理念」ブームの影響

　経済同友会，生産性本部，ドラッカー・ブームにより，実業界に「新しい経営理念」ブームが到来したことは前述のとおりである。この新しい経営理念ブームは，実業界，すなわち経営者や企業に対しどのような影響を与えたのであろうか。

　（経営理念という言葉ができてからの）経営理念の概念には，第二次世界大戦中に始まる「経済思想・経営思想としての経営理念」《概念 1 》と，戦後に多く使われる「経営者の哲学，経営者理念としての経営理念」《概念 2 》があることはすでに確認した。前者の主体は「日本全体，日本の産業全体」であり，後者の主体は「経営者」である。さらに　経営理念の概念には，もう一つ，企業組織を主体とした「**企業組織の経営理念**」《概念 3 》が存在する。

　ここでは「新しい経営理念」ブームが，実業界における経営理念の 2 つの概念「経営者の哲学，経営者理念としての経営理念」《概念 2 》，「企業組織の経営理念」《概念 3 》に対してどのような影響を与えたかについてまとめてみたい。

第 1 節　「経営者の哲学，経営者理念としての経営理念」
　　　　《概念 2 》への注目

　1955年経済同友会全国大会での中山発言・櫻田発言および，1956年経済同友会「経営者の社会的責任の自覚と実践」決議を受けて，経営者の哲学，すなわち経営者の理念が注目されるようになった。経済同友会は経営者が個人として

参加する団体であり，経営者への啓発・教育もその目的の一つであった。経営者が「社会的責任を意識した経営者の哲学，経営者理念」を持つべきであるという主張は，多くの企業経営者に受け入れられていった。企業の社会的責任，すなわち企業の社会性に関して，経営者は，自分の経営理念（経営者理念）を語るようになっていったのである。また雑誌記事や書籍でも「経営者の哲学，経営者理念」《概念 2》を経営理念として掲載するものが増えてきた。

　例えば，『先見経済』1957年 7 月10日「当社の経営理念について　丸善石油取締役　倉田貞雄」や『日本経済新報』昭和33年 7 月中旬号（1958年 7 月）に掲載された「新しい経営理念−田辺製薬　平林専務に聞く−」といったものである。また，田中（1957）『日本の紡績　鐘紡と系列』（日本コンツェルン刊行会）には，鐘紡の武藤絲治社長へのインタビュー（第十章　繊維産業を語る武藤社長）の中で，経営理念について語っている部分が掲載されている（「その経営理念」221-224頁）。また加藤（1964）『サンスター物語』（週刊粧業）では，サンスター十五周年記念式典において山下実美社長の経営理念について講演した内容を「国際競争時代の経営理念」としてまとめている。

　さらに1965年の経済同友会「新しい経営理念」提言以降は，経営の「社会性」のみならず，「利潤性」，利潤追求についても含んだ経営者理念を表明することが増えてきた。

　1965年に発行された東洋経済新報社編『私の経営理念　一流企業の首脳は語る』は，大企業のトップ16名の「経営理念（経営者理念）」を掲載したものである。1964年 1 月から10月にかけて，東洋経済新報社で行われたセミナー「私の経営理念」での講演内容を編集してまとめている。それぞれのタイトルと講演者を見てみよう。

　　技術革新時代の経営理念
　　　　　　　　　　　　　　東洋レーヨン会長　　　　田代　茂樹
　　いかなる場合も積極果敢を信条として
　　　　　　　　　　　　　　小松製作所会長　　　　　河合　良成
　　長期のビジョンに立つ経営理念を
　　　　　　　　　　　　　　石川島播磨重工業会長　　土光　敏夫

科学技術の振興こそ最も基本的課題

　　　　　　　　　　　　　　　日立製作所会長　　　　　　　倉田　主税

経営の民主化，科学化，社会化

　　　　　　　　　　　　　　　十條製紙社長　　　　　　　　金子佐一郎

仏教徒としての経営理念

　　　　　　　　　　　　　　　協和発酵工業社長　　　　　　加藤辨三郎

経営はあらゆるものの総合である

　　　　　　　　　　　　　　　住友電気工業社長　　　　　　北川　一栄

新しい世界観に立って国民全体の利益を

　　　　　　　　　　　　　　　八幡製鉄社長　　　　　　　　稲山　嘉寛

プラスチックスで世界の人に奉仕する

　　　　　　　　　　　　　　　積水化学工業社長　　　　　　上野次郎男

新家族主義・実力主義・健康第一主義

　　　　　　　　　　　　　　　キヤノンカメラ社長　　　　　御手洗　毅

水俣争議をたたかい抜いて

　　　　　　　　　　　　　　　チッソ取締役相談役　　　　　吉岡　喜一

住友精神を受け継いでさらに強力な発展を

　　　　　　　　　　　　　　　住友金属工業社長　　　　　　日向　芳斉

自主独立の精神に立って

　　　　　　　　　　　　　　　三菱石油会長　　　　　　　　竹内　俊一

帝人再建に尽くした私の信条

　　　　　　　　　　　　　　　帝人社長　　　　　　　　　　大屋　晋三

消費者の利益を守ることを第一義に

　　　　　　　　　　　　　　　三越社長　　　　　　　　　　松田伊三雄

学究の商法がどうして鹿島を世界一にしたか

　　　　　　　　　　　　　　　鹿島建設会長　　　　　　　　鹿島守之助

　「私の経営理念」というタイトルであるが，この16社の経営首脳は様々な内容について語っている。その企業での様々な経営での経験・意思決定，あるいは個人の経験の紹介から，経営についての信条や価値観について述べられている。東洋レーヨンの田代茂樹会長や，八幡製鉄の稲山嘉寛社長は，企業の社会的責任について明言しており，三越の松田伊三雄社長は，消費者利益を第一としている理念を紹介している。また協和発酵工業の加藤辨三郎社長は，個人の経営理念が仏教に由来すると述べ，因縁の道理を根本の理念としていると言っている。（財閥）グループ全体に共通する経営理念から，自社の経営理念につ

いて述べている住友金属工業　日向芳斉社長や，住友電気工業　北川一栄社長。
「新家族主義・実力主義・健康第一主義」という経営理念をわかりやすく紹介
しているキヤノンカメラ　御手洗毅社長。あるいは，科学技術やその革新の重
要性について訴えている東洋レーヨン　田代茂樹会長や日立製作所　倉田主税
会長。さらには長期のビジョンにたって変化に適応することの重要性を述べ，
戦略性について触れているのは石川島播磨重工業の土光敏夫会長である。

　これらの内容を見るだけでも，経営理念の内容が広範にわたることが確認で
きる。いずれにしても，「経営理念」という「経営者の哲学，経営者理念」《概
念2》が注目されていることがわかる。

　上記の「私の経営理念」は，大企業の経営トップの経営者理念であるが，中
小企業においても「経営者の哲学，経営者理念」《概念2》が同じように意識
されるようになった。中小企業の経営トップが経営理念や経営を実践した経験
を語った書籍として，日本実業出版社編（1969）『わが企業経営実践記－実力
中小企業21社長の経営理念と手法－』がある。同書では，「主婦の舌をとらえ
業界のトップグループに　サンヨー食品　井田文夫社長」「"アイデアを売る"
印刷業で成功　熱海美術印刷　土屋金康社長」「信用を基礎に経営の多角化に
成功　アートコーヒー　若林秀雄社長」など，これまでの経営の経緯とともに，
経営者個人の哲学，経営者理念が述べられている。中小企業にも「経営理念」
という考え方が浸透したのは，前述の中小企業庁監修　中小企業診断協会編
（1959）『企業診断ハンドブック　商業編（上巻）』などに経営理念の重要性が
明記されるようになったこともその要因の一つであろう。

　この時期の「経営者の哲学，経営者理念」《概念2》について，経済同友会
が調査を行っている。1964年に発行された宮下・諸井・大沢・岡本『経営理念
と企業活動』（東京経済研究センター）は，わが国企業の最高経営者の経営理
念についての調査研究である。日本経済新聞社発行の『会社年鑑（1963年版）』
に掲載された1,447社にアンケート調査を送付し，397社の経営者から回答が得
られた。

　まず利潤についての考え方についての結果を見ると，企業の至上目的に利潤
を掲げることを否定する立場が6割に及んでいるが，利潤そのものを否定して
いるわけではないことがわかった。また，利潤と社会的責任とについての考え

方については，「今日の企業の利潤は，資本と経営者の能力だけによってえられたものではなく，国家，社会，消費者，取引先，従業員などの援助もしくは協力によってえられたものである。企業の社会的責任とは，これらの協力者に企業の利潤を分与することである」とする回答が6割を占めた。なお社会的責任の内容については，「企業と利潤を追求して，株主，従業員，取引先，社会を含めた，企業のすべての利害関係者に奉仕すること」という回答が9割を占めている。

経営者は，利潤の重要性をもちろん意識しながらも，利潤を企業の至上目的とすることには否定的であり，社会的責任についても高い理解度を示していることが明らかとなった。

なお，「経営者の哲学，経営者理念」《概念2》として経営理念が語られる場合，書籍や雑誌記事では「土光敏夫の経営理念」のように「○○○○（経営者名）の経営理念」として記される場合が多い。そして，その内容はインタビューや本人の語りであったり，あるいはこれまでの経営実践の内容などが文章で述べられていることがほとんどである。

第2節　「企業組織の経営理念」《概念3》制定の動き

経営理念の概念の3つ目は，企業組織を主体とした「企業組織の経営理念」《概念3》である。「新しい経営理念」ブームが，この「企業組織の経営理念」《概念3》にどのような影響を与えたかを確認してみよう。

前述の1964年の経営者への調査によると，経営理念を「社是などの形で具体化して浸透につとめている」のは22％であった。すなわち企業組織の経営理念として成文化されたもの[1]（社是社訓や経営信条など）を有するのは，調査企業の2割であったということである。

田村（1965）は，社是社訓や経営信条といった成文化された326社の経営理念の分析を行っている。名称として多いものは，「社是」「社訓」「経営信条」の順（295頁）になっており，「経営理念」と名付けられているものはそれほど

◆ **図表4－1　経営理念が制定（策定）された時期**(1)

明治及びそれ以前	1.8%
大正時代	3.2%
昭和（戦前）	10.9%
昭和（1945～1949年）	7.7%
昭和（1950～1954年）	13.6%
昭和（1955～1959年）	33.3%
昭和（1960年以降）	23.6%
無回答	5.9%
計	100.0%

（出所：田村（1965）p.296を一部改変）

多くない。日本能率協会における1963年の調査[2]によると，その制定時期は図表4－1の通りである。日本における経営理念（社是社訓など）の作成時期は1955～1960年以降に多いことがわかる。この時期は1955年の経済同友会中山発言（新しい経営理念と社会的責任），櫻田発言（企業の公器性）および1956年の経済同友会決議「経営者の社会的責任の自覚と実践」がなされた時期に重なっている。

田村（1965）は，この結果について以下のように考察している。

　この時期の日本の経営は戦後の混乱からようやく立ち直りを見せ，朝鮮動乱をへて安定期に入ったが，労働組合の組織化とともにその強い圧力を感じはじめ，成熟した資本主義共通の問題として，利潤追求のみを企業の目的とした自由放任ならびに，戦前・戦中の国策一辺倒の姿勢がようやく反省され，民主的な大衆社会における企業のあり方が再検討され，<u>企業の社会的責任が自覚されてきた</u>からである。
　<u>企業が社会の公器</u>として，その存在理由を自覚しはじめると共に，企業の構成原理についても反省され，従来のような権威主義的・非合理的・温情主義的な日本の経営は近代的，合理的・民主的な経営へと脱皮することが要求されてきた。企業における良き人間関係の確立が叫ばれたのはこのような事情と相呼応する。企業が近代的な組織として，活動し，その目的を遂行するためには，その基礎となる目的や根本方針となるものを，経営の任に当たるもののみならず，個々の従業員も十分周知しておく必要があることはいうまでもない。経営信条の必要性が自覚されたのは，こうゆう上から下へのコミュニケーション活動の中からであったと思われる。

（296頁，アンダーラインは筆者追加）

　経済同友会の1955年・1956年の活動により，「経営理念」（経営者理念）という概念と「社会的責任」の考え方が実業界にも広がっていった。企業のあり方が根本的な転換点を迎えている中で，「上から下へのコミュニケーション活動」の重要性について各企業が認識し，経営理念（この調査では経営信条）が制定されていったことがわかる。

　1960年以降の経営理念制定時期についても，その後に実施された調査結果を確認してみよう。図表4－2は浅野（1991）らが1983年に業績上位800社に対して行った調査の結果である。また図表4－3は，野村（1999）が1998年に社会経済生産性本部と行った「社是・社訓に関する調査」（回答738社）の結果の一部である。

　これらを見ると，1950年代とともに1960年代以降も経営理念の制定（策定）が増えていることがわかる。1965年は経済同友会が「企業の利潤性」を強調した「新しい経営理念」宣言を行った年である。「新しい経営理念」の概念が広まるとともに，経営理念という言葉と，「経営の原理」としての意味が受け入れられていったと考えられる。

　「経済思想・経営思想」《概念1》あるいは「経営者の哲学，経営者理念」《概念2》として始まった経営理念の概念は，実際に企業組織で制定されることにより，「**企業組織の経営理念**」《概念3》として一般に広く普及することとなっ

◆ 図表4－2　経営理念が制定（策定）された時期(2)

明治	1.2
大正	2.5
昭和・戦前　（1926〜1941）	0
昭和20年代　（1945〜1954）	16.4
昭和30年代　（1955〜1964）	17.7
昭和40年代　（1965〜1974）	20.3
昭和50年代　（1975〜1983）	34.4
N.A.	6.3

[%]

（出所：1983年調査　浅野（1991）167頁を一部改変）

◆ 図表4－3　経営理念が制定（策定）された時期(3)

制定年代	社数	比率［%］
1930年代以前	30	4.1
1940年代	15	2.0
1950年代	71	9.6
1960年代	103	14.0
1970年代	76	10.3
1980年代	165	22.4
1990年代	193	26.2
N.A.	85	11.5

（出所：1998年調査　野村（1999））

た。

【注】

1）企業組織の経営理念《概念3》の場合，必ずしも成文化しているとは限らない。成文化されていないものを企業組織の経営理念として捉える考え方もある（第9章参照）。

2）「日本の経営」研究会（1967）「社是・社訓にみる経営理念」，『マネジメント』第21巻第10号。

第 | 5 | 章

「新しい経営理念」ブームへの 学界の対応

　実業界の「新しい経営理念」ブームの中で，経営学界でも「経営理念」が多く議論されるようになっていった。ここでは①「新しい経営理念」の重要性についての研究，②日本の経営理念を確立するべきとする研究，③それまで研究されてきた経済・経営思想および経営者思想を経営理念とする研究，④経営理念の経営学上での位置づけを明確にしようとする研究，の４つにわけて整理を行いたい。

第１節　「新しい経営理念」の重要性について言及する 研究

　藻利重隆 (1959b)「新しい経営理念」ではドラッカーの考え方をネオ・フォーディズムと捉え，古い営利原則に代わり新しい営利原則が求められてきていると述べている。米国での「企業の社会的責任論」が日本に導入され，「新しい経営理念」の重要性が盛んに議論された。ドラッカーの研究者でもあった藻利は，同じく1959年に『ドラッカー経営学説の研究』（藻利1959a）としてドラッカーの考え方を整理している。

　日本生産性本部のトップ・マネジメント海外視察団メンバーであった一橋大学教授　古川栄一は，視察の翌年である1958年に出版した『新しい経営管理』（通信教育振興会）の中で，「専門経営者の経営理念」について解説を行っている。

　専門経営者は，企業資本の出資者たる株主をも当然にふくめて，さらに企業内部で働く多くの従業員，企業外部にある消費者，取引先，債権者，教育機関または政府その他の一般公共との相互関係を有効に維持するように，広い社会的，公共的観点から企業の経営活動の指導にあたることが要求される，その点に，まさに専門経営者にとっては，従来の所有経営者とは異なった，広い職業人として観点が存在しているものということができる。それが実にまた専門経営者としての**経営理念（management philosophy）**とならなければならない。
　　　　　　　　　　　　　　　　　　　　　　（68頁，アンダーラインは筆者追加）

　専門経営者として，ステークホルダーとの関係性を重視した，「企業の社会的責任」としての経営理念を持つことが重要であると述べている。また古川はこの中で，海外視察先であった "Bank of America" が各支店の所在する地元の小中学校に寄付をするとともに生徒の金融教育も行っている事例を紹介している。さらに古川は，同様の内容を，1959年発行の『経営近代化のための経営者の知識』（経林書房）の「企業の発展と経営者の任務」に記載している[1]。
　繰り返しになるが，日本生産性本部生産性研究所次長の増田米治は，1959年に『視察団報告書』を題材に『経営実務－マネジメントの実務－』（光文社）を発行した。「経営理念」の章ではアメリカで「企業の社会的責任」が重要視されてきた経緯をわかりやすく説明している。
　また日本生産性本部からも1965年に「経営理念」に関する著書が発行されている。日本生産性本部生産性研究所所長であった中西寅雄と，東北大学教授の鍋島達の編著による『現代における経営の理念と特質』（日本生産性本部）である。その序文は，日本生産性本部専務理事の郷司浩平によって書かれている。

　　生産性向上の目的とする雇用の増大の原則，労使協議による生産性向上方式の原則，ならびに生産性向上成果の公平な分配の原則は，生産性運動の基本目標であり，日本生産性本部は，この目標にむかって過去10年間，鋭意努力を重ねてきた。
　　この三原則は，生産性運動原則のいわば国民経済的表現であるが，さらにこれを経済を直接担当する企業経営の面からとらえて，現代企業の特質とその**経営理念**を追求し，生産性向上についての理論体系を確立することは，久しく世の待望するところであった。当本部は，かねてからこのことを重視し，日本生産性本部生産性研究所を通じ，この分野におけるわが国一流の学者と

実務家の協力をもとめ，長期にわたって研究を重ねてきたのであるが，このほどようやく，成果を得たので，ここに公判の運びにいたった…

同書では，新しい経営理念には経営の社会性といった面が含まれなければならないということに加え，経営理念の社会性と利潤性という2つの性格の意義と相互の関係性についても述べられている。

第2節　日本の経営理念を確立するべきとする研究

社会的責任論を反映した米国からの「新しい経営理念」の輸入に対し，日本の「経営理念」を振り返り，日本の経営哲学を確立すべきであるとしたのが，土屋喬雄『日本経営理念史』（1964年），『続日本経営理念史』（1967年）（いずれも日本経済社）である。その『日本経営理念史』の序説の中で，土屋は以下のように述べている。

　…近年，「新経営理念」，「新経営者精神」，「新経営倫理」，「新経営哲学」，「経営者の社会的責任の自覚と実践」などが，さかんに唱えられているのは，経営者側から時代の要請にこたえつつあるものであろう。
　しかし，従来この種の提唱は，とかく米欧とくにアメリカの新経営理念なり，新経営哲学なりの直輸入の傾きが強かった。もちろんアメリカの新経営理念なり，新経営哲学なりが，価値高いものであることを否定するのではない。しかし，日本の土壌を踏まえた上摂取すべきであると思う。もっともここ数年来，「日本再発見」の機運が高まりつつあることも，周知の事実であるが，その「日本再発見」のために何よりも必要である日本の経営史や経営理念史の体系的研究がいまだ不充分だからである。…（3-4頁）
　日本の経営史，経営理念史という土壌をふまえることによって，はじめて日本経営哲学が確立されうるのだ，と思う。（5頁）

土屋（1964）は，経済同友会が主張した「新経営理念」が米国発祥のものであり，日本にはこれまで無かった新しい考え方であるとする社会の風潮に，強い批判の念を抱いていた。日本においては江戸時代以降，「道義的信念をバッ

クボーンとして企業経営に従事した立派な, 尊敬に値すべき人々が少なくない」ことをこの著書によって示し, それを振り返ることによって, あらためて日本の経営哲学の確立を訴えている。

　　私が経営理念の史的研究を重要とするのは, 外国のものの直訳的輸入では主体性がなく, 地に足がつかぬきらいがあり, 正しい前進がはばまれる危険があると考えるからである。(23頁)

　また土屋 (1964) は, その序説の中で, 経済同友会メンバーであり, 日本生産性本部専務理事である郷司浩平の新聞への論評[2]を引用している。当時, 経営者の中で信長など戦国時代のリーダーの著書が読まれ, 「日本再発見」の風潮が高まっていた。この情勢に対し, 郷司は, 日本の経営者が「日本再発見」を土台にしてさらに西洋の経営を再発見すれば, 日本の土壌に適した近代経営が健全に育つ, と述べている。そしてこの考え方に対し, 土屋は「郷司氏の見解に全く同感である」と賛同している (22-23頁)。

　経済同友会メンバーであり日本生産性本部専務理事の郷司浩平は, 「新しい経営理念」の立役者の一人である。郷司を「経営問題の大家」(3 頁) と尊敬しつつ, 日本の「経営理念史論」「経営者精神の史的考察」の重要性の認識については同じであると述べている。ここで郷司浩平を登場させていることこそ, 新しい「経営理念」の概念が経済同友会・日本生産性本部主導により一般に広く普及し, 受け入れられてきたことの証であろう。

　また中瀬寿一 (1967) も『戦後日本の経営理念史』(法律文化社) の中で, 経営理念を経営思想と同義として, 「新しい経営理念」の模索を 3 つの期に整理し, その変遷をまとめている。さらにマーシャル著・鳥羽訳 (1968)『日本の資本主義とナショナリズム』(ダイヤモンド社) では, 第二次世界大戦前, 英米の資本主義理念に対し, 日本ではビジネス・エリートのナショナリズムが資本主義の発展の理念となったという。

　日本独自の経営理念を確立すべきだという研究と関連して, 海外の経営理念や, 経営理念の国際比較に関する研究も行われた。一つは, 中川敬一郎 (1972)「経営理念の国際比較」である。また, 竹中靖一・宮本又次 (1979)『経営理念

の系譜−その国際比較−』（東洋文化社）では，国内およびイギリス・ドイツ・アメリカの経営理念についての論文がまとめられている。北村次一（1980）『経営理念と労働意識』（新評論）ではドイツの経営理念について，労働意識との相互関係において歴史的解明を行っている。

第3節　それまで研究されてきたテーマを経営理念とする研究

　経済同友会での1955年，1956年の決議を受けて，「経営理念」という言葉と概念が一般化していった。そのような中，学界でも，これまで続けられてきた経済史・経済思想史および経営史・経営思想史の研究が「経営理念」の研究として取り上げられるようになっていった。ここでは，①経済思想・経営思想としての経営理念研究，②経営者の哲学，経営者理念としての経営理念研究に分類し，それらの研究を整理してみたい。この２つの研究は密接に関係しており，分類が難しいものもあるが，ここでは主体が何かによって分けてみたい。①「**経済思想・経営思想としての経営理念**」《**概念１**》とは主体が日本全体，あるいは日本の産業全体である考え方であり，②「**経営者の哲学，経営者理念としての経営理念**」《**概念２**》とは，創業者をはじめとする経営者を主体とした考え方である。

　なお，「経済思想・経営思想としての経営理念」《概念１》，「経営者の哲学，経営者理念としての経営理念」《概念２》についての具体的内容については，それぞれ第６章，第７章で詳細に述べることとする。

1．「経済思想・経営思想としての経営理念」研究

　前述した土屋『日本経営理念史』（1964），『続日本経営理念史』（1967）の「序説」部分は，いずれも主体が日本全体とする考え方であり，日本の経済思想・経営思想について論じている。マックス・ウェーバーや大塚久雄による「資本主義精神」を批判し，これまでの日本の経営理念，経営哲学を樹立すべきであ

ると訴えている。

　土屋（1964）では，その序説においてこう述べている。

　　…「経営理念史論」ないし「経営者精神の史的考察」なるものは，後にや
　や立ち入って述べるように，「経営理念」あるいは「経営者精神」の史的研
　究としてではなく，他の表現，すなわち，「資本主義的精神」，「資本家的精神」，
　または「資本主義の精神」というような表現では，前世紀末以来，主として
　ドイツの経済学界あるいは経済史学界において，一時盛んに取り上げられ，
　論争まで行われたものである。そしてそれは，日本でも明治末年依頼，経済
　学界や経済史学界に於いて，紹介され，祖述され，とくに昭和初年以来，流
　行学説とさえなったのである（8頁）。

「資本主義精神」とは，マックス・ウェーバー『プロテスタンティズムの倫
理と資本主義の精神』に始まる経済思想であり，日本においては大塚久雄らが
盛んに主張し，昭和のはじめから流行学説となった考え方である。経済同友会
により「経営理念」が一般化する前から，土屋（1964）はこの「資本主義精神」
の考え方に疑問を示し，それらを主張するアカデミアと議論を戦わせてきた。
1956年の経済同友会「経営者の社会的責任の自覚と実践」決議を契機に，「新
しい経営理念」がブームとなっていった。それらの「社会的責任論」を重視し
た「新しい経営理念」は，アメリカから初めて導入された概念であり，日本に
はこれまでそのようなものがなかったという意見に対し大きな批判を行ってい
る。

　　私は，上述のごとく，江戸時代以来わが国の商業なり産業なりの経営者の
　中に，道義的信念をバックボーンとして企業経営に従事した立派な，尊敬に
　値すべき人々が少なくなかったことを知っているので，終戦後盛んに唱えら
　れた経営倫理を重視する新経営理念が，単にアメリカのそれを直訳したもの
　に過ぎないかのごとく考え，わが国にはそのようなものがなかったかのごと
　くに考えた風潮に対して批判的たらざるを得なかったわけである。（19頁）

中瀬（1967）『戦後日本の経営理念史』では，「経営理念」を「経営思想」と
同義と捉え，戦後の経営理念（経営思想）の歴史的考察を行っている。そこで

は戦後直後から「新しい経営理念」模索の期間を三期に分けて，第一期「修正資本主義の抬頭」，第二期「経営者の社会的責任論の進出」，第三期「日本的経営哲学確立への志向」として整理している。繰り返しになるが，ここでの経営理念の主体は，経営者個人ではなく，また個別の企業でもなく，日本全体を示している。

　1960年代から「経営理念」というタイトルを付けた学術研究書や論文が増えてきたが，それまでの「企業家精神」や「経営者精神」としての研究が，「経営理念」の研究として認識されるようになった。例えば，J.ヒルシュマイヤ著（土屋喬雄・由井常彦訳）（1965）『日本における企業者精神の生成』（東洋経済新報社）は明治以降の工業化の発展と企業家精神についての研究である。ここでは「経営理念」ではなく「企業者精神」として書かれている。著者のJ.ヒルシュマイヤは1957年から1959年に日本に滞在し，研究を続け，それをまとめている。由井常彦（1985）『経営史学の二十年－回顧と展望』（東京大学出版会）では，このヒルシュマイヤの著作を，経営史における「経営理念」の歴史的研究の初期の業績の一つとしてあげている。

　B. K. マーシャル著（鳥羽欽一郎訳）（1968）『日本の資本主義とナショナリズム』（ダイヤモンド社）は，明治初期から第二次世界大戦前までの日本の経営理念についての研究である。翻訳を行った鳥羽はその「あとがき」に，「経営理念の問題を，いわゆる当該社会における『価値体系（バリューシステム）』といった社会学の方法を用いて，理念史（インテレクチュアル・ヒストリー）として体系的に取り扱ったのは，本書が初めてであるといってさしつかえないであろう（238頁）」と述べている。なお，この書籍においても「経営理念」の主体は日本全体であり，経営者個人や，あるいは個別の企業ではない。

　なお，このB. K. マーシャルの原著[3]と対比すると，鳥羽は "Business Ideology" を経営理念と訳していることがわかる。

　森川英正（1973）『日本型経営の源流－経営ナショナリズムの企業理念』（東洋経済新報社）は，近代日本の経営者が，「国益志向型経営理念」を持って産業自立に取りくんできた歴史について述べている。明治時代の経営者が，"企業経営の中で国に奉仕する" という理念（2頁）－すなわち経営ナショナリズムを持っていたことを示している。ここでは岩崎弥太郎，渋沢栄一をはじめ多

くの経営者の事例が紹介されているが，日本全体を対象として書かれており，経済思想・経営思想としての経営理念を述べていると言ってよいであろう。

2．「経営者の哲学，経営者理念としての経営理念」研究

　日本全体の経営思想として多くの研究がなされる中で，あらためて経営思想を生み出す経営者の考えに着目する研究や著作も増えてきた。「**経営者の哲学，経営者理念としての経営理念**」《**概念 2**》である。

　前述の土屋『日本経営理念史』(1964)，『続日本経営理念史』(1967) では，「江戸時代の経営理念」「明治・大正・昭和の経営理念」をまとめているが，総論をまとめた序説以外では，それぞれの経営者の哲学，経営者理念について記述している。例えば，江戸時代の商人と経営理念についてまとめた『日本経営理念史』では，越後屋（現在の三越伊勢丹）の創業者の経営理念や，石田梅岩の著述に現れた経営理念について述べている。さらに，『続日本経営理念史』では，渋沢栄一や金原明善，佐久間貞一，矢野恒太，小菅丹治，森村市左衛門，波多野鶴吉，武藤山治，相馬愛蔵，大原孫三郎の経営理念（経営者理念）についてまとめている。

　また財界人思想全集　中川敬一郎・由井常彦編著 (1969)『経営哲学・経営理念（明治・大正編)』（ダイヤモンド社）では明治・大正期の経営者や経営者に影響を与えた先人の経営理念をまとめている。具体的には，金原明善，福沢諭吉，岩崎弥太郎，五代友厚，大倉喜八郎，森村市左衛門，渋沢栄一，中上川彦次郎，波多野鶴吉，鈴木馬左也，矢野恒太，武藤山治である。また，同じく (1970)『同（昭和編)』では，昭和時代の経営者の理念を紹介している。具体的には，池田成彬，藤原銀次郎，小林一三，中島久萬吉，大河内正敏，鮎川義介，倉田主税，田代茂樹，太田垣士郎，松下幸之助，土光敏夫，木川田一隆，稲山嘉寛，櫻田武である。ここでは，経済同友会幹事の櫻田武や木川田一隆の経営（者）理念が紹介されている。なお木川田一隆の経営理念については，高宮晋編著 (1978)『木川田一隆の経営理念』において，より詳細に時代的背景と理念の生成の面から体系化が行われている。

第4節　経営理念の経営学上での位置づけを 明確にしようとする研究

　経済同友会・日本生産性本部の海外視察団・ドラッカー・ブームを受けて，経営理念が実業界において広く普及し，一般化していく中で，学界においても様々な議論がなされ，その重要性が訴えられていった。

1. 経営理念の経営学上の位置づけ： 山本安次郎・山城章・高田馨（1967年）

　1960年代半ばには，経営学における経営理念の位置づけを明確にしようとする動きが学界に見られた。例えば，山本安次郎は，1967年「経営の理論と政策－経営理念論序説－」の中で，経営学の体系化とその体系における経営理念論について考察を行っている。

◆ 図表5－1　経営学の体系

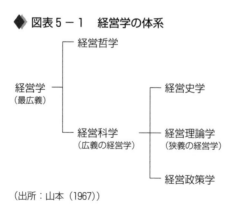

（出所：山本（1967））

　経営学の発展は，経営政策から経営理論の純化という形で行われてきたが，経営学は純粋理論科学ではなく，実践科学であると認識されるようになったと述べている。ここでは新たに，実践経営理論（学）と，経営政策学との関係が課題となってきているという。この体系の中で，経営理念は，経営理論（学）

ではなく，経営政策（学）の問題であると述べている。

　…わが国においても，特に経営の新原理，経営理念，経営信条，経営哲学などが問題となり，種々の立場から論じられながら，その性質が解決されないままになっているが，私見によれば，それは経営理論の問題ではなく経営政策の問題であり，経営政策学の本来の課題に属すると考えられるからである。（5頁）

この論文の終わりで「理論と歴史と政策－政策学の重要性」として，経営史学，（実践）経営理論学，経営政策学，そして経営理念について整理がなされている。

　経営はすぐれて歴史的存在であり，歴史に規定されながらその形成に参加する。経営の理論も歴史を離れては形骸であり空虚である。歴史も理論を離れては史実にすぎず，歴史とはならない。経営はまたすぐれて社会的存在であり，実践的存在である。経営の理論も政策を無視しては盲目であろう。政策もまた，歴史と理論を基礎とするのでなければ，その提供する理想も空想に終わろう。政策は歴史と理論に基づきながら，これを越え，理念を確立し，理想を指示する実践的なものでなければならない。（21頁）

すなわち，経営政策学は，経営史学と経営理論学に基づき，経営理念を確立し理想を指示する実践的なものであるとしている。

なお山本はこの論文において，実践経営学説を展開している山城章に議論を投げかけている。山城章（1956）は，「経営学は経営政策論」とし，「経営理論と経営政策は，経営学において統一されたる二つにして一つのものである。経営学はしたがって経営理論だけでもなければ，経営政策自体でもないが，しかしそのいずれでもあり，両者を統一的に含んだ一つのものである」と主張している。それに対し山本は，もしそうであれば，理論と政策の区別も問題とはならず，経営理論＝経営政策論であり，経営政策学は成立しないとならざるを得ないと述べている。

その山城は，『經濟論叢』の次号（山本安次郎教授記念號，1967年）において，

「経営の基本理念と日本的経営」の論文を著し，経営理念論は経営研究において最も重要な課題であると述べたうえで，研究の方法は自然科学的手法，いわゆる数学的手法では問題になりえず，実践科学的な研究が必要であるとしている。

経営理念は，「主体者と，その行動に関し，その行動目的を，主体者行動に内在する主体本来の存在理由から，自己目的として設定した」ものであり，「自己の目的を内在目的とし，かつ仕事化する考え方」であるとしている。そして，経営理念は行動指針となり，行為の目標となり，その目標として行動するとき，行為は経営的となると述べている。

また，経営理念とは，「経営者または経営体が，マネジメントの機能を自己の任務とし，これを仕事主義に立脚して達成しようとする考え方（心構え）である（123頁）」とし，これを機能主義と名付けている。さらにこの（機能主義）経営理念の特色は，以下の6点である。

① 経営者または経営体の主体的活動の心構えに関するものである

② マネジメントという新しい機能を内容とする

③ マネジメント機能を経営者，経営行動の任務と解するという任務主義に立つ

④ 仕事主義の徹底から新しいプロフェッショナルへ展開しようとしている

⑤ 経営理念は考え方，一種の心構え，あるいは目標とか行動指針であり，それによって行動を現代化し，また科学化できるものである

⑥ 経営理念は思想（考え方，心構え）であるが，さらにそれが技法化され，行動にとっての身近な目標となる　　　　　　　（アンダーラインは筆者）

さらに，高田馨は，同じ『経済論叢』（山本安次郎教授記念號，1967年）において，「経営哲学－とくに経営理念論について－」と題し，経営哲学と経営理念論についてまとめている。まず経営哲学と経営理念の関係について，下記のように5つに分類している（19頁）。

経営実践そのものとしての経営哲学

経営学としての経営哲学

(1) 経営学方法論としての経営哲学

(4)₁ 経営技術原則そのものとしての経営哲学 ◄► (2) 経営技術原則論としての経営哲学

(4)₂ 経営理念そのものとしての経営哲学 ◄► (3) 経営理念論としての経営哲学

当論文では, (3)経営理念論としての経営哲学, (4)$_2$ (経営実践としての) 経営理念そのものとしての経営哲学, について整理が行われている。(3)経営理念論としての経営哲学とは,「その論者が把握・思考する経営理念の論」であり, (4)$_2$実践における経営哲学の中にある経営理念, 実践における経営理念とは異なると述べている。

この(3)経営理念論としての経営哲学の事例として, 3人の米国の経営学者の論文を紹介している。まずR. C. Davisの経営哲学では, 自由主義体制が侵されつつある[4]とき, 経営者に対してその採るべき経営理念を示している。次に, D. McGregorの経営哲学は,「経営者のもつ経営観と人間観」であり, 経営者の経営に対する考え方と人間についての考え方を述べているとした。最後にJ. W. McGuireの経営哲学であるが,「彼は経済・社会思想家を中心に取り上げ, 古典的から現代にいたる流れを展望し, それが米国の経営者の思想との間に持った関係を確認している」(417頁) としている。

高田 (1967) がまとめた「経営理念論としての経営哲学」は,「その論者が把握・思考する経営理念の論」であり, ismや価値 (value) を論じている経営理念論である。山城章が先に述べた経営理念は, (4)$_2$実践経営における経営理念であり, その違いは明確であると思われる。「経営理念」ばかりでなく,「経営理念論」の定義も多様で様々な捉え方があることがわかる。

以上, 1967年度に京都大学経済学部の『經濟論叢』に掲載された, 当時の代表的経営学者である山本安次郎, 山城章, 高田馨の「経営理念」についての考え方を概観した。共通点はあるものの, その視点の違いにより,「経営理念」の捉え方は一様ではない。経営学に関するスタンスの違いが影響していることもあるが, 経営学における「経営理念」の位置づけが経営学者によって異なり, また"統一された"明確な位置づけができなかったことがあらためて確認された。

2．経営理念論について：2つの研究成果

上記のような多様な経営理念に関する研究に対し, 整理をしようとする動きが見られた。

　一つは山城章編『現代の経営理念』（1967実態編，1969理論編/1972合本版：
白桃書房）であり，もう一つは中川敬一郎編（1972）『経営理念』（ダイヤモン
ド社）である。

1）山城章編『現代の経営理念』

　『現代の経営理念』（1967実態編，1969理論編/1972合本版）は日本学術振興
会経営問題第108委員会による研究をまとめたものである。最初に発行された
『現代の経営理念』である実態編（1967）の序において，編集した山城は次の
ように述べている（序1）。

　　経営学研究においては，このような根本的な経営理念研究はきわめて多い。
　むしろあまりに多種多様であるため，これを整理して，われわれの迷いのな
　い行動指針を持つ必要があるのである。しかしいまやただ，多様な理念論を
　整理しただけでは満足し得ない状態に直面しているようである。激動的な変
　革期と称せられるこの段階においては，経営理念にも変革があらわれざるを
　得ないとみることもできる，新しい経営理念がさらに主張される必要がある
　かもしれない。その意味において，経営学研究は，当面，むしろ以前にもま
　して変革期的苦悩に直面しているのである。　（アンダーライン，筆者追加）

　当時の経営学界では多くの「根本的な経営理念研究」がなされていた。前述
の山本安次郎・山城章・高田馨の研究のように，多様な経営理念（論）が存在
しており，整理する必要があると述べている。

　第108委員会は，日本生産性本部第二次トップ・マネジメント視察団のメン
バーであった古川栄一（青山学院大）が委員長であり，前述の山本安次郎，山
城章，高田馨はじめドラッカー研究者でもあった藻利重隆，高宮晋などそうそ
うたるメンバーで構成されていた。この顔ぶれを見ても，当時の経営学のメイ
ンテーマの一つが，この経営理念（論）であったことがわかる。

　『現代の経営理念』は1967年実態編・1969年理論編として出版されたが，
1972年には合本として再編集され，一部内容も改定されて出版された。合本版
では，序説で，わが国経営理念の特質を整理した後，第108委員会「経営理念
の統一見解」を説明し，経営理念の理論的研究と実体的展開についてまとめ，
さらに経営理念に関する西洋の諸学説を説明するとともに，経営理念の経営学

的考察を行っている。また委員会が実施した経営者へのアンケートについてその結果とコメントを紹介している。

　第108委員会が策定した「経営理念に関する統一見解」の一部を確認してみよう。

　　　経営理念の意義
　ここに経営理念とは，経営主体の目的達成のための活動指針である。それは目的活動のよりどころとなる考え方であり，精神とか思想ともいわれる。…（39頁）

　　　経営理念の内容
　経営理念を具体的にとらえ明らかにするには，まずその行為主体はなにか，その目的はなにか，その目的を達成するための主体はなにか，などを分析検討する必要があろう。
　経営理念における主体は経営体であり，またその責任者たる経営者である。また目的は経営目的であり，この経営目的を達成するためのしごとが経営機能である。経営者がその機能を果たす目的実現活動において指針となる考え方が経営理念である。（39-40頁）

　経営理念は，経営主体（経営体もしくは経営者）の経営目的達成のための活動指針であり，経営目的を達成するために経営機能が実践される。そして経営者がその機能を果たす活動において指針となる考え方が経営理念である，と述べている。

　また，この統一見解では，さらに経営目的や経営の社会的責任，意思決定の態度と方法，組織と人間，経営者のリーダーシップと経営者育成，経営理念とわが国経営者の課題をまとめている。その結語を見てみると以下のような記載がある（合本版57-58頁）。

　経営理念は，経営者が経営体の目的を達成するためにその機能を担当するにあたって活動の指針となる考え方のことであり，この理念は経営意思の決定に具現化され，また，この意思の実行について経営者リーダーシップならびに組織に反映させられるものである。さらに，この理念に即応した経営者活動を実現するために，経営者の機能担当能力を啓発するための経営者教育において，その教育理念としても意味を発揮するものである。

　経営理念の内容は，経営目的としては経営体の存続，成長を基本目的とし，その実現のために利潤や社会的責任のための諸目的を，調整統合しつつ，経営意思を決定し，この決定意思を実現するために十分なリーダーシップをとるという経営者機能を重視し，これを専門として担当する経営者を考えるのである。この経営者能力を育成すべき経営者教育の問題が，経営理念の積極的側面としてきわめて重要であることは繰り返しのべてきた，われわれは，以上のごとに経営理念による経営教育，さらには経営理念そのものを形成する経営教育の重要性を強く主張したい。（昭和43年8月）

　ここで注目すべきは，経営者と経営理念の関係，および経営教育の重要性に関する記述である。1979年に日本経営教育学会（現日本マネジメント学会）を創立した山城章の考え方が強く反映していると思われる。

　しかしながら，経営理念の定義についてはこの統一見解でも明確になっているとは言えない。「経営理念そのものについては，人びとの間で必ずしも解釈が一致しているとは思われない」と述べられている（合本版13頁）。浅野（1991）も，この『現代の経営理念』では，「『経営理念とは何か』に対する明確な定義が存在しないことを一応は認めるかたちにはなっている」（6頁）と述べている。

　統一見解ではないが，合本版の第1章に，経営理念の三重構造についての記載がある。ここで経営理念は三層の構造を持つとして類型化している。①経営者の個人としての信条，②経営者が経営者としての機能を遂行するうえでの信条ないしビジョン，③経営者がその指導者である企業そのものの信条，の3つである。浅野（1991）ではこの三層構造をより具体的に下記のように説明している。①「経営者の心構えないし信条」としての経営理念，②企業内部における指導理念としての経営理念，③企業の経営方針あるいは企業が当面する諸問題について，社会一般に訴える意図を持つ経営理念，である。このうち①「経営者の心構えないし信条」としての経営理念とは，「経営者理念」を示している。また③「企業の経営方針あるいは企業の当面する諸問題について，社会一般に訴える意図を持つ経営理念」は「企業組織の経営理念」にほかならない。②「企業内部における指導理念としての経営理念」は，企業でのスローガン等も含み，「企業組織の経営理念」ということができるであろう。

　『現代の経営理念』では，日本学術振興会経営問題第108委員会で5年間以上

研究・議論を重ねた「経営理念に関する統一見解」と，その統一見解を打ち出す参考研究である，文献による外国の経営理念と，国内経営者のアンケートや面接調査の結果をまとめている。当時の日本経営学界を代表するメンバーで組織された第108委員会での統一見解は，学界の中で大きな影響を与えたものであると思われる。

2）中川敬一郎編（1972）『経営理念』

　中川編著（1972）『経営理念』は，中川敬一郎（経営史），間宏（社会学），北野利信（経営学）という専門分野で著名な研究者による著作である。その序章において，編者の中川は次のように述べている。

　　　…「経営理念」の定義そのものが確定していると言えないのみでなく，「経営哲学」や「経営思想」という類似の概念との関係もけっして明確ではない。また，そのように，「経営理念」の実証的研究が立ち遅れている段階で，「経営理念」を一義的に定義づけることは，決して稔り多い研究方法ではないと思われるので，本書を分担執筆した三人の間でも，あえて「経営理念」の定義を統一することはしなかった。（4頁）

　中川は，分担執筆した間，北野とも「あえて経営理念の定義を統一することはしなかった」と記している。この時期にすでに経営理念の概念は広範であり，多岐にわたる内容を包含していたことが伺える。

　それでは，それぞれの内容について具体的に見てみよう。中川は，「第一編経営理念の国際比較−その経営史的考察−」において，経営理念研究の方法と意義を確認したうえで，英米日それぞれの経営者の企業経営目的を整理し，合わせて利潤観と競争観，さらには労働関係観と社会的責任についてまとめている。また間は「第二編　日本における経営理念の展開」において，日本の経営理念を，明治に始まる近代企業の形成期，明治から大正への企業成長期，戦後復興からの新しい経営理念の形成，といった3つの期にわけて整理を行っている。さらに北野は，「第三編　経営理念の構造」において，経営理念の構想にレヴィンの生活空間モデルを援用するとともに，複合目的としての性格，企業目的のシステムとしての考え方，経営理念の型・組立・表現・価値および社会的責任についてまとめている。

　次に，それぞれの考える経営理念についてより詳しく見ていこう。まず中川は，経営理念を「経営者自身によって公表された企業経営の目的および指導原理（9頁）」と定義している。ここでその指導原理を，企業内部に対するものと，企業の外部に対するものの2つに分類し，企業内部に対するものを「経営哲学」，企業外部に対するものを「経営理念」と呼ぶことにしている（9頁）。また間は，大企業の経営理念とは，組織の経営理念であり，経営者の抱いている経営理念ではないと述べている（78頁）。そしてそのような組織の経営理念を「明文化された組織の基本方針」と定義し，その機能を企業の対外活動における正当化（社会的使命）と，対内活動における成員の統合と動機付けの2つとして考えている（78頁）。さらに北野は，経営理念が「企業の複合目的を表現したもの（185頁）」とし，「企業目的のシステム（198頁）」であるとしている。また経営理念は，「自然発生した組織のパーソナリティないし性格を公認し，文書に表したもの」であるとも述べている。

　3人の経営理念の定義を見てみると，その主体は企業組織であり，日本全体や日本の産業全体ではなく，経営者個人でもない。いわゆる「企業組織の経営理念」ということができる。もっとも，間は，「中小企業はもちろんのこと，大企業でも強力な創業型経営者の場合には，会長や経営者個人の理念がそのまま組織の理念となっている」とも述べ，『経営理念＝経営者理念』である場合が多いことにも触れている。

　浅野（1991）はこの3人の経営理念の定義から，①経営理念は公表または成文化されていることが条件，②経営者個人の場合は「経営哲学」であり，企業あるいは組織としての経営目的，基本方針，指導原理を重視する，とまとめている（6頁）。しかし浅野が自ら述べているように，経営者が主体となる，経営者個人の理念，すなわち経営者理念を無視することはできない。

　繰り返しになるが，3人のアカデミアの経営理念の定義は共通する部分もあるものの，やはりそれぞれの経営理念の捉え方は異なっていることがわかる。

　これらの2冊の経営理念に関する学術研究書により，「経営学における経営理念の位置づけ」が明らかにされ，整理をされた。しかし，その性質上，どうしてもあいまいで広範な意味までを包含する特質は避けられなかった。

　経営理念という言葉が一般化し，実業界で使用されるにあたって，経営者ご

と，あるいは企業ごとに様々な解釈がなされ，その名称や分量，構造に至るまで多様な使われ方をしてきた。そのことが，経営理念のあいまい性，多様性に拍車をかける結果となっていったと思われる。

　これら2冊の経営理念に関する学術研究書により，日本における経営理念ブームに基づく経営理念の総合的な研究は一応の完結を見る。その後，経営理念に関する総合的研究は1980年代まであまりなされていない。

　経営理念が再び注目されるのは，1980年代，経営戦略概念が日本に導入され，経営理念と経営戦略との関係についての議論がなされるようになってからである。その後，2000年頃より，企業倫理やコンプライアンスが注目され，経営理念との関係性が注目されてくるとともに，学界においては1990年代後半から経営理念の浸透に関する研究がなされてくることになる（第13章参照）。

【注】

1）1957年発行の古川栄一『経営管理要説』（千倉書房）では，「会社の理念」という記載はあるが，「経営理念」の記載はない。また，同年発行の古川栄一『初等経営学』（経林書房）にも「経営理念」の記載はない。

2）郷司浩平（1962）「家康・孫子と近代経営」，朝日新聞，昭和37年11月11日刊。

3）B. K. Marshall , "Capitalism and Nationalism in Prewar Japan -The ideology of the Business Elite, 1868-1941", Stanford University Press Stanford, California 1967

4）高田馨によれば，R. C. Davisは「自由主義体制とその根底にある思想的根拠を示そうとした」という。米国では過去25年間に次第に私有権が侵害されており，経営者はその防御的姿勢しか示さなかったが，それでは不十分であり，積極的態度をとらなければならず，そのためには社会から承認されるような確固たる経営哲学がなければならない，と言う。

第 | 6 | 章

経済思想・経営思想としての経営理念《概念1》

　前章第3節で見てきたように，「新しい経営理念」ブームの影響を受けて，学界においても，それまで研究されてきた「経済思想・経営思想」の研究を，「経営理念研究」として取り上げるようになった。本章では，この「経済思想・経営思想としての経営理念」《概念1》について詳しく見ていくこととしたい。

　日本全体，あるいは日本の産業全体を対象とした「経済思想・経営思想としての経営理念」《概念1》は，経営理念の最初の概念である。これまで見てきたように，「経営理念」という言葉が生まれてきたのは第二次世界大戦中であり，「経営理念」という言葉が一般化したのは経済同友会1956年「経営者の社会的責任の自覚と実践」決議以来である。この経済同友会決議から「新しい経営理念」ブームが誕生し，それまで学界で続けられてきた経済史・経済思想史および経営史・経営思想史の研究が「経営理念」の研究として取り上げられるようになった。

　しかし，「経営理念」という言葉が誕生する前から，「経営理念」概念は存在しており，土屋（1964）は江戸時代がその概念のスタートであるとしている。ここでは土屋（1964）や由井（1969），浅野（1991）などを参考にしながら，江戸時代以降の「経済思想・経営思想としての経営理念」《概念1》を振り返って整理をしてみたい。具体的には，江戸時代の経済思想・経営思想，実業の思想（明治初期～中期），経営ナショナリズム（明治初期～中期），経営家族主義（明治末期～大正），経済統制下における経営理念（戦時中），新しい経営理念（1950・60年代）である。

第1節　家業維持の理念（江戸時代）

　江戸時代のビジネスといえば商業であり，その担い手は商人であった。江戸時代に商業は大きく成長し，貨幣流通が発展してくると，商人の中には資本を多く蓄積し，経済力を持つものも増えてきた。

　しかし商業が発展し，商人階層が富裕になったとしても，その社会的地位は高くならなかった。その理由は，徳川幕府が制定した身分制度「士農工商」にある。商人の階級は農民や職人よりも低く，4つの階級の中で最も下の身分とされていた。そのきっかけは，江戸時代初期に商人は城下町に集まり，武士の消費に依存する形でスタートしたため，商人は武士に対して卑屈な態度をとらざるを得ず，その態度を武士が賤しんだためと言われている。そのような「賤商意識」は，士農工商という身分制度と，幕府が活用した朱子学により，理論づけが進み定着していった。幕府は，幕府自身と武士階級の正当化のために儒教の中でも朱子学を活用していったのである。そして朱子学では，個人的利益を追求することが低俗で賤しむべきことであると教えていた。武士による賤商意識はこのように定着し，商人自身も武士に対しては卑屈な態度をとらざるを得ないという状況にあった。

　しかし，商業が発展し，商人の経済力が高まってくると，商人自身の社会的存在の意義やその正当化を高めようとする動きが生ずるようになってきた。のちにその思想が石門心学と呼ばれるようになった石田梅岩もその一人である（竹中1977）。石田梅岩の思想について，浅野（1991）は次のようにまとめている。「商業機能を社会の中で理論的に位置づける一方，他方で不当な利益と不正な利益を区別して，『正路の商』による利益に道徳的正当性を付与し，正直こそが商業上の最良の政策であり，その正直は倹約の実践倫理の実行に基づく家業への献身によって可能になる（10頁）。」

　しかし，これらの思想も，"利益を追求することは良くないことである"といった一般的な考え方を覆すには至らなかった。朱子学に理論立てされ，士農工商の身分制度がシステムとして構築されている中で，武士の賤商意識は根強く残っていたのである。

　そのような中，江戸時代の商業および商人の営利行為として正当性が認められたのは，「家」や「家業」を継続し，「家産の維持・増殖」を目的とする場合であった。家業・家産の維持の場合は，利益を獲得することも社会的・倫理的に認められたのである。由井（1969）は，家の維持・家業の繁栄のためのビジネスこそ，江戸時代の商人に普遍的な経営理念であった，と述べている。また質素倹約につとめ，勤勉に仕事に励むべしとされた。家の維持・繁栄を規範として家業に精勤することが江戸時代における経営理念だったのである。

第2節　実業の思想（明治初期～中期）

　明治維新後に，明治政府は富国強兵・殖産興業を国家の統一目標として様々な政策に取り組んだ。産業化の直接的な方法として，官営工場の建設や，通信・交通・運輸等のインフラ部門の整備を開始する一方，民間のビジネスに関する意識改革の必要性も感じていた。すなわち，江戸時代から続く「商人の卑屈で保守的な意識」や，元武士階級の「賤商意識」を払拭することができなければ，日本の産業化が進まないと考えたのである。

　このような中，明治政府は「実業」という用語を作成し，農工商に代表される産業分野を総称する用語として定義を行い，工業分野の教育を重視した「実業教育」に取り組んでいったのである。しかし，政府のこのような動きだけでは，企業家を生む思想を十分に創り出すことができなかった。それらの新しい経営思想を生み出し，一般に広め，多くの企業家を育てていったのは福沢諭吉と渋沢栄一の2人である。

　渋沢は明治期の大実業家であり，「実業思想」を提唱した経営思想家でもある。大蔵省を退官した後，銀行をはじめ約500もの企業の設立に関わり，さらに約600の教育機関・社会公共事業の支援や指導を行った。渋沢は，パリ万博への随行で渡航した際，西洋の実業家の社会的地位が高いことに強い印象を受けた。そして日本が産業化を成功に導くためには，科学技術の吸収とともに，ビジネスマンとしての意識改革が必要であると考えたのである。すなわち，江戸時代から続く賤商意識を取り除き，ビジネスマンが自尊心と道義心の双方を

持つことである。渋沢は，その思想の原点を儒教の『論語』に置き，「道徳経済合一主義」として「仁義道徳と生産殖利とは，元来ともにすすむべきもの」と述べている。すなわち，仁義道徳と商工業で生産や利益を得ることは，もともと相反するように思われているが全くそうではなく，儒教の道義倫理に基づいて商工業を経営することこそ重要である，と述べているのである。また渋沢は，実業を「主体的あるいは精神的態度を重視して真面目あるいは誠実を基礎とする生産的事業」と定義づけ（浅野1991，115頁），儒教の倫理に基づいたビジネス活動こそ「実業」であると訴えた。さらに「武士道」はすなわち「実業道」でなくてはならないとも主張した。

　渋沢は西洋の資本主義をそのまま導入することが，日本の発展につながるとは思っていなかった。日本にそれまで根付いていた儒教とそれに基づく道徳倫理こそ，日本としての近代化につながる道筋であると信じていたのである。

　一方，日本の近代化には儒教的な思想は不要であり，西洋流の「私利の追求が公利につながる」という功利主義的な思想をとったのが福沢諭吉である。教育者であり，思想家でもあった福沢は，渋沢とは違い，実業界に入ることはなかった。著書や教育を通じ，伝統的な賤商意識と金銭観を徹底的に批判し，利潤追求を社会的に正当化したのである。さらに旧士族に対し，「士魂商才」を訴え，ビジネスへの進出を強く促した。この福沢による士魂商才の実業論は，慶應義塾の学生のみならず広く若い知識人層に広まり，新たな人材をビジネス界に導入していった。

　渋沢栄一と福沢諭吉という2人の経営思想は根本では異なっているが，それまであった賤商意識を打破し，実業界で活躍する人材を増やし，結果として日本の産業発展，近代化に多大な貢献を行ったのである。

第3節　経営ナショナリズム（明治初期〜中期）

　明治維新以降，明治政府は「富国強兵」「殖産興業」を旗印に，近代国家形成と工業化の達成に向け取り組んだ。この「殖産興業」施策の柱として，政府の強い指導と援助により「会社」の設立が推進された。ここで重要なのは，私

益ではなく国益のために会社を設立し発展させようとした点である。「会社企業はまず国益実現のための機関であり，その経営者は国益の担い手（浅野1991，127頁）」とした中で，必然的に「国益志向」や「産業報国」といった「経営ナショナリズム」の経営思想が生まれ，定着していった。"企業経営の中で国に奉仕する"という考え方である。

このような考え方に大きな影響を与えたのは，「士魂商才」の考え方である。「武士の精神と商人の才能を併せ持つ」というこの言葉は，武士の魂をもって才知ある商活動を目指すという意味である。士魂商才の精神とは，明治維新後に日本が近代国家としての独立とそのための富国強兵を支える精神として唱えられたものであり，福沢諭吉の「一身独立して一国独立す」，また渋沢栄一の「道徳経済合一論」の精神を基礎としている。したがって，士魂商才の精神には，武士的な国家意識を持った理念が含まれている。これらの経済思想・経営思想を「経営ナショナリズム」という。

この「経営ナショナリズム」が，明治時代の初期から中期にかけて，様々な会社を設立し，経営を実践する「実業家」の原動力となった。岩崎弥太郎や五代友厚は，士魂商才の理念，強烈な経営ナショナリズムを強く身につけていた代表的実業家である。

第4節　経営家族主義（明治末期〜大正）

明治末期から大正期に経営思想として主流となったのは，経済合理主義に立脚しながらも，わが国の伝統的な家族主義・温情主義を有する「経営家族主義」であった。明治維新以降，成長してきた会社組織は規模が拡大し，会社内での階級対立が芽生え，労使間の連帯意識も欠如してくるとともに，労働者は厳しい条件での就労を強いられる場合も多くなっていた。日露戦争の後，飛躍的発展を遂げた日本経済の担い手は，財閥を中心とする巨大化した独占企業であった。これらの企業では，企業組織の巨大化に伴う組織統合の必要性が高まり，またこのころ拡大していた労働運動への対処が必要となり，「経営家族主義」はつくられていったのである。

　一方，日本政府も，日露戦争後に個人主義思想が台頭し，伝統的な日本の家族主義や国民主義が衰退していくことに危機を感じ，家族主義を国民道徳として強調するようになったという背景もあった。家族主義はやがて家族国家観として成立していくことになる。

　経営家族主義とは，企業を「家」，その構成員を「家族」とみなす経営手法で，その家族の福祉の向上を重視するとともに，労使の関係について主従の情誼や温情（恩情）主義を強調している。なお，間（1963）は，温情主義・恩情主義を整理している。温情主義とは，資本家・経営者が，従業員に対して，個人や組合の要求を受ける前に，自発的に好意的に，生活向上の施策を実施すること，あるいはそのような考え方を意味する。一方，恩情主義は，労使関係が経済力だけでなく，身分的上下関係をも意味している場合を示す。この「恩」とは，「施恩」（恩を施す）と「報恩」（恩に報いる）の関係でなりたち，全人格的で一生のものである。経営者と労働者には「やとってやる」「やとっていただく」の関係が生じ，人間的な支配従属の関係である。明治末期から大正期における経営家族主義は「恩情主義」であるという。

　経営者側には，この恩情主義に基づく経営家族主義を唱え，問題となりつつあった労使関係・労働問題を安定化し，家すなわちその企業を維持発展させようとする目的があった。具体的には，福利厚生制度の充実や福利厚生施設の建設などを行い，終身雇用制度の中で従業員の求心力を高めることに効果をもたらした。経営家族主義の先進企業として，鐘紡（武藤山治）や国鉄（後藤新平）が有名であるが，これらの企業は相次ぐ企業買収・合併により，組織内統合の必要に迫られていた。そのような中，この「経営家族主義」を打ち立てることにより，組織統合と従業員の求心力を高めようとしたのである。

第5節　経済統制下における経営理念（戦時中）

　明治維新以来，企業の発展は国益につながるという価値観が定着し，日本は工業を中心に発展を続けてきた。しかし昭和に入り，国際情勢が緊迫化していくにつれて，経営思想は変更を余儀なくされてくる。また金融恐慌後に解雇者

が増える状況から，終身雇用制度への不安とともに，「経営家族主義」の経営
思想，経営理念は弱体化していくことになる。

　このような中，1937年には日中戦争が勃発，1938年には政府が「国家総動員
法」を発布し，国家のすべての人的・物的資源を政府が統制運用できる（総動
員）ことが決められた。さらに1940年に「経済新体制確立要綱」が閣議決定さ
れ，公益優先，職分奉公，生産増強，指導者原理，官民協力を基調として，企
業体制の強化と経済団体の組織化が規定された。

　戦時中は統制経済であり，「企業は利益を追求する」という基本的な価値観
は通用しない状態であった。このような状況下において，「企業経営は国家全
体の利益を増進するために行われるもの」であり，「各々が与えられた責任を
果たして国に奉仕すべきである」という「新しい経営理念」の追求が求められ
た。すなわち，企業経営とは，国の経済を支える一部として，国の必要な物資
の生産確保を目的とするものであるとし，経営活動の目標として，生産性向上
に注力すべきであるとした。

　なお，「経営理念」という言葉が使用され始めたのは，戦時中のことである。
第2章第2節で見たように，佐々木（1943）は，『兵器工業の指標』の中で，
戦争経済の下，自らの利潤追求ではなく，国の利益増進を目的とした「新しい
経営理念」を確立する必要性を述べている。また川合（1943）は雑誌『新天地』
の中で「統制下の新経営理念」について述べている。

　中西（1943）は，『新訂　経営必携』に「経営理念」の章を追加し，戦時統
制下においてこれまでの営利目的といった経営理念が通用しなくなり，「新し
い経営理念」が必要となったことを熱く訴えている。英米諸国の資本主義精神
が，個人の快楽を求めるという営利主義であると批判し，わが国独自の経済思
想の原理（新しい経営理念）を，皇国職分や二宮尊徳の報徳思想に求めている。
個人の富を求めるという個人主義ではなく，武士・百姓・町人にはそれぞれ自
己に与えられた役割＝「職分」があり，その役割を遂行する義務を負っている
という皇国職分概念がその基盤であると考えた。

　しかし，経済統制下での経営理念は，十分に全国に浸透し，その役割を果た
したとは言えない。例えば川上（1946）は，戦時中の軍需産業経営者が，正し
い経営理念を持たず，私利私欲のために活動したことが敗戦の原因の一つに

なったとも述べている。

第6節　新しい経営理念（1950・60年代）

　第3章で見てきたように，経営理念という言葉が一般化し，日本全国に広まっていったのは経済同友会の決議やその活動に依るところが大きい。経営理念にまつわる経済同友会の決議・宣言は大きくは2つある。1つは1955年全国大会での中山発言・櫻田発言，および1956年「経営者の社会的責任の自覚と実践」宣言である。またもう1つは1965年の「新しい経営理念」決議である。この2つはいずれも「新しい経営理念」と言われるが，その意味は大きく異なっている。ここで再度振り返りながら，経営思想としての「新しい経営理念」について整理をしてみたい。

1．1955年中山・櫻田発言と1956年「経営者の社会的責任の自覚と実践」決議

　1955年の経済同友会第8回全国大会の際に，中山素平幹事は「新しい経営理念」という言葉を初めて紹介し，それは「社会的責任」であり「株主に対する責任，従業員に対する責任，公衆に対する責任」である点を強調し，経営者の反省を訴えた。さらに櫻田武幹事も「経営者精神の根本は，我々経営者がその事業を真に公器としてこれを預かるかの理念に徹することである」と「企業の公器性」を強調した。また翌1956年には，これらの発言を受けた経済同友会の1年間の研究成果を踏まえ「経営者の社会的責任の自覚と実践」決議が発表された。

　ここでの「新しい経営理念」とは，「企業の社会的責任」すなわち社会性を重視した経営理念のことである。そして「経営理念」という言葉ともに，新しい経営理念としての概念，すなわち社会的責任論が国内に強く浸透していったのである。

2．同友会の利潤宣言：1965年経済同友会「新しい経営理念」提言

　1956年の決議以来，「経営者の社会的責任論」としての「新しい経営理念」の考え方が広まったが，この背景には1954年くらいからの日本の高度経済成長といった事情がある。すなわち企業に社会的責任論を論ずるだけの余裕があった。

　しかし，1964年末，東京オリンピック終了頃から国内の構造不況が生じ，企業業績の悪化が顕著になってきた。このような状況に対し，1964年11月，関西経済同友会は「新しい情勢に対処する経営理念の展開」を発表し，「経営者は企業本来の目的である利潤の増大に最善の努力をかたむけるべきである」と声明した。そして，1965年経済同友会は，「新しい経営理念」として，企業の利潤性を重視した経営理念を提示したのである。「同友会の利潤宣言」と評されて反響を呼んだこの提言では，「利潤の増大」が重視され，日本の経営の最大の特徴とされた温情主義，和，経営家族主義に代わるべき機能主義，能力主義が強調された（浅野1991，135頁）。

　1955年，1956年の経済同友会決議では「企業の社会的責任」，すなわち「社会性」が強調され，1965年の「新しい経営理念」提言では「利潤性」が強調されるようになった。この2つの「新しい経営理念」決議により，経営理念には「社会性」「利潤性」の両面が必要であるということが，国内の多くの経営者・実務家に浸透していくことになったのである。

　日本の経済思想・経営思想としての経営理念について，江戸時代から1960年代までの流れを概観した。江戸時代に，経営理念（の実体）は，商家における家業の維持としてスタートした。明治維新を迎え，明治政府が産業の近代化を進める中で生まれてきたのが，実学の思想である。また同時期より，産業報国という経営ナショナリズムの思想が生まれ，企業家を生み出した。明治末期から大正期にかけて，産業の発展に伴い労使の対立を受け，経営家族主義が台頭してきた。昭和に入り，第二次世界大戦が起こると，統制経済下での新たな経営理念が必要とされた。戦後は経済同友会が，企業の社会的責任（社会性）と利潤性の双方を重視した経営理念を提唱した。そして，1950年代・1960年代の

新しい経営理念ブームが終焉を迎えるとともに「経済思想・経営思想としての経営理念」《概念 1 》も使われなくなっていくのである（第 8 章第 2 節参照）。

第 | 7 | 章

経営者の哲学，経営者理念としての経営理念《概念2》

　経済同友会による「新しい経営理念」ブームの影響を受け，それまで研究されてきた「経営者の哲学，経営者理念の研究」は，「経営理念の研究」としてさらに推し進められてきた。本章では，経営理念の《概念2》として，この「経営者の哲学，経営者理念としての経営理念」を取り上げる。この概念での主体は「経営者個人」であり，企業組織全体や，日本（産業）全体ではない。

　これまで見てきたように，「経営理念」という言葉が，「経営者の哲学，経営者理念としての経営理念」《概念2》として用いられたのは，第二次世界大戦後になってからである。終戦直後の1946年，川上嘉市は『事業と経営』の中で，新しい時代に企業が経営理念を確立しなければならないこと，そして経営者が正しい経営理念を持つ必要性があり，その根本は奉仕の精神であるとまとめている。

　「経営理念」という言葉がより一般化し，全国に普及したのは，経済同友会1955年全国大会での中山発言・櫻田発言，あるいは1956年全国大会「経営者の社会的責任の自覚と実践」決議からであることは，これまで述べてきた通りである。そして「経営理念」という言葉と共に，まず「経営者の哲学，経営者理念としての経営理念」《概念2》，次いで「企業組織の経営理念」《概念3》が広まってきたのである。

　繰り返しになるが，「新しい経営理念」ブームの影響を受け「経営理念」という言葉が実業界で注目される中で，学界においても，それまで研究されてきた経営者思想を経営理念とする研究が多く実施されるようになっていった（第5章第3節）。したがって，「経営理念」という言葉が生まれる前から「経営者

の哲学，経営者理念」《概念2》としての考え方は存在している。すなわち，江戸時代，明治時代，大正時代，昭和初期，そして戦後において「経営者の哲学，経営者理念としての経営理念」《概念2》は存在している（土屋1964）。

　ここではまず，経営者個人の哲学・思想はどこから生ずるのか，その源泉を検討し，それに合わせて実際の経営者個人による経営者理念を整理してみたい。

第1節　経営者個人の哲学・思想の源泉は何か

　人はだれでも様々な思想を持つ。そして個人の思想には，その背景となるものが必ず存在する。それは果たして何なのだろうか。

　由井（1969）は『財界人思想全集　経営哲学・経営理念　明治・大正編』（ダイヤモンド社）において，経営理念（この本では「経営者理念」）について以下のように述べている。

　　経営理念とひとくちでいっても，実際には道徳的な教訓あり，個人的な体験にもとづく信念あり，宗教的な信仰あり，あるいは経営学のテキストふうの発言あり，経済政策的な主張あり，といったふうで，普遍的に妥当する論理や思想を，そこから汲み取ることが容易でないことも事実である。

　ここでは，経営理念（経営者理念）の背景になるものとして，「宗教的な信仰」や，「経済思想・経営思想」あるいは「個人の体験」があることが読みとれる。

　「経営者の宗教的背景」や「経済思想・経営思想」あるいは「経営者の過去体験」が，経営者の哲学・経営者理念に影響を及ぼすことはよく知られていることである。

　「経営者の宗教的背景」として，最も有名な事例は，松下幸之助と天理教であろう。1932年，知人から強くすすめられて天理教の本部を訪問した松下幸之助は，建設中の施設での信者の喜びに満ちた奉仕の様子や，塵ひとつない清掃状況，会う信者の敬虔な態度などに大きな感銘を受けた。多くの人が喜びに満

ちあふれて活躍し，真剣に努力している様子に，経営との共通点を見出し，どちらも「聖なる事業」であると確信した。そして生まれたのが，「水道哲学」である。1968年の松下幸之助の著書『私の行き方考え方』（実業之日本社）には次のような記載がある。

> しからば聖なる経営，真個の経営とはいかなるものか。
> それは水道の水だ。加工された水道の水は価がある。今日，価あるものはこれを盗めばとがめられるのが常識だ。しかるに，水道の水は加工された値あるものになるにもかかわらず，乞食が水道の栓をひねって存分にその水を盗み飲んだとしても，水そのものについてのとがめはあまり聞かない。これはなぜか。それは価あるにも関わらず，その量があまりにも豊富であるからである。直接生命を維持する貴重な価値ある水においてすら，その量があまりに豊富であるがゆえ許されるということはわれわれになにを教えるか。それは生産者の使命の重大さと尊さを十二分に教えて余りあるもの，という感を受けた。すなわち生産者の使命は，貴重なる生活物質を，水道の水のごとく無尽蔵たらしめることである。いかに貴重なるものでも量を多くして，無代に等しい価格をもって提供することにある。かくしてこそ，貧は除かれていく。貧より生ずるあらゆる悩みは除かれていく。生活の煩悶（はんもん）も極度に縮小されていく。物資を中心とした楽園に，宗教の力による精神的安心が加わって人生は完成する。ここだ，われわれの真の経営は。きょう見学によって教えられた真の使命はここにあるのだ。…

松下幸之助の水道哲学は，「経営者の宗教的背景」に基づく，経営者理念であるということができよう。

「経済思想・経営思想」については，前章で整理を行った経営理念の《概念１》である。日本全体，日本産業の全体に広がった「経営ナショナリズム」や「経営家族主義」といった経済思想・経営思想は経営者個人の「経営者の哲学，経営者理念」《概念２》にも影響を与えていった。例えば，松下電器（現パナソニック）では1933年に「遵奉すべき５精神」が制定され，その第一に「産業報国の精神」を掲げている。これは「企業組織の経営理念」《概念３》であるが，その考え方は創業者　松下幸之助の「創業者の哲学，経営者理念」《概念２》に基づいている。この「産業報国の精神」は，当時の「経済思想・経営思想」である「経営ナショナリズム」を強く反映している。

パナソニックの経営理念

綱領
　産業人たるの本分に徹し
　社会生活の改善と向上を図り
　世界文化の進展に寄与せんことを期す
信条
　向上発展は各員の和親協力を得るに
　非ざれば得難し　各員至誠を旨とし
　一致団結社務に服すること
私たちの遵奉すべき精神
一. 産業報国の精神
　　産業報国は当社綱領に示す処にして我等産業人たるものは本精神を第一義とせざるべ
　　からず
一. 公明正大の精神
　　公明正大は人間処世の大本（たいほん）にして如何に学識才能を有するも此の精神な
　　きものは以て範とするに足らず
一. 和親一致の精神
　　和親一致は既に当社信条に掲ぐる処個々に如何なる優秀の人材を聚（あつ）むるも此
　　の精神に欠くるあらば所謂（いわゆる）烏合（うごう）の衆にして何等（なんら）の
　　力なし
一. 力闘向上の精神
　　我等使命の達成には徹底的力闘こそ唯一の要諦にして真の平和も向上も此の精神なく
　　ては贏（か）ち得られざるべし
一. 礼節謙譲の精神
　　人にして礼節を紊（みだ）り謙譲の心なくんば社会の秩序は整わざるべし正しき礼儀
　　と謙譲の徳の存する処社会を情操的に美化せしめ以て潤いある人生を現出し得るもの
　　なり
一. 順応同化の精神
　　進歩発達は自然の摂理に順応同化するにあらざれば得難し社会の大勢に即せず人為に
　　偏（へん）する如きにては決して成功は望み得ざるべし
一. 感謝報恩の精神
　　感謝報恩の念は吾人（ごじん）に無限の悦びと活力を与うるものにして此の念深き処
　　如何なる艱難（かんなん）をも克服するを得真の幸福を招来する根源となるものなり

（出所：パナソニックグループ採用ホームページ）

　「経営者の過去体験」として，最も有名な事例の一つは，稲盛和夫による京セラの経営理念の確立であろう。稲盛和夫OFFICIAL SITEには，「経営理念の確立－1961年　団体交渉を機に会社のあり方を問う－」としてエピソードが掲載されている[1]。

　創業して 3 年目の春，前年に入社した高卒社員11名が，定期昇給やボーナ

スなどの待遇保証を求める団体交渉を申し入れてきました。

　会社を創業した当初の目的は「自分たちの技術を世に問う」ことであり，その夢を実現するために，創業メンバーはとにかく必死で働くことが当たり前の状態になっていました。その一方で，入社間もない高卒社員は，必然的に遅くまで残業していたことへの不満と将来に対する不安が募り，団体交渉という形で会社に将来の保証を求めたのです。

　稲盛はそれに対し，「できたばかりの会社なので将来の確約はできないが，必ず君たちのためになるようにする」と説明しましたが，高卒社員に納得してもらうことはできませんでした。交渉は会社だけでなく，稲盛の自宅においても続けられました。三日三晩かけて徹底的に話をした結果，最後は「信じられないなら，だまされる勇気も持ってみないか。だまされたと思ったら，俺を刺し殺してもいい」という言葉に込められた稲盛の熱意が通じ，この交渉はようやく決着しました。

　この一件を機に，稲盛は，「会社とはどういうものでなければならないか」ということを真剣に考え続けました。その結果，会社経営とは，将来にわたって社員やその家族の生活を守り，みんなの幸福を目指していくことでなければならないということに気づいたのです。その上で，会社が長期的に発展していくためには，社会の発展に貢献するという，社会の一員としての責任も果たす必要があると考えました。これ以降，京セラは経営理念を「全従業員の物心両面の幸福を追求すると同時に，人類，社会の進歩発展に貢献すること」と定めたのです。こうして京セラは技術を世に問うことを目指した会社から，全従業員の幸福を目指す会社へと生まれ変わり，会社経営の確固たる基盤を据えることができたのです。　　　　　　　（アンダーラインは筆者追加）

　稲盛和夫は，組合員との団体交渉を通じ，会社のあるべき姿を考え，従業員が幸福になること，そして社会の発展に寄与することが大切であることに気がつき，そしてその結果，「全従業員の物心両面の幸福を追求するとともに，人類，社会の進歩発展に貢献すること」という京セラの経営理念が誕生した。高卒社員11名との三日三晩にわたる団体交渉という個人経験が，京セラの経営理念確立に結びつき，そしてその後のKDDI，日本航空の経営理念にもつながっている。稲盛和夫の「経営者理念」の源泉は，組合員との団体交渉という「経営者の過去体験」によるということができる。

　「経営者の哲学，経営者理念としての経営理念」《概念２》に影響を与える要

◆ 図表7−1　経営者理念（概念2）に影響を与える要因

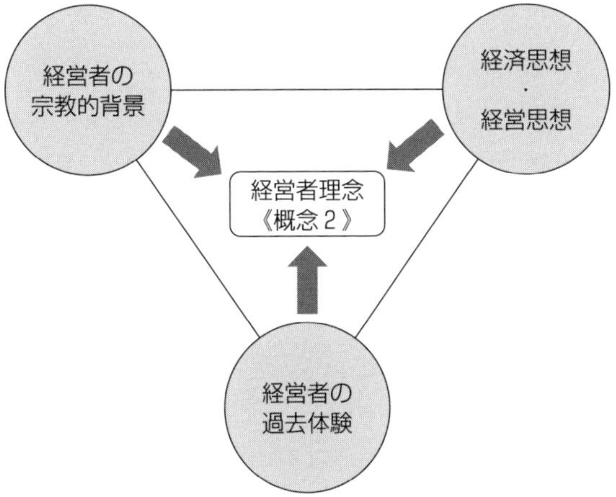

（出所：筆者作成）

因，すなわち経営者理念の源泉とは，「経営者の宗教的背景」，日本全体・日本産業全体にある「経済思想・経営思想」，そして「経営者の過去体験」の3つである。

　経営者理念の源泉である「経営者の宗教的背景」，「経済思想・経営思想」と「経営者の過去体験」は全く別個で独立しているわけではない。前述の松下幸之助が水道哲学を生み出したエピソードは，宗教的な面とともに，天理教本部を訪問したという個人的な過去体験によるものである。また，稲盛和夫は少年時代，「生長の家」谷口雅春の影響を受けるが，その宗教的思想が会社経営に役立ったと話をしており[2]，経営理念につながったと考えられる。「経営者の宗教的背景」「経済思想・経営思想」「経営者の過去体験」の三者も相互に関係性があることが多いのである。

　渡邊（2008）は，経営者の哲学についてその誕生のパターンを下記のように表現している。

　　＜哲学誕生のパターン＞
　　対人的影響×環境的影響×人格的素養　⇒　経験の蓄積　⇒　哲学的昇華

　渡邊（2008）の言う経営哲学とは，「経営者の哲学，経営者理念」《概念2》

と考えることができる。経営者理念《概念2》の源泉「経営者の宗教的背景」，「経済思想・経営思想」，「経営者の過去体験」と対比して考えてみよう。まず，「経営者の宗教的背景」は親や僧侶，牧師など人によって影響を受けることが多い（「対人的影響」）。それはその地域や時代といった環境的要因にも影響を受ける（「環境的影響」）。「経済思想・経営思想」についても同様で，その時代といった環境的影響を受け，経済思想・経営思想を語る人（例えば福沢諭吉やその門下生など）の影響も受ける。また「宗教的背景」「経済思想・経営思想」は経営者個人の「人格的素養」と関連性が高い。さらに「経験・体験」が経営者の哲学，経営者理念を創り上げることも共通している。

　このうち，「経済思想・経営思想」は前章の「経営理念」《概念1》である。したがってここでは「経営者の宗教的背景」と「経営者の過去体験」について，実際の先行研究をもとに整理してみよう。

第2節　経営者の宗教的背景：儒教・仏教/キリスト教

　「経営者の哲学，経営者理念としての経営理念」《概念2》に，経営者自身の宗教的背景が影響を及ぼしていることは以前より指摘されている。例えば，住原（2014）は，『経営と宗教』（東方出版）の中で，下記のように述べている。

　　個々の創業者や経営者は，たとえ経営理念を文章化していない場合でも，自身の実体験や将来展望を基にして，信念・方針・理念を，独自の言葉で表現しており，それはしばしば，尊敬する先人実業家の知恵ばかりでなく，思想的・宗教的偉人の言葉や考え方を，自己の企業や商家の経営理念として採用している。その意味で，尊敬する先人の知恵や特定の思想（倫理・道徳）や宗教が，具体的な経営理念や方針のための「知恵・知識の貯蔵庫」（Stock of knowledge）としての役割を果たしてきたと考えられる（20頁）。

　第5章第3節2にあるように，経済同友会による「新しい経営理念」ブームから，学界においても「経営者の哲学，経営者理念としての経営理念」《概念2》

としての研究が，それ以前よりも盛んとなり，その成果が実業界の人々にも多
く読まれるようになった。その代表的な著作が，土屋（1964）『日本経営理念史』
（1967），『続日本経営理念史』であり，中川・由井（1969）『財界人思想全集
経営哲学・経営理念　明治大正編』，（1970）『同　昭和編』である。

　これらの著書における「経営理念」とは，「経済思想・経営思想」《概念 1 》
や「企業組織の経営理念」《概念 3 》ではなく，あくまで経営者を主体とした「経
営者の哲学，経営者理念」《概念 2 》である。中川・由井編著の 2 冊は『財界
人思想全集』であり，まさに「経営者の哲学，経営者理念」《概念 2 》にほか
ならない。また土屋（1964・1967）は経営理念を「経営者理念」，すなわち《概
念 2 》として捉えている。ここではその前の著作である，土屋（1958）『日本
における経営者精神の発達』も確認してみよう。

　　新しい問題をもっての日本経営理念史，あるいは日本経営者精神の史的考
　察というような課題は，最近研究されはじめたものだといって差し支えない
　ように思われる。（土屋1964，　7 頁）
　　…経済同友会は，昨年11月21日の大会で，「経営者の社会的責任の自覚と
　実践」を決議し，これが新聞に報ぜられ，「新経営者理念」の提唱と伝えら
　れた。　　　　　　　　　　　　（土屋1958，　2 頁，アンダーラインは筆者）

上記のように，土屋も，「経営理念」を「経営者精神」あるいは「経営者理念」
と同義，すなわち《概念 2 》として認識している。したがって，ここではこの
2 つのシリーズの 4 冊を中心に，それ以外の文献も加えながら，経営者の宗教
的背景について整理してみたい。

　土屋（1967）『続日本経営理念史』（日本経済新聞社）は，明治・大正・昭和
という時代区分をせず，儒教道徳を基本とする経営者理念を持った経営者と，
キリスト教倫理を基本とする経営者理念を持った経営者にわけて叙述している。
　本節では，経営者の宗教的背景として「儒教・仏教に基づく経営者理念」，「キ
リスト教に基づく経営者理念」の 2 つに大別して検討を行う。ここで「儒教」「仏
教」を分けず合わせて考えるのは，両者の関係性が強く，分けて考えることが
できないからである。土屋（1967）も，「儒教道徳または仏教倫理，もしくは

両者を統合した道徳的信念」（11頁）が江戸時代における道徳観・倫理観であったことを述べている。

1. 儒教・仏教に基づく経営者理念

1）渋沢栄一

「維新以後において，『儒教倫理を基本とする経営理念』を唱えた経営者中，最も卓越した代表的人物は渋沢栄一である」。（土屋1967，29頁）

近代日本実業の父，とも言われる渋沢栄一は，幕臣・維新政府官僚から実業家となり500以上の企業設立に関与するとともに，教育・福祉など社会公共事業の支援を行った。その考え方は多くの実業家に影響を与え，現在でも著書やその解説書が多くのビジネスマンに読まれている。またその功績から2024年度には新1万円札の肖像に採用されることが決まっている。まずその生涯を振り返ったうえで，その経営者理念について見てみたい。

渋沢栄一は1840年，現在の埼玉県深谷市血洗島の豊農に生まれた。家業の農耕・養蚕・藍葉の買い入れ，藍玉の製造・販売，養蚕を手伝う一方，幼い頃から父に儒教を教わり，若い頃から「論語」を学んだ。青少年時代に，反封建的精神を抱き，尊王攘夷運動の志士となり，高崎城乗っ取りの計画を立てたが中止し，京都へ亡命する。

郷里を離れたあと，一橋慶喜の仕官となり，一橋家の財政改革などに手腕を発揮した。その後，15代将軍となった徳川慶喜の実弟民部昭武に随行し，パリの万国博覧会に使節として派遣され，西洋諸国の産業施設や近代的経済制度を見聞し，大きな刺激を得た。

明治維新となり欧州から帰国後，静岡で，日本における最初の株式組織の商事・金融会社である「商法会所」を設立した。その後明治政府に招かれ大蔵省の一員として銀行設立や，富岡製糸工場の設立などに取り組んだ。

1873年に大蔵省を退官し，「第一国立銀行」の総監役（後に頭取）となった。その第一国立銀行を拠点に，株式会社組織による企業の創設・育成に力を入れ，約500もの企業に関わったと言われている。さらに約600の教育機関・社会公共事業の支援や指導を行い，また民間外交にも力を尽くした。「財界の大世話役」

あるいは「日本資本主義の最高指導者」と呼ばれた渋沢栄一は，1931年に91歳の生涯を閉じた[3]。

　渋沢栄一の思想は 3 つあると言われている。「道徳経済合一主義」，「官尊民卑打破」，「合本主義」の 3 つである[4]。これらの中には，経営者理念にとどまらず，政治社会に関する理念までを含んでいるが，経営者理念に関連性が高いので区別せずにまとめることとする。

①　道徳経済合一説　（道徳経済合一主義）

　「道徳経済合一主義」は「論語算盤説」とも「義利両全説」とも言われており，儒教の考えをベースにしている。孔子は，不義により豊かになることを戒めたのであり，義にかなった利は君子の行いとして恥ずべきではないという考え方である。渋沢栄一は「仁義道徳と生産殖利とは，元来ともにすすむべきもの」と述べている。

　この道徳経済合一主義は，以下のような影響を及ぼしたと考えられている。その一つは，江戸時代からの商業蔑視観を取り除いたことである。儒教を学んできた士族に対し，職業活動の正当性を訴え，新しい日本社会の形成に商業活動が必要であることを訴えた。また，それまで賤商意識を持っていた商人自身への意識改革にも大きく役立ったと言われている。さらに，資本主義の精神的制御装置として，実業家は公益を追求して事業を行うべきで，私利私欲の追求だけに陥らないようにとする役割も担った。（渋沢栄一記念財団編2012，110-111頁）

　なお，この考え方は，マックス・ウェーバーによる『プロテスタンティズムの倫理と資本主義の精神』にある「職業召命観」とも近い点がある。すなわち，「正直なる労働より得られた利得は神の賜物である」としたウェーバーの考え方は，渋沢栄一の「道徳経済合一主義」と相通ずるものがある（土屋1967，63頁）。

②　官尊民卑打破（民主主義）

　渋沢栄一は，1873年に大蔵省を退官する際，次のような言葉を残している。

　「政府の官吏は凡庸でもよい。商人は賢才でなければならない。商人賢なれば，国家の繁栄保つべきである。古来日本人は，武士を尊び，政府の

官吏となるのを無上の光栄と心得，商人になるのを恥辱と考えるは，そもそも本来を誤りたるもの」（土屋1967，64頁）。江戸時代からの士農工商の身分制度の中で，商工業に従事する人々は賤しい身分とされ，商工業自身も賤しいものとして見下されてきた封建的な観念に対し，これを打ち破る思想であったと言える。

　渋沢栄一がこのような思想を有するようになったのは，少年時代からの体験に基づいている。青年時代，代官所に呼び出され，代官から理不尽な要求を突き付けられたことに由来する。一方，渡欧した際に，事業家が軍人や政治家と対等に接し，議論をする姿を見て，実業家自身の地位をあげなければ近代化は進まないと強く感じたと言われている。その後大蔵省を退官した後，銀行を設立し，様々な事業の設立に奔走した。官尊民卑の風潮を打破するために，「道徳経済合一説」を説き，「合本法」を導入することにより，商工業者の地位向上を目指した。

③　合本主義（がっぽん）

　パリ万博視察の際，欧州の近代的商工業の発展を見聞し，株式会社組織の重要性を感じた渋沢栄一は，その実現を目指し，「合本主義」とする考え方を持った。義，すなわち公益の追求を事業の目的とし，賛同者から広く資金を募ることにより，事業運営の組織（合本組織）をつくるという考え方である。

　欧州から帰国後，日本で最初の株式組織といえる，「商法会所」を静岡に設立し，商事・金融の会社としてスタートした。また大蔵省に仕官した後は，合本組織をどのように設立するかという方法・規則を記した『立会略則』を刊行した。

　これら渋沢栄一の３つの経営者理念は，彼が設立した銀行や事業，社会公共事業とともに，多くの実業家に影響を与え，日本の近代化の進展に多大な貢献を与えた。

２）金原明善・佐久間貞一・矢野恒太・（二代目）小菅丹治

　土屋（1967）では，「儒教倫理を基本とする経営理念」として，渋沢栄一とともに，金原明善・佐久間貞一・矢野恒太・小菅丹治の事例をあげている。ここではこれらの経営者理念について，簡単に触れるにとどめる。

　金原明善は，明治時代の「実業家」である。道義的信念が強く，高潔な人格
であったことから，土屋（1967）も「実業家と呼ぶよりはむしろ『徳行家』と
か『義人』とか称するほうがしっくりと感ぜられる」（72頁）と述べている。
金原明善が行った主な事業は，治水植林・疏水（そすい）・出獄人保護・運輸・製材・銀
行である。その経営者理念は，「正直・公正・誠実な精神と勤勉・力業（ちからわざ）をもっ
て事業経営に従ふべし」（土屋1967，80頁）である。金原明善の経営者理念は，
道義的な理念であるが，それは孔子や孟子の儒教の影響ばかりでなく，日本的
な国家主義の信念の影響も強かった。言い換えると，「国家・社会のための公
共的信念」であり，国家・社会の利益を第一義として考えていたのである。そ
れが治水植林・疏水（そすい）・出獄人保護・運輸・製材・銀行といった事業の実践につ
ながっている。

　佐久間貞一は，明治の実業家であり，秀英舎（現在の大日本印刷），東京板紙，
大日本図書といった印刷・出版業を中心に，移民事業や東京工業協会など様々
な事業を行った。青少年時代に儒教を学んだ影響から，儒教的道徳観が佐久間
貞一の経営者理念の根本であった。またキリスト教を一時期信仰していたこと
もあり，人道主義的な考えや民主主義的な考え方も影響を及ぼしている。その
ような経営者理念と，青少年時代の経験から，特に労働問題に理解が深く，経
営する企業での労働諸制度（年金給与規則，養老積立金，夏季休養制度など）
を制定するとともに，社外においても労働組合期成会の評議員になるなど一般
の労働者保護にも尽力した。

　矢野恒太は，第一生命の創業者である。日本生命の社医となり，相互保険が
社会の公益を増進するものであると知り，その実現に向けて活動を行った。日
本生命を辞め，安田善次郎の共済生命でその理想を求めたが実現することがで
きなかった。その後，農商務省の官吏となり，保険業法起草に尽力した後，初
代保険課長となった。その後，自ら相互保険会社を設立するために保険課長を
辞し，第一生命保険相互会社を設立し，自らの理想を実現させた。この矢野恒
太の経営者理念は，相互主義の実現により，社会の福祉増進に貢献しようとす
るものである。その根本には道義的な思想があり，その根本は『論語』すなわ
ち儒教倫理であった。『論語』を尊重した矢野恒太は，自ら『ポケット論語』
や『ダイヤモンド論語』を著し，社会への普及も行った。

　（二代目の）小菅丹治は，初代小菅丹治の婿養子として，伊勢丹呉服店を百貨店伊勢丹にした創立者である。小学校のとき読んだ「渋沢栄一」の立志伝を読んで感銘を受け，実業家になると呉服店に奉公し，仕事を学び，やがて主人から最も信頼される番頭となった。その呉服店と，呉服問屋伊勢丹との縁から，伊勢丹呉服店の婿養子となり，関東大震災後に百貨店としてスタートし，さらに株式会社伊勢丹を設立した。二代目小菅丹治の経営者理念は，少年時代から学んだ渋沢栄一の道徳経済合一主義，官尊民卑打破，合本主義を中心としている。さらに福沢諭吉の民主主義・合理主義・自由主義・人道主義の思想にも共鳴している。加えて，商人としての長い経験を経て形成された。

3）松下幸之助

　経営理念でイメージできる経営者は誰か，という質問をした場合，最も多い答えが松下幸之助であろう。丁稚奉公から見習工，会社を退職して3人で創業した会社を，一代で世界的電器メーカーに育て上げた。「経営の神様」と言われる松下幸之助は，そのドラマチックな人生とともに，経営理念に基づいた経営者としても有名である。

　前節で述べたように，松下幸之助の経営者理念は，「宗教的背景」の影響を大きく受けている。天理教の本部を訪問した松下幸之助は，建設中の施設での信者の喜びに満ちた奉仕の様子や，塵ひとつない清掃状況，会う信者の敬虔な態度などに大きな感銘を受けた。多くの人が喜びに満ちあふれて活躍し，真剣に努力している様子に，経営との共通点を見出し，どちらも「聖なる事業」であると確信した。そして生まれたのが，「水道哲学」である

　これに対し，天理教よりも「真言密教」によって影響を受けているという説もある。大森（2008）は，「松下幸之助の経営哲学の源流として，真言密教源流説というものを仮説的に提示」している。真言宗とのつながりの歴史的事実として，松下幸之助が奉公した自転車店・五代家の宗旨が真言宗であることをまず示している。松下幸之助は10歳から5年4か月にわたって五代家に奉公し，仕事だけでなく生活も含めて影響を受けている。また，松下幸之助が30歳から58歳になるまで交流のあった加藤大観は，真言宗醍醐寺の僧籍を持っていた。加藤大観は，もともとは松下幸之助と代理店契約を結んだ山本商店，山本武信の顧問であり，常に松下幸之助との交渉の場に同席していた。加藤大観が顧問

を辞した後，松下幸之助はたびたび相談に訪れるようになった。これが縁で，松下幸之助は加藤大観夫妻を自宅に招き入れ，同居を始めた。1 年後，加藤大観の居は会社内に移され，毎朝夕 2 時間ずつ，松下幸之助の健康と会社の発展を祈って勤行し続けた。松下幸之助は加藤大観から多くを教えられたという[5]。真言宗の教えは加藤大観を通じて，松下幸之助の経営者理念に影響を与えたことが考えられる。

　大森（2008）は，松下幸之助の哲学のもとには独自の「宇宙観」があり，「宇宙には万物を存在せしめ，それらが生成発展する源泉となる根源の力がある」という考えについて，真言密教の大日如来の発想であるとしている。一方，一般に言われている「松下幸之助は天理教を見て非常に影響を受けた」とする考え方に対しては異論を唱えている。松下幸之助が天理教の本部を訪れた際，「（信者が）喜びに満ちて働いている姿」「その喜びに引き入れる熱心さに感動した。そこに優れた経営のモデルを見出した」と言われている。大森（2008）はこの点について，眼前の現象であって，教義とは別の次元にあると述べ，喜びへの気づきの契機に過ぎないとしている。

4 ）稲盛和夫

　経営者理念を重視した名経営者として，もう一人忘れてならないのは稲盛和夫であろう。京セラを創業し，第二電電（現KDDI）を設立。さらには経営破綻した日本航空を再建させた。また稲盛財団を設立し，同時に「京都賞」を創設し，毎年人類社会の進歩発展に功績のあった人々を顕彰している。さらに経営者のための経営塾「盛和塾」（会員14,000人）を主宰し，塾長として，経営者の育成に情熱を傾けてきた。そして40冊以上の経営書・思想書・提言書・自伝などを著し，経営者のみならず多くの社会人や若者に影響を与えている。

　稲盛和夫にはこれまでの生涯の中で二度，大きな宗教との関わりがあった。一つは，1945年13歳で肺浸潤で病床にふせっている時に，生長の家の教祖である谷口雅春『生命の実相』に出会ったことである。もう一つは，1997年，65歳の時に，京セラと第二電電の会長職を辞し，臨済宗妙心寺派円福寺にて在家得度を行ったことである。なぜこれまでの生涯の中で，宗派の違う宗教と関わりをもったのだろうか。

　川上（2008）はこの 2 つの"異なった"宗教的経験を説明している。まず生

長の家は，稲盛和夫の「思いは実現する」という信念に影響を与えているという。教祖谷口雅春は，19世紀後半にアメリカで拡大した宗教運動「ニューソート」の影響を受けており，稲盛哲学もニューソートの流れに属するとしている。ニューソートは，人間の善性というポジティブな側面を強調した，唯心論的成功哲学である。

　事業の拡大時期にはニューソート的な成功哲学が経営者にとって精神的な支えとなるが，事業が安定すると，経営者には成功哲学とは別に，倫理的な信念が必要になる。稲盛和夫が，65歳の時に臨済宗円福寺で得度を受けたのは，この倫理的信念と関係があるという。

　川上（2008）はさらに，稲盛和夫の修養主義（高潔な規範意識）と唯心論的成功哲学という別個なものを，「自利利他」という仏教概念によって折り合いをつけているのではないかと考察している。

2．キリスト教に基づく経営者理念

　儒教・仏教とともに，経営者理念の基盤となる「宗教的背景」はキリスト教である。土屋（1967）も近代の経営者の中に，儒教や仏教ではなく，キリスト教の信仰とその倫理を基盤として，経営者理念を培った例を多数紹介している。

1）（六代目）森村市左衛門

　キリスト教の道徳・倫理に基づき，道義を第一に経営を行った実業家の一人が六代目の森村市左衛門である。渋沢栄一の親友であり，また道義を第一義とする経営は渋沢栄一と通じるところがあった。

　江戸商人（部具商）の子として生まれた（六代目）森村市左衛門は，横浜開港を機に「唐物屋」を始め，熱心で正直な"薄利多売"により繁盛した。またこの頃，福沢諭吉と知り合っている。会津戦争時の軍需品調達で利益を得た後，その資金を元手に小樽での漁師支援，四国での銅山への投資などを行ったが失敗した。1876年に異母弟の森村豊がニューヨークへ渡ることをきっかけに森村組（現：森村商事）を設立し，輸入貿易を始めた。やがてその規模は大きくなり，またアメリカで人気の高かった陶器について日本陶器合名会社（現：ノリタケカンパニー）を1904年に設立した。貿易の成功により，川崎造船所，横浜

生糸会社，富士製鉄，富士紡績，堀越商会，明治製糖，第一相互生命などの創立や経営，改革に関わった。また北里研究所，日本女子大学，森村学園など多くの文化施設，社会事業の支援を行っている。

　（六代目）森村市左衛門は，海外貿易を経営するようになってクリスチャンとなり，経営者理念の根本はそのキリスト教に基づくものとなった。神の御心や霊の光が第一義であり，富・金銭・財産は第一義のものとすべきではないと述べている。金銭や財産は「各人の務めを尽し，人間らしい人情を尽し，褒美として神より与へられるもの」なのである。言い換えれば，「キリスト教の信仰を中核とする道義をもって至上命令とし，実業家としての利潤追求も資本蓄積もこれを認めて，そのため正直・誠実な態度で努力を払いもするが，その仕方も，財産の使用の仕方も道義にもとるものではあってはならないとするもの」（土屋1967，183頁）であった。

2）波多野鶴吉

　波多野鶴吉は，郡是製絲株式会社（現：グンゼ）の創業者であり，熱心なキリスト教徒として，京都市丹波地方のキリスト教布教を援助しただけでなく，キリスト教精神によって郡是製絲の会社経営を行った。

　波多野鶴吉は，京都府綾部市（旧何鹿郡）の大庄屋の次男として生まれ，8歳で波多野家の養子となった。学生時代には京都で学問の道を志し，いくつかの事業にも取り組んだが次々と失敗し，失意のうちに生家に戻った。故郷で小学校教員として再出発した後，何鹿郡蚕糸業組合の組合長に就任し，先進地への技術者の派遣，養蚕伝習所の開校など，養蚕・製糸技術者の養成に取り組んだ。またこの頃，キリスト教の信仰に入り洗礼を受けてクリスチャンとなった。京都の同志社から伝道が開始され，丹波地方にも普及が行われていたのである。蚕糸業組合長であった波多野鶴吉は，地元の蚕糸業の振興こそが天命と悟り，郡是製絲株式会社を設立した。

　波多野鶴吉の経営者理念の根本は，キリスト教の信仰に基づいた道徳倫理である。キリスト教の信仰をもとに，至誠をこめた信念をもって献身的に事に当たれば成功せざるものはない，という考えをもっていた。また郡是製絲の設立は単なる営利主義ではなく，社会・公益のためにという精神が基本にあった。すなわち，地域の蚕糸家の福利の増進が基本目的であって，会社の利益追求は

その次であったと言える。

　さらに波多野鶴吉は，従業員に対しキリスト教教育の実践を行った。クリスチャンや牧師を嘱託教師として招き修身講話を行ったり，川合牧師を新設の教育部長として招聘し，熱意をもって従業員へのキリスト教教育を実践していった。1915年には，その川合牧師が作成した「至誠訓」の綱領を社訓とした。

　なお，波多野鶴吉と郡是の経営理念については，井森・倉橋・大西(1976)『経営理念の社会学的研究』(晃洋書房)において詳細に研究されている。波多野鶴吉自身の「経営者理念」としての側面だけでなく，それが従業員の生き方にどのように影響を与えてきたかを実証研究により明らかにしている。

3) 武藤山治

　武藤山治は鐘淵紡績を一大紡績会社に発展させた経営者であり，また衆議院議員として政界にも進出した。キリスト教の信仰を持ち，高い道義性を有したヒューマニストであり，正義感が強く，民主主義，自由主義，合理主義の信念も持ち合わせていた。

　現在の岐阜県海津郡の豪農の長男として生まれ，慶應義塾に学び，卒業後には米国に留学した。そのあと，親戚の養子となり武藤姓となった。帰国後，新聞広告取扱所の開業や英字新聞の新聞記者など様々な仕事に取り組むが，その後に三井銀行に入行し勤務した後，その三井銀行の命により，鐘淵紡績兵庫分工場支配人に就任した。職工の待遇改善に取り組み，「温情主義」「家族主義」を実践した。また「紡績大合同論」を主張して，中国の上海紡績はじめ国内の紡績会社を次々に吸収合併し，鐘紡を四大紡績の一つにまで成長させた。武藤山治はその後鐘紡社長を辞職し，政界に進出，衆議院議員となり活躍した。

　武藤山治の経営者理念は，1926年の著書『實業讀本』(日本評論社)に「実業精神」として記されているが，それは道徳を基本とする理念である。その道徳とは，儒教道徳ではなく，キリスト教倫理に基づくヒューマニズムとデモクラシーの倫理を根本としているという。すなわち，道義主義・理想主義に基づき，「社会全体のために奉仕したという自覚の中に愉快を見出す」(土屋1967，250頁)というのが武藤山治の理念であった。

　なお，武藤山治の次男が，その後の鐘紡社長　武藤絲治である。「武藤絲治の人間性も親ゆづりのヒューマニズムである」(田中1957)と言われている。

4 ）相馬愛蔵

　新宿中村屋の創業者である相馬愛蔵は，キリスト教徒であり，そのヒューマニズムとピューリタンの信念をもって，小さなパン屋を大企業に発展させた人物である。

　相馬愛蔵は1870年，現在の長野県安曇野市の農家の三男として生まれ，旧制松本中学から，東京専門学校（現：早稲田大学）に学んだ。在学中に牛込教会に通い始め，キリスト教に入信し，洗礼を受けた。卒業後 1 年間北海道に渡ったあと故郷に戻り，蚕種製造を始め，『蚕種製造論』を著し全国の養蚕家に注目された。同時に故郷でキリスト教の伝道にも熱心に取り組み，禁酒会をつくり，村の青年たちにキリスト教と禁酒を勧めた。また，孤児院基金募集のため仙台へ出掛け，仙台藩士の娘・星良（黒光）と知り合い結婚した。その後健康を害した妻の療養のため上京し，以後東京に永住した。相馬夫妻は東大赤門前のパン屋本郷中村屋を買い取り，その後新宿に移転した。新製品の発売とともに食堂や喫茶室などを併設して店を拡大した。

　相馬愛蔵の経営者理念は，キリスト教ヒューマニズムに基づくものである。プロテスタント，ピューリタンの信仰はまた，自我の尊厳の自覚や，自由・平等・博愛を重んずる民主主義精神や，合理主義にもつながっている。また独創や創造を重んずる精神を有していた。さらにキリスト教ヒューマニズムの影響を受け，従業員の待遇にも細心の気配りを行っている。

　なお，株式会社中村屋では1972年に『新入社員のための会社案内　中村屋の生いたちと経営理念』という小冊子を作成し，土屋（1967）第 4 章「相馬愛蔵の経営理念」を中心に相馬愛蔵・黒光夫妻のそれぞれの著書の一部を掲載している。この小冊子を新入社員に配布し，相馬愛蔵・黒光夫妻の経営者理念の理解と共有（伝承）が行われていたようである。

5 ）大原孫三郎

　大原孫三郎は，倉敷紡績（クラボウ），倉敷絹織（現：クラレ），倉敷毛織，中国合同銀行（現：中国銀行），中国水力電気会社（現：中国電力）の社長を歴任した人物である。また社会，文化事業にも熱心に取り組み，倉紡中央病院（現：倉敷中央病院），大原美術館，大原奨農会農業研究所（現：岡山大学資源生物科学研究所），倉敷労働科学研究所（現：大原記念労働科学研究所），大原

社会問題研究所（現：大原社会問題研究所），私立倉敷商業補習学校（現：倉敷商業高等学校）を設立した。クリスチャンとして，キリスト教的なヒューマニズムをもとに経営を行っている。

　倉敷市で倉敷紡績を営む大原孝四郎の三男として生まれ，東京専門学校（現：早稲田大学）に入学するも，放蕩生活を送り，倉敷に連れ戻され，謹慎となった。謹慎中に岡山孤児院長石井十次と知り合いとなり，その孤児院事業の支援を行うとともに，自身もキリスト教に影響を受けた。倉敷紡績に入社後，工場内に尋常小学校，また倉敷商業補習学校（現：倉敷商業高校）を設立し，働きながら学ぶ工員の教育を支援した。その後，キリスト教の洗礼を受け，同年に「倉敷日曜講演」をスタートした。この日曜講演では，多様な領域の第一線の識者を招き，倉敷にて講演を実践したのである。

　その後，大原奨農会農業研究所（現：岡山大学資源生物科学研究所），社会問題の研究機関として大原社会問題研究所（現：法政大学大原社会問題研究所）を開設，さらに労働環境改善の研究機関として倉敷労働科学研究所（現：大原記念労働科学研究所）を開設した。また倉紡中央病院（現：倉敷中央病院）を設立し，工員のみならず市民の診療も行った。さらに中国水力電気会社（現：中国電力）を設立し，中国合同銀行（現：中国銀行）の頭取となり，さらには倉敷絹織（現：クラレ）を設立した。その後，長男の大原総一郎に企業体を引き継ぎ引退した。

　事業家・社会事業家としての大原孫三郎の経営者理念の根本は，キリスト教的ヒューマニズムである。土屋（1967）は，それに加え，父である大原孝四郎の儒教の道徳観念を受け継いだと述べている。社会事業，社会問題，労働問題，農業問題などの研究や，美術館などの後援も，儒教の道徳倫理とも通じる，キリスト教的人道主義に基づくものである。

　なお，大原孫三郎の長男，大原総一郎も父の影響を受けつつ，キリスト教に基づく経営者理念を有し，倉敷レイヨン（現：クラレ）の経営を行っている（山上1985）。なお大原総一郎は，関西経済同友会の常任理事も務めた。

第3節　経営者の過去体験

　これまで経営者理念の源泉として「宗教的背景」および社会の「経済思想・経営思想」を見てきたが，これらは「経営者の過去体験」とも強い関係性を持っている。ここでは前節であげた経営者について，経営者理念のきっかけとなったエピソード，過去体験について簡単に見てみることにしよう。

1）渋沢栄一

　第2節で見てきたように，渋沢栄一の経営者理念は「儒教」に基づいている。しかし一方で，過去の体験にも影響を強く受けている。例えば，「道徳経済合一主義」は，少年時代から儒教，特に「論語」を熱心に学んだことに由来するが，それと同時に，生家の家業（農耕・養蚕・藍葉買い入れと藍玉の製造販売）を手伝い，自然と経済問題に関心を持ってきたという過去体験に影響を受けている。

　また，民主主義の考え方と言える「官尊民卑打破」の思想も，渋沢栄一個人の経験によるものである。若い頃，父親の代理として代官所に呼び出され，代官から藩主の息女結婚の祝い金500両を要求された経験である。一方，パリ万博に使節団の一員として随行した際に，西洋諸国の産業施設や近代的経済制度を見聞するとともに，実業家が軍人・政治家とも対等な立場で議論をしている姿を見たことである。「官尊民卑打破」の思想も，個人の過去体験から生まれてきたものであることがわかる。

2）武藤山治

　鐘紡の武藤山治は，キリスト教倫理に基づく，強いヒューマニストの経営者理念をもった経営者であった。温情主義，経営家族主義により，勤労者を尊重し，従業員を最も優遇した紡績会社に育て上げた武藤山治の経営者理念の原点の一つは，青年時代，アメリカに渡航し苦学した経験に基づいている。アメリカでは葉巻煙草製造所の見習職工や庭の水まき，皿洗い兼ビスケット焼きなどをし，ついに食堂給仕をしてサンノゼの私立大学に学んだ。

　土屋（1967）は，武藤山治の自叙伝から「召使に対する優しい態度」として以下の言葉を記載している。

　「私は米国人の家庭に働いて感じましたことは，主人や主婦は勿論，家族全体の召使に対する態度が優しく上品で，言葉使いも極めて丁重であることでした。何事を言いつけるにしてもPleaseと言う言葉を必ず初めに使います。子供など主婦以外の者は日本のようにやたらに召使に物を言いつけませぬ。何か言い付けるときには命令詞は使いませぬ。必ずWill youという言葉を使います。これは使われる身にもなると誠によい感じのするものです。私は自分の体験から召使に対しては特に言葉使いに注意し，家族の者にも此事を申し付けて居ります。」

　アメリカで苦学をし，米国人の使用人への態度を体感する中で，勤労者尊重，ヒューマニズムの経営者理念を身に着け，それがその後の鐘紡での労務施策等につながっていったのである。

3）松下幸之助

　経営の神様と言われた松下幸之助も，創業当初から確固とした「経営者理念」を有しているわけではなかった。様々な体験を経て，徐々に経営についての哲学，思想が固まっていったのである。例えば，創業期の1922年頃，税務署から追加徴収を受けることがあり，税金でどれほど儲けが奪われるのかと心配し，眠れなくなったという。そして，散々悩んだのちに，税金に対する自分の考えを改めた。「自分で働いて儲けたのではなく，天下国家からの金を預かって自分は仕事をしている。したがって，自分の儲けは天下国家のものである。」そう考え，悩みを解決した（加護野2016，53-54頁）。この考え方が，「松下電器は人様の預かりものである，忠実に経営し，その責任を果たさなければならない」すなわち「企業は公器」という経営者理念につながったとされている。そして1929年，その経営者理念を明文化し，制定することで，「企業組織の経営理念」とした。それが綱領と信条である。

綱領
　営利と社会正義の調和に念慮し，国家産業の発達を図り，社会生活の改善と向上を期す
信条
　向上発展は各員の和親協力を得るあらざれば難し，各人自我を捨てて互譲の精神をもって一致協力店務に服すること

　第3章で見てきたように，「経営者の社会的責任の自覚と実践」決議が経済

同友会から発信され，社会的責任という新たな経営理念の必要が訴えられたのは，1950年代なかばからである。松下幸之助は，それより25年以上も前に，すでに「企業の社会的責任」「企業は公器」であるという経営者理念を有し，そしてそれを明文化し「企業組織の経営理念」として制定していたのである。加護野（2016）が指摘をしているように，土屋（1967）『続日本経営理念史』は，「道義をバックボーンとする理念こそ正しい経営理念だとの信念を抱き，かつ主張し，実践した先駆者は，江戸時代にも，明治・大正・昭和（終戦前）時代にも決して少なくなかった」（3-8頁）としている。松下幸之助もそのような経営者理念を持った経営者であった。

　またそれまでの経営者理念が，ある経験を経ることによってさらに強固なものになることもある。有名な「熱海会談」は「共存共栄」という経営者理念をより強固にした経験ということができる。

　1964年，東京オリンピックを迎えた年に，国内市場全体の需要は停滞し，多くの松下電器販売店・代理店は赤字に転落し，販売店・代理店の不満の矛先は松下電器本社に向かっていた。

　当時会長職にあった松下幸之助は，全国の営業所長，販売店や代理店の社長計200名を熱海のホテルに集めた。3日間，松下幸之助は全国の販売店・代理店社長と真剣に向き合い，お互いの本音でぶつかり合った。販売店・代理店社長からは，松下本社に対する厳しい苦情と批判が松下幸之助に投げかけられた。当初は，松下幸之助は，販売店・代理店の努力不足を指摘し，「血の小便が出るまで苦労したことがあるのか？」と投げかけた。しかし販売店・代理店社長からの批判は止まらない。

　最終日の朝，販売店・代理店トップを前に，松下幸之助は頭を垂れて陳謝した。

　　「この30年間，皆様方には，マツダと同じような値段で売れるよう，非常に努力していただきました。それにもかかわらず，私どもは，ものの見方，行き方を誤りました。ほんとうに申し訳ないことでございます。松下電器は感謝報恩の念を忘れておりました」
　そこでフッと言葉が止まり，ポケットからハンカチを出して，涙をふいた。

30秒ぐらいでしょうか，会場が静寂に包まれ，販売会社・代理店の方々も目に涙を浮かべた。

「共存共栄の心を説きながら，それを忘れてしまい，経営悪化を招きました。きょうから松下電器は生まれ変わります。松下電器全社員を挙げて，皆様方のご意見を聞き，真剣に対応をいたします」[6]

（アンダーラインは筆者）

松下幸之助は，これまで販売に協力してもらった恩に報いることを決め，販売店・代理店と「共存共栄」すべく，その心情を訴えた。

この経験を踏まえ，松下幸之助は「共存共栄」の経営者理念への想いをあらためて強くしたのである。

【注】

1）稲盛和夫OFFICIAL SITE https://www.kyocera.co.jp/inamori/profile/episode/episode02.html（2019年8月22日閲覧）

2）「動機善なりや，私心なかりしか」稲盛和夫理事長インタビュー：京都大学こころの未来研究センター　http://kokoro.kyoto-u.ac.jp/jp/kokoronomirai/pdf/vol7/kokoronomirai-vol.7_10-31_2data%202-11.pdf（2019年8月22日閲覧）

3）《参考》渋沢栄一記念財団ホームページ「渋沢栄一略歴」（https://www.shibusawa.or.jp/eiichi/eiichi.html）

4）土屋喬雄（1967）『続日本経営理念史』，中川敬一郎・由井常彦編著（1969）『経営哲学・経営理念　明治・大正編』のほかに，渋沢栄一記念財団編（2012）『渋沢栄一を知る事典』，東京堂出版版も参考にしている

5）パナソニックホームページ「松下幸之助の生涯」https://www.panasonic.com/jp/corporate/history/konosuke-matsushita.html

6）致知ホームページ「松下幸之助と『伝説の熱海会談』一流の決断とは」https://shuchi.php.co.jp/management/detail/2933?p=1

第│8│章

「新しい経営理念」ブームによる
3つの経営理念概念

第1節　経営理念3つの概念

これまで述べてきたように，経営理念の概念は大きく3つに分類できる。

《概念1》経済思想・経営思想としての経営理念
　　　　　　　　　　　　　　　【主体】日本全体，日本の産業全体

《概念2》経営者の哲学，経営者理念としての経営理念
　　　　　　　　　　　　　　　【主体】経営者

《概念3》企業組織の経営理念　　　【主体】企業組織

社会的責任論を反映した米国からの「新しい経営理念」の輸入に対し，日本の「経営理念」を振り返り，日本の経営哲学を確立すべきであるとしたのが，土屋喬雄『日本経営理念史』（1964），『続日本経営理念史』（1967）である。その序説の中で，土屋はマックス・ウェーバーの「資本主義の精神」を批判し，江戸時代から昭和の時代までの日本の経済思想・経営思想を経営理念としてまとめている。また前述の中瀬寿一（1967）も『戦後日本の経営理念史』の中で，経営理念を経営思想と同義として，「新しい経営理念」の模索を3つの期に整理し，その変遷をまとめている。B. K. マーシャル著・鳥羽欽一郎訳（1968）『日本の資本主義とナショナリズム』では，第二次世界大戦前，英米の資本主義理念に対し，日本ではビジネスエリートのナショナリズムが資本主義の発展の理念となったという。これらの研究著書では，経営理念は「経営者理念」《概念2》ではなく，「経済思想あるいは経営思想」としても多く語られている。すなわち，

◆ 図表 8 − 1　経営理念概念の歴史的変遷 (1)

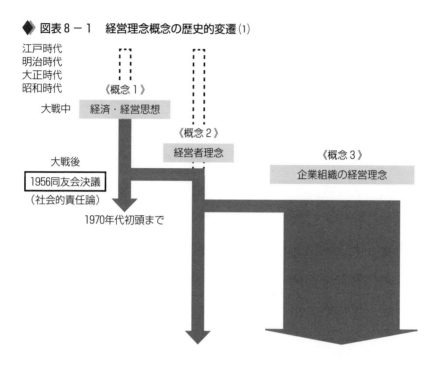

「経済思想・経営思想としての経営理念」《概念 1 》である。また，その当時の経済思想，および経営思想を示すばかりではなく，経済思想史，経営思想史として論ぜられる中で，経営理念という言葉が生まれる前の時代（江戸時代，明治時代）にさかのぼり使用され始めていた。

　上記 3 つの経営理念概念の歴史的変遷を示したのが図表 8 − 1 である。「経済思想・経営思想としての経営理念」《概念 1 》は江戸時代に始まり，明治時代以降から本格的に示され，1950-70年代によく議論されたが，その後はあまり使われていないようである。「経営者の哲学，経営者理念としての経営理念」《概念 2 》も同様に江戸時代に始まり，明治時代から1950-70年代に注目され，現在でも使用されている。「企業組織の経営理念」《概念 3 》は，企業の発達とともに多く使われるようになり，現在最も使われる経営理念の概念である。

第2節　「経済思想・経営思想の経営理念」《概念1》の　　　終焉とその理由

　1970年代以降，「経済思想・経営思想としての経営理念」《概念1》…すなわち，主体を日本全体，日本の産業全体とした概念はあまり目にすることがなくなってきた。これはなぜだろうか。

　その最も大きな理由は，経済同友会決議（1956年）を中心とする実業界の動きの中で，経営理念はもっぱら「経営者の哲学，経営者理念としての経営理念」《概念2》および「企業組織の経営理念」《概念3》として捉えられ，議論されてきたからであろう。

　さらに，戦後においては，経営主体として国全体を考えることがなくなったことも挙げられる。第二次世界大戦中は，統制経済下において，経営主体も国全体として考えられてきた。このような場合は，主体を日本全体とする「経済思想・経営思想」《概念1》として捉える考え方は自然である。古林喜楽（1940）が述べた「ナチスの経営理念」も，主体をナチス圏全体，すなわち共同体と捉えた「経済思想・経営思想」《概念1》であった。

　さらに学界の影響も考えられる。それまでの経営理念の議論をまとめた日本学術振興会経営問題第108委員会での「経営理念における統一見解」では，「経営理念を指針として活動する主体は，経営体であり，経営者である」（山城章1972）と示している。ここでは，経営理念の主体を，日本全体や日本の産業全体とする考え方は示されていない。当時の日本を代表する経営学者によって議論されたこの委員会の中で，日本全体，日本の産業全体を主体とした「経済思想・経営思想」《概念1》の記述は見られない。60年代には多く議論されたこの《概念1》であるが，この統一見解の後，このような捉え方はされなくなってきたのではないだろうか。

　なお，「経営理念」という言葉は登場しないが，日本全体を主体とした「経済思想・経営思想」について出版された書籍が，加護野忠男（2010）『経営の精神』である。ここでの「精神」という概念は，マックス・ウェーバーの古典的な研究『プロテスタンティズムの倫理と資本主義の精神』から借りたもので

あると書かれており，「経済思想・経営思想としての経営理念」《概念1》と同義とみなすことができる。加護野（2010）はこの中で，日本の経営精神は劣化しており，その経営精神の復興を目指すことの重要性とその方法についてまとめている。

第3節　経営理念概念のパラダイム変換：　経済同友会決議

　経済同友会の1955年及び1956年決議「経営者の社会的責任の自覚と実践」にはじまる「新しい経営理念」ブームは，経営理念概念の議論に大きな影響を与えた。第二次世界大戦中に，（企業経営における）「経営理念」という言葉が創られて以来，「経済思想・経営思想」として捉えられてきた経営理念《概念1》は，経済同友会の決議に始まる「新しい経営理念」ブームから，「経営者の哲学，経営者理念」としての経営理念《概念2》，および「企業組織の経営理念」《概念3》として使用されるようになった。日本全体，日本の産業全体を主体とした「経済思想・経営思想としての経営理念」《概念1》は，1970年代初頭までは使用されていたが，その後はあまり使われなくなった。一方で，主体が経営者である《概念2》，主体が企業組織である《概念3》は現在でも非常によく使用されている経営理念の概念である。

　これを「経営理念概念のパラダイム変換」ということができるであろう。クーンは『科学革命の構造』（邦訳1971）において，パラダイムを「一般に広く受け入れられている業績で，一定の期間，科学者に自然に対する問い方と答え方のモデルとなるもの」と定義している。加護野忠男（1988）も，パラダイムを「人々に共有された世界観，ものの見方，共通の思考前提，思考の枠組み，方法論」と述べている。そしてパラダイム変換（パラダイムシフト）とは，①科学者集団に共有されているパラダイムが，ある時点で革命的・非連続的に変化すること，あるいは②より広い概念で思考や概念，規範や価値観が，枠組みごと移り変わること，を意味している。

　経済同友会決議の後，経営理念の概念は，「経済思想・経営思想」《概念1》

から，「経営者の哲学，経営者理念」《概念 2 》，そして「企業組織の経営理念」
《概念 3 》へと「パラダイム変換」がなされたと言えるであろう。そして，そ
のパラダイム変換を実業界，学界ともに受容したということができる。

　1955年から1970年初頭までの「経営理念ブーム」は，「経営理念」という言
葉を一般に広く普及したとともに，経営理念概念のパラダイムシフトももたら
した。この後，経営理念は，企業組織を主体とした「企業組織の経営理念」《概
念 3 》が大きく広まり，そしてさらにその概念は変容していくこととなる。第
Ⅱ部において，「企業組織の経営理念」《概念 3 》について，その概念の誕生と
変遷，普及について詳しく見ていくこととしたい。

第 II 部
「企業組織の経営理念」《概念3》の歴史的変遷

　これまで第 I 部では，理念という言葉の始まりから，経営理念という言葉の誕生，そして経済同友会の決議に始まる「新しい経営理念」ブームが実業界に広く普及し，それに対し学界がどのように対応してきたかを概観した。経済同友会の決議が，「経営理念」という言葉を広く一般化していくとともに，経営理念概念を，「経済思想・経営思想」《概念1》から，「経営者理念」《概念2》，「企業組織の経営理念」《概念3》へとシフトさせた。

　このあと，経営理念の中心概念は，「企業組織の経営理念」《概念3》へ移り，そしてさらなる変遷を得ることとなる。そのきっかけになったのは，**経営理念の社是社訓化，すなわちテキスト化**である。経営理念のテキスト化による**経営理念の機能化**が見られた。

　経営を実践するための役割，ツールとしての「経営理念」に着目した考え方である。

　一方で，経営理念，特に「理念」という言葉の持つ本質性，普遍性を重視する考え方はそのまま残っていく。企業組織の経営理念とは，企業の普遍性を持った目標や指針であり，思想や哲学であるといった考え方である。

　第 II 部では，この2つの「企業組織の経営理念」に関する視座に着目しつつ，その歴史的変遷について整理を行いたい。

　なお第 II 部では，実際の企業について例示を行う。ここで，実際の企業の事

例を選択するための「選択基準」が必要となる。須田（2019）は，「ケースス
タディにおける単独ケースの選択基準」として次の3つをあげている。①珍し
い・極端・決定的・新事実ケース，②縦断的・後続的ケース，③典型的・一般
的なケースの3つである。これらのうち，①珍しい・極端・決定的・新事実
ケース，②縦断的・後続的ケースは有効なケースであるが，③典型的・一般的
なケースはあまり適したケース選択基準とは言えないとされている。ただし，
③典型的・一般的なケースであっても，これまであまり研究が行われてこな
かった分野の場合（例外1），すでに理論化されている分野で，分厚い記述を
行う場合（例外2）においては有効なケース選択であるとの例外が示されてい
る。

　本書では，③典型的・一般的なケースとして「企業組織の経営理念」の事例
を選択している。その理由は，上記（例外1）による「これまであまり研究が
行われていなかった場合」に適合すると考えられるからである。さらに，デー
タの信頼性といった点から，大企業であり，先行研究において取り上げられた
事例を選択した（東レ，三洋電機など）。過去の経営理念は，ホームページや
アニュアルレポートなどに記載されないことが多いことも，先行研究の事例を
使用した理由である。また，現在の企業組織の経営理念を会社ホームページで
確認する際も，1部上場企業から選択した。

　また第12章では「トヨタ自動車の事例」を選択した。この選択基準も，③典
型的・一般的なケースであり，「経営理念」を切り口にした研究はこれまであ
まり行われていなかったという例外事項に適合する。さらに，日本を代表する
大企業であり，成文化された経営理念を有しており，数多くの参考文献が存在
することが選択した理由である。

第 | 9 | 章

経営理念の成文化と公表：
経営理念機能論の台頭

　現在は多くの企業が成文化され，公表された経営理念を有している。高尾（2009）の調査によれば，１部上場企業の74.7％の企業が「成文化され，公開された経営理念」を掲げ，経営を実践しているという。

　このような経営理念の成文化・公表は，経済同友会決議に始まる「新しい経営理念」ブームを契機にさらに進んだものと思われる（第４章第２節参照）。それでは，この経営理念の成文化（いわゆるテキスト化）や公表は，経営理念にとってどんな意味を持つのだろうか。

　本章では，経営理念のテキスト化が進んでいった状況を確認し，その理由を推測するとともに，その結果生じた経営理念の視座について考察を行いたい。

第１節　社是社訓から経営理念へ：
　　　　経営理念のテキスト化

　第Ⅰ部で見てきたように，「経営理念」という言葉は，1955年経済同友会全国大会での中山発言・櫻田発言および，1956年経済同友会「経営者の社会的責任の自覚と実践」決議を受けて，全国に広まってきたのである。

　当初は，「経営理念」とは，「経営者の哲学，すなわち経営者理念」《概念２》として注目されてきた。経営者が「社会的責任を意識した経営者の哲学，経営者理念」を持つべきであるという経済同友会の主張は，多くの企業経営者に受け入れられていった。企業の社会的責任，すなわち企業の社会性に関して，経

営者は，自分の経営理念（経営者理念）を語るようになっていったのである。
また雑誌記事や書籍でも「経営者の哲学，経営者理念」《概念２》を経営理念
として掲載するものが増えてきた（第４章第１節参照）。

　その後，「経営理念」は，「企業組織の経営理念」《概念３》となり，企業が
成文化された「経営理念」を設立する動きが活発になった。すなわち，「経営
理念」は経営者個人を主体とする「経営者理念」《概念２》から，企業組織を
主体とする「企業組織の経営理念」《概念３》へと，主たる概念が変わってき
たのである。経営理念を経営者理念《概念２》とする考え方も残るが，徐々に
「企業の理念」，「企業組織の経営理念」という考え方がより一般的になってい
くのである。

　1955年以降に新しい経営理念ブームが起き，「経営理念」という言葉が一般
化する前から，「社是社訓」などといった成文化された“経営理念”を有する
企業が多く存在していた。間（1972）は，「明治末ごろから安定期に入った各
企業で，社是・社訓をつくる動きがあった」（113頁）としている。この中で，
伊勢丹の店規や，三菱系企業の従業員組織「養和会」の「養和の精神（養和会
教条五則）」，武田薬品の「規」，豊田自動織機，松下電器の社是などが例とし
てあげられている。

> ＜豊田自動織機＞
> 社是
> 1．上下一致至誠業務に服し，産業報国の実を挙ぐべし
> 1．研究と創造に心を致し，常に時流に先んずべし
> 1．華美を戒め，質実剛健たるべし
> 1．温情友愛の精神を発揮し，家庭的美風を作興すべし
> 1．神仏を尊崇し，報恩感謝の生活を為すべし

（出所：豊田自動織機ホームページ）

　これら「社是社訓」に置き換わる形で，あるいは併存する形で（第10章参照），
「企業の社会的責任」の意味を加えて成文化された「経営理念」が検討され，
公表されるようになった。

　図表９－１は，多くの企業の社是社訓をまとめた『社是社訓集』を発行年順
に一覧にしたものである。『社是社訓集』とは，成文化され公表された経営理
念（企業組織の経営理念：概念３）を数多く掲載した書籍である。これまで

◆　図表9－1　『社是社訓集』一覧：「経営理念」記載企業数

発行年	1964年	1982年	1986年	1992年	1998年	2004年
タイトル	社是社訓	社是社訓実例集	社是社訓	新版社是社訓	社是・社訓（第3版）	ミッション・経営理念（社是社訓第4版）
登録企業数	270	216	428	748	693	983
経営"理念"記載企業数	11	34	96	295	438	506
経営"理念"記載企業率	4％	16%	22%	39%	63%	51%
編著書	大山良雄	日本実業出版社	日本生産性本部	日本生産性本部	社会経済生産性本部	社会経済生産性本部
出版社	高陽書院	日本実業出版社	生産性出版	生産性出版	生産性出版	生産性出版

※「経営理念」記載企業は，「基本理念」「企業理念」など「理念」という名のついたものすべて含む

1964年から2004年まで6冊の『社是社訓集』が発行されている。また1986年から2004年までの『社是社訓集』はいずれも生産性出版で発行された同一シリーズであり，版を重ね，改定（追加変更）されてきたものである。

　それぞれの登録企業数とともに，「経営理念」あるいは「理念」という言葉を用いている企業数をカウントし（経営"理念"記載企業数），さらに，この経営"理念"記載企業数を総企業数で除した「経営"理念"記載企業率」も算出した。

　例えば，1964年に発行された『社是社訓』では，経営理念あるいは理念という言葉を用いている（経営"理念"記載企業数）のは，270社中わずか11社であり，全体のわずか4％に過ぎない。1982年『社是社訓実例集』では，216社中34社で16％，1986年『社是社訓』では，428社中96社，22％まで上がっている。さらに1992年『新版　社是社訓』では748社中295社で39％，1998年『社是・社訓（第3版）』では，693社中438社と，63％にまで上がっている。

　これらから，「社是社訓」にかわり，「経営理念」という名称によって成文化され，公表されてきたことがわかる。

第２節　経営理念「テキスト化」の理由とその機能

　「企業組織の経営理念」《概念３》は，「経営者が有する経営の哲学，経営者理念」《概念２》を企業組織全体に移植する形で行われてきた。創業期の場合，あるいは中小企業の場合には，社員にとって経営者は身近であり，その言説や行動を体感することにより，経営者理念，ひいては企業組織の経営理念を知ることができた。

　しかし，企業組織が大きくなると，社員全員が経営者の言説や行動を感ずることがいつもできるというわけではなくなる。あるいはまた，創業者が引退し，その「経営者理念」を直接聞くことができなくなると，創業者の理念を間接的に伝える媒介が必要となる。例えば，トヨタ自動車の「豊田綱領」は，トヨタグループの創業者である豊田佐吉の考え方を豊田利三郎，豊田喜一郎が中心となって整理し，成文化したものであり，佐吉の５回目の命日にあたる1935年に発表された。現在もトヨタグループ各社に受け継がれ，全従業員の行動指針としての役割を果たしている[1]（詳細は第12章参照）。同様な例は，再春館製薬所の経営理念でも見られる（奥野2008）。カリスマ経営者であった西川通子前社長は，自らの言説や行動を通じて経営哲学を伝えてきた。その後を継いだ西川正明社長は，前社長が語ってきた内容を含んだ，文書化した「ありたい姿2007」という経営理念を新たに掲げ，具体的にわかりやすい言葉で社内外に公表し，経営を行っている。

　経営理念のテキスト化を推し進めたもう一つ大きな要因は，「制度的環境への適応」という点である。高尾（2009）は，新制度派組織論をもとに，成文化され公表された経営理念の制定によって組織が制度的環境への適応により正当性の獲得を図っていると述べている。「優れた企業には，公式的に定められた経営理念が当然のごとく存在し，それを掲げた経営がなされている（べきである）」という制度的環境からの圧力である（同65頁）。高尾（2009）はさらに，制度的同型化のタイプとして，模倣的同型化プロセスが，成文化され公表された経営理念の制定に影響を与えていると述べている。模倣的同型化とは，不確実性への標準的な対処のために，他の組織をモデルにして同型化することであ

る。すなわち，外部環境の不確実性に対処するために，優れた企業の公表され
た経営理念を模倣し，多くの企業がテキスト化された経営理念を作成し，公表
するようになったと考えられる。

　それでは経営理念の社是社訓化，すなわちテキスト化し公表することにより，
その機能にどのような影響があったのであろうか。ここでは言語学的な立場か
ら見てみよう。

　エスカルピ（邦訳1988）は，『文字とコミュニケーション』で，話し言葉で
はなく，書き言葉，すなわち文字によるコミュニケーションを重視している。
話し言葉（口述言語）は言説を産出し，書き言葉（文字言語）はテキスト（同
書ではテクスト）を産出する。言説は一過性であるが，テキストは永続性とい
う性格を有している。すなわち，話したことはその場で過ぎ去っていくが，書
いたことは残って，何度も読み返すことができるということである。

　この著書の中で，エスカルピ（邦訳1988）は「文字法を，話し言葉を構成す
る音素の何かそのままの文字への置きかえのように考えるのは錯覚である」(22
頁)，「文字を話し言葉の単なる道具と見なすことはできない」（26頁）と述べ
ている。すなわち，話し言葉は，書き言葉に従属しているものではなく，独自
の機能を有していることを主張しているのである。

　エスカルピ（邦訳1988）は，このテキストの機能として3つをあげている。「言
説機能」と「資料機能」，そして「図像機能」である。

　言説機能とは，口頭での言説を写す機能のことであり，資料機能とは情報の
記憶装置として働く機能である。書き言葉が話し言葉の写しであるという意見
は，テキストの言説機能のみに注目しており，資料機能について考慮していな
いと言える。また3つ目のテキストの機能である図像機能は，文字の大きさや
配置といった表現の機能である。

　エスカルピは新聞の例を用いて，この3つの機能を紹介している。記事の起
草による「言説機能」，目次・見出し・小見出し・中見出しによる「資料機能」，
ページ割り，すなわちレイアウトなどの「図像機能」である。

　「経営理念」について，このテキスト化による3つの機能追加を考えてみよ

う。第Ⅰ部で見てきたように，1955・1956年の経済同友会決議から「新しい経営理念」ブームが始まっている。このブームにより，まず「経営者の哲学，経営者理念としての経営理念」《概念２》が注目された。経営者が自らの理念，経営者理念を意識し，そして社内外で語る機会が増えたのである。これらの言説は一過性であるが，これを記録し，文書化することが行われた。すなわち，講演やインタビューを書き起こし，書籍や雑誌記事としたことである。これは「**テキストの言説機能**」である。東洋経済新報社編（1965）『私の経営理念　一流企業の首脳は語る』や日本実業出版社編（1969）『わが企業経営実践記－実力中小企業21社長の経営理念と手法－』はその例である（第４章第１節参照）。

　これがやがて，社是社訓のように，短くわかりやすい言葉で，さらに見出し（社是社訓・ビジョン・行動指針など）が付与されて，公表されるようになった。これが「企業組織の経営理念」《概念３》である。これは「**テキストの資料機能**」である。さらにそれらは，字体やレイアウトなど，ビジュアルの点でも工夫がなされるようになった。これが「**テキストの図像機能**」である。例えばエーザイでは，企業理念（経営理念）を*hhc*理念（ヒューマン・ヘルスケア）と名づけ，*hhc*の文字をナイチンゲールの直筆サインからデザインしている。

◆ **図表９－２　経営理念のテキスト化による機能追加**

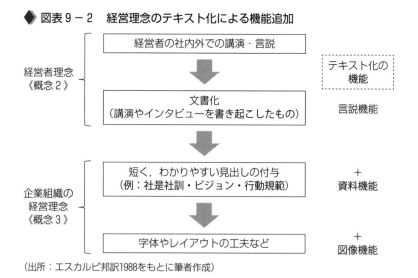

（出所：エスカルピ邦訳1988をもとに筆者作成）

◆ 図表 9 - 3　エーザイの*hhc*理念

（出所：エーザイ株式会社ホームページ）

　経営理念の成文化と公表，すなわちテキスト化により，経営者の言説を知る
「言説機能」に加え，わかりやすい見出しの付与といった「資料機能」，さらに
はイメージを膨らませ，理解を促す「図像機能」が加えられた。

　さらに，経営理念とコミュニケーションの観点から，経営理念のテキスト化
を考えてみよう。経営理念とコミュニケーションとの関係性は多くの研究者に
指摘されている。例えば，伊丹・加護野（2003）は，経営理念の機能として，
モチベーションのベース，判断のベースとともに，コミュニケーションのベー
スであると述べている。また柴田（2017）も，経営理念を共有するために必要
なマーケティング・コミュニケーションについてまとめている。

　認知意味論や文化記号論の研究者である池上（1984）は，『記号論への招待』
の中で，記号論の基本的な考え方から，コミュニケーションモデルを紹介して
いる。

　発信者が送り出す「伝達内容」は「コード」を参照し「記号化」することで
「メッセージ」となる。受信者はその「メッセージ」を，「経路」を通じて，ま
た「コード」を参照することで「解読」し「伝達内容」を再構成する。なお「コー
ド」とは，「発信者」が「メッセージ」を作成し，「受信者」が「メッセージ」
を解読する際に参照すべき決まり（規則）である。また，「コンテクスト」とは，
「発信者－受信者」の「状況」のことを表している（池上1984，36-40頁，図表
9 - 4）。

◆ 図表９－４　コミュニケーションモデル

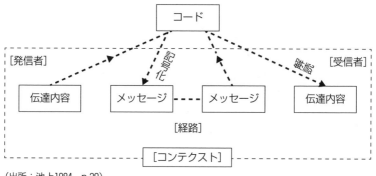

（出所：池上1984，p.39）

　このモデルを「経営理念」に当てはめてみよう。経営者や経営層といった「発信者」は，「伝達したい内容」（文書化されていない経営理念）を，日本語という「コード」によって，テキスト化することで『経営理念』という「メッセージ」を作成する。社員（あるいはステークホルダー）である「受信者」はやはり日本語という「コード」を参照することで「伝達内容」を再構成するのである。

　このメッセージである「経営理念」があいまいでなく，多義性を有したりしない場合は，発信者である「経営者」の「伝達内容」は，受信者である社員（あるいはステークホルダー）に忠実に再現される。ところが，「経営理念」であるメッセージは，その性質上，どうしても抽象度が高く，あいまいな意味合いを有するものとなってしまう。

　このような場合のコミュニケーションについて，池上（1984）は，受信者が「コンテクスト」を参照し，主体的な「解釈」（機械的な「解読」ではなく）によって，発信者の伝達内容を読み解くことになるという。すなわち，あいまいで多義性を有するテキスト化された「経営理念」は，社員やステークホルダーによる，主体的な「解釈」によって判断されるのである。ここでその「解釈」の参考になるのは，経営者と社員（あるいはステークホルダー）の状況（すなわち，コンテクスト）である。

　経営理念はテキスト化されることで，一過性でなく，永続性を有するように

なった。受信者である「社員」（あるいはステークホルダー）は，**何度もその"言葉（テキスト）"を読み**，経営者からのメッセージである「経営理念」を「解釈」することにより，そのメッセージを理解しようとするのである。

第3節　テキスト化によって生じた「経営理念機能論」

　経営理念はテキスト化，すなわち成文化され，また公表されることによって，どのような変化が現れるようになったのであろうか。それは「**経営理念の実体化**」である。経営理念はテキストとしての「言説機能」に加え，「資料機能」や「図像機能」が加わり，額に飾られたり，社員手帳に記載されることにより，「実体化」したのである。

　もともと理念という言葉は，ドイツ哲学のイデーの訳語であり，「純粋に理性によって立てられる<u>超経験的</u>な最高の理想的概念」という意味を持つ（第1章参照）。そもそも理念は，理想であり，経験上では実在しないものである。この意味から，経営理念にも，普遍的であり，本質的であるという"イメージ"が残っていた。

　その経営理念が，社是社訓のようにテキスト化されることで，実体性を有することになる。経営理念はテキスト化され，額にして社内に掲示されたり，社員手帳に掲載されたり，朝礼で唱和されることによって，社員に身近な存在となる。そもそもの理念（イデー）の意味から離れ，実体を持ったテキストとして実在するようになったのである。

　経営理念が「経営者の哲学，経営者理念」《概念2》として語られたり，あるいは文書化された時には，まだ社員や社外の人間にとっては遠い存在のものであった。《概念2》の場合，あくまでも経営理念は経営者のものだったのである。

　しかし，「企業組織の経営理念」《概念3》として，テキスト化され，社内外に公表されるようになり，社員に身近なものとなった。経営者にとって経営理念の浸透，社員にとっての経営理念の共有が重要視されることは，経営理念がテキスト化され，身近な存在となったからこそ，それがより可能になったから

だと言える。経営者から発信された，経営理念というテキスト化されたメッセージは，社員に何度も読み返されることで，"解釈"されるのである（前節参照）。

　「企業組織の経営理念」はテキスト化により実体化したことで，企業経営におけるその役割を問う視点が強まるようになった。すなわち，経営理念を，経営戦略や経営組織といった「経営」に関わる要因の一つとして，その役割＝「経営理念の機能」を重視する視点である。これは経営理念の機能主義的な考え方と言える。機能主義とは，学問分野によって様々な定義があるが，一般には「社会現象を一つの全体的なシステムととらえ，それを構成する諸要素のはたらきを明らかにしようとする方法論的立場。機能分析。機能論」（三省堂『大辞林第3版』）と言われている。したがって，この考え方を「**経営理念機能論**」と名付けることとしたい。

　一方で，経営理念は，その「理念」という言葉に由来する普遍性や本質性を重視して捉える視点も強い。本質とは「物事の変化しない核心部分」であり，「経営理念は企業経営にとって普遍的であり変化しない核心部分である」という考え方である。これを「**経営理念本質論**」と呼ぶこととする[2]。

第4節　「企業組織の経営理念」2つの視座：「経営理念本質論」と「経営理念機能論」

　ここで，「企業組織の経営理念」における2つの考え方，「経営理念本質論」と「経営理念機能論」の違いを明らかにしておきたい（野林2020a）。

　まず基本的な視点から確認してみよう。「経営理念本質論」とは，経営理念こそ企業経営の本質であるという考え方である。一方，「経営理念機能論」では，経営理念は企業経営のための重要な構成要素である。

　経営理念には「普遍性」と「時代性」の2つの側面があるといわれている（奥村1996）が，経営理念の「普遍性」と「可変性」について見てみよう。「経営理念本質論」では経営理念の普遍的な部分に注目し，経営理念は普遍的で変わらないものとする立場に立つ。理念の本来的な意味である，「純粋に理性によっ

◆ 図表9－5　経営理念本質論と経営理念機能論

	経営理念本質論	経営理念機能論
基本的視点	経営理念＝企業経営の本質	経営理念＝企業経営のための重要な構成要素
成文化/公表	成文化・公表にはこだわらない	成文化され，公表されたものである
注目点	企業が組織として有する経営理念の“意味”に注目する	企業が組織として公表した経営理念の“文言”に注目する
永続性/可変性	経営理念＝普遍的なもの（“理念”の本質的な意味を重視）	経営理念＝（普遍的な部分もあるが）変化するもの［再解釈，追加，変更］
その他	創業時や中小企業の場合，経営者が主体の「経営者理念」《概念2》との違いは明確でなくなる	

て立てられる超経験的な最高の理想的概念」という言葉の意味を強く反映した立場とも言えよう。一方，「経営理念機能論」の考え方では，経営理念は変化するものである。その中心には普遍的な面もあるものの，時代により，あるいは環境からの要請により「変化するもの」とみなす。ここでは経営理念の再解釈や，追加，あるいは見直しが行われるという考え方である。

　経営理念の成文化や公表の有無について見てみると，「経営理念本質論」では，経営理念が成文化されていることにこだわらない。したがって公表の有無にもとらわれないことになる。このような考え方では，企業が有する経営理念の“意味”が注目する点となる。一方，「経営理念機能論」は，経営理念のテキスト化をもとにスタートしたものであり，当然，成文化や公表の有無が前提となる。

　「企業組織の経営理念」《概念3》としての「経営理念本質論」の立場で見ると，「経営者の哲学，経営者理念としての経営理念」《概念2》との違いが明確でなくなる。特に，創業時や中小企業の場合は，創業者・経営者の言説や行動《概念2》がその企業組織の経営理念《概念3》として捉えられる場合が多い。「経営理念本質論」の場合，経営理念こそが経営者の思想の本質であり，かつ企業組織の経営の本質であると位置づけるために，上記の概念2と概念3の境界があいまいになるのである。

　「経営理念本質論」の場合，経営理念は普遍（不変）であるという前提に立ち，

◆ 図表９−６　経営理念概念の歴史的変遷⑵

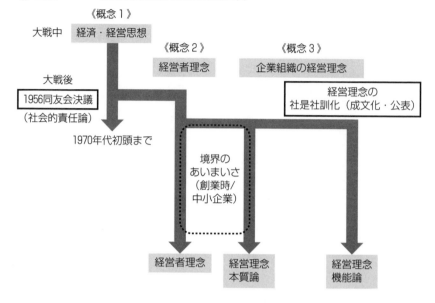

「歴史的に変遷」することはない。一方，「経営理念機能論」の立場に立てば，経営理念は変化するものであり，時代性や環境変化を反映するものと捉えられる。この「経営理念機能論」により，経営理念は環境変化に対応し，新たな"意味"を追加し，より広範な概念となっていった。

　経営理念機能論，経営理念本質論の視座を加え，経営理念概念の歴史的変遷についてイメージしたものが，図表９−６である。これは第８章第１節「図表８−１　経営理念概念の歴史的変遷⑴」を基に，追加修正している。1955年経済同友会大会・1956年経済同友会決議を契機にスタートした「新しい経営理念」ブームを受け，「経済思想・経営思想としての経営理念」《概念１》から，「経営者の哲学，経営者理念としての経営理念」《概念２》へ移り，さらに「企業組織の経営理念」《概念３》が誕生した。

　「企業組織の経営理念」《概念３》はテキスト化（すなわち成文）や公表されることで，経営理念の機能に着目した「経営理念機能論」の考え方が生まれ，発展していった。経営理念は，経営の重要な構成要素であり，企業経営での役割（機能）が重視されるという考え方である。一方，理念という言葉に由来す

る普遍的，本質的といったイメージを中心とした「経営理念本質論」も継続される。本質とは「物事の変化しない核心部分」であり，「経営理念は企業経営にとって普遍的であり変化しない核心部分である」という考え方である。この2つの視座－「経営理念機能論」と「経営理念本質論」－は，現在でも実務家および研究者が有している。

　「経営理念本質論」の考え方は，創業期あるいは中小企業の場合には，「経営者の哲学，経営者理念」《概念2》との境界はあいまいとなる。一方，「経営理念機能論」では，時代や環境変化に応じてその形や意味も変化していくこととなる。

　このあと第10章～第12章までは「経営理念機能論」の視座に立ち，経営理念内容の継承・変更のパターン（第10章），歴史的変遷（第11章）およびその事例（第12章）として詳しく見ていくこととしたい。

【注】

1）トヨタ自動車75年史　ホームページ（https://www.toyota.co.jp/jpn/company/history/75years/）
2）ドイツ哲学，カントやヘーゲルのIdee，すなわち「理念」は，経験上実在しないものである。一方，本質主義では，「変化しない核心部分」が実在することを前提としている。したがって「理念」と「本質」は，本来矛盾するものであるが，「理念」という言葉がドイツ哲学の本来の意味から離れたことから（第1章第4節参照），「経営理念の本質」というような使われ方もするようになった。
例）蘇倩（2016）『経営理念の本質的役割とその変遷に関する経営学史的考察』，大手門大学博士論文

第 | 10 | 章

経営理念の構造論： 経営理念内容の継承・ 変更のパターン

　前章において，経営理念ブームによる「経営理念のテキスト化，すなわち成文化・公表」によって，経営理念の機能に注目した「経営理念機能論」が発生し，広まっていったことを述べた。経営理念の経営に対する機能を重視した考え方である。この経営理念機能論は，経営理念の"意味"に注目する経営理念本質論に対し，経営理念として成文化・公表された"文言"に注目する。したがって，経営理念の文書としての構造についても関心を持つものである。

　本章では，「経営理念機能論」に基づき，経営理念の構造とその内容の変更パターンについて検討を行う（野林2016a）。

第1節　経営理念の構造と名称

1．経営理念の階層性と，狭義の経営理念・広義の経営理念

　経営理念の構造として問題となるのは，その階層性である。奥村（1994）は，経営理念の階層性について以下のように整理している。経営理念は，複数の要素から構成されていて，①企業の使命や存在意義についての経営理念，②これを具現化し実効あらしめる経営方針，③社員の行動を指示する行動指針というような，理想としての上位概念から実践原理としての下位概念である。

　また劉（1995）も，上層階層は，企業の「存在意義」と「ドメイン」，中層階層は「経営姿勢」と「CI（コーポレートアイデンティティ）」，下層階層は「行

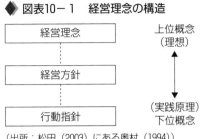

◆ 図表10－1　経営理念の構造

（出所：松田（2003）にある奥村（1994））

動規範」というように階層性を整理している。

　経営理念の階層性に伴い，経営理念の捉え方をここで整理してみよう。その一つは，成文化され社外に公表された経営理念のうち，中核的な概念のみを「経営理念」とする考え方である。成文化された文言すべてではなく，その理念の中心のテーマをわかりやすい言葉で表現していることもある（例えば，顧客満足の追求，顧客第一…のように）。トヨタ自動車の例では，豊田綱領やトヨタウェイ等を含まず，トヨタ基本理念を「経営理念」とする考え方である。中核的な理念のみを「経営理念」として捉えることから，「狭義の経営理念」と呼ぶことができるだろう。

　これに対し「広義の経営理念」とは，中核的な理念だけでなく，社是・社訓や綱領，ミッション，ビジョン，スローガン，行動指針まで幅広い経営理念（および類似概念）をすべて含む考え方である。実際に企業のホームページを見ると，「経営理念」のページには，これら社是・社訓や綱領，ミッションやビジョン，スローガン，行動指針までが掲載されている場合が多い。トヨタ自動車の事例（2019年）[1]では，経営理念やその類似・関連概念として，豊田綱領・トヨタ基本理念，行動指針，トヨタウェイ，トヨタグローバルビジョンといったものが公表されているが，これらをすべて「経営理念」として捉える考え方である（図表10－2）。経営理念とその類似概念をも含むことから「広義の経営理念」ということができる。

　広義の経営理念の場合，経営理念が単一ではなく，社是・社訓や綱領，ビジョンやスローガン，ウェイや行動指針まで複数の類似概念を含む。このような場合，個々の名称とともにその構造が問題となる。これらは，経営理念の構造論

◆ 図表10－2　経営理念機能論における「狭義の経営理念」「広義の経営理念」

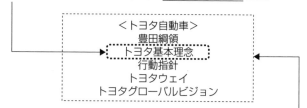

$\boxed{\text{狭義の経営理念}}$

成文化され，社外に公表された経営理念の中核的な理念のみを示す

＜トヨタ自動車＞
豊田綱領
トヨタ基本理念
行動指針
トヨタウェイ
トヨタグローバルビジョン

成文化され，社外に公表された類似概念すべてを経営理念として捉える

$\boxed{\text{広義の経営理念}}$

として1990年代に多く議論されている。

２．経営理念の名称と構造の比較（製薬企業での比較例）

　経営理念はその名称と構造においても多様性がある。同一業界においてその名称と構造を比較してみよう。日経平均企業の中に製薬企業は８社含まれている。この８社について，経営理念の名称と構造を確認し，簡単に比較したものが図表10－3である。

　同一業界であっても，経営理念の名称は企業によって異なっていることがわ

◆ 図表10－3　経営理念の名称と構造：日経平均企業：製薬８社の比較

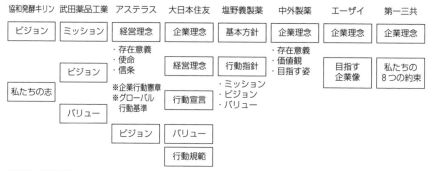

（出所：野林2016a）

かる。またその構造も企業間で違いがみられる。さらに同一の名称であっても
企業によってその意味や位置づけが異なっていることも明らかである。例えば，
武田薬品では「ミッション・ビジョン・バリュー」という構造になっているが，
塩野義製薬では，「ミッション・ビジョン・バリュー」は行動指針のサブ概念
となっている。また協和発酵の「ビジョン」やアステラスの「ビジョン」もそ
れぞれ位置づけが異なっているようである。

　以上のように，経営理念の名称や構造は（たとえ同一業界であっても）企業
によって大きく異なることが企業のホームページにより確認できた。

3．企業の実際の経営理念例（日立製作所）

　それではホームページ上に掲載されている事例を詳細に見てみよう。例えば
日立製作所の経営理念は，日立グループ・アイデンティティとして体系化され
ている。

　創業者の信念「優れた自主技術・製品の開発を通じて社会に貢献する」を企
業理念として継承し，「和・誠・開拓者精神」を日立創業の精神として大切に
している。さらに2013年に日立グループ・ビジョンを加え，「日立グループが

◆ 図表10－4　日立グループ・アイデンティティ

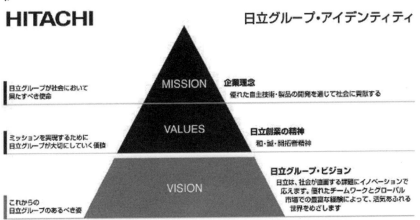

（出所：日立グループホームページ　2019年11月12日閲覧）

グローバル市場での成長に向けて転換を図り，世界市場において社会イノベーション事業を展開していくために，『日立グループ・アイデンティティ』をまとめました」としている。これは環境への適応として，（ビジョンを含めた）経営理念の体系を変更していると言える。

　日立製作所の例のように，企業のホームページには経営理念の内容はもちろん，構造やその策定経緯までが掲載されている場合があることが明らかとなった。

第2節　経営理念内容の継承・変更パターン

　各企業の経営理念を企業ホームページから1社ずつ確認を行うと，日立製作所のように内容のみならず構造やその策定経緯まで記載のある場合がある。これらを確認すると，経営理念の内容について下記のような継承・変更のパターンがあることが考えられた。

　環境変化によって変更される経営理念があることは前述したとおりであるが，策定からまったく変更されず継承される経営理念も存在する。これらの継承・変更のパターンは以下のようなものが考えられる。

　① 不変型（普遍型）：理念制定後，変更なく継承される場合
　② 刷新型　　　　　：ある契機により，まったく新しい経営理念が策定される場合
　③ 見直型　　　　　：ある契機により，経営理念の見直しが行われる場合
　④ 追加並列型　　　：ある契機により，新たな経営理念（類似概念）が追加され，並列して存在する場合
　⑤ 追加融合型　　　：ある契機により，新たな経営理念（類似概念）が追加され，既存の経営理念と融合する場合

　それではそれぞれ実際の企業の事例とともに，各類型について詳細に見ていきたい。

◆ 図表10−5　経営理念内容の継承・変更パターン

| 不変型（普遍型） | 経営理念 | ━━━━━━━━━━▶ | 経営理念 |

| 刷新型 | 経営理念 | ━━━▶ | "新"経営理念 |

| 見直型 | 経営理念 | ━━━━━━▶ | "新"経営理念 |

| 追加並列型 | 経営理念 | ━━━━━━▶ | 経営理念 |
| | | "新"経営理念 ━▶ | "新"経営理念 |

| 追加融合型 | 経営理念 | ━━━━━━▶ | 経営理念 |
| | | "新"経営理念 | "新"経営理念 |

（出所：野林2016a）

1．不変型（普遍型）

　理念制定後，変更なく継承される場合，不変型，あるいは普遍型の経営理念ということができよう。この経営理念の代表はやはりパナソニックである。創業者である松下幸之助が制定した経営理念が，脈々と継承されている。具体的には綱領，信条と七精神である。

　パナソニックと同様，不変型（普遍型）の代表例と言えるのが京セラであろう。創業者である稲盛和夫が制定した社是「敬天愛人」と経営理念が継承されている。

◆　図表10－6　パナソニックの経営理念

綱領

産業人たるの本分に徹し社会生活の改善と向上を図り
世界文化の進展に寄与せんことを期す

信条

向上発展は各員の和親協力を得るに非ざれば得難し
各員至誠を旨とし一致団結社務に服すること

私たちの遵奉すべき精神

産業報国の精神、公明正大の精神、和親一致の精神、力闘向上の精神、
礼節謙譲の精神、順応同化の精神、感謝報恩の精神

（出所：パナソニックホームページ　2019年11月12日閲覧）

◆　図表10－7　京セラの社是・経営理念

社是

敬天愛人

常に公明正大　謙虚な心で　仕事にあたり
天を敬い　人を愛し　仕事を愛し
会社を愛し　国を愛する心

経営理念

全従業員の物心両面の幸福を追求すると同時に、
人類、社会の進歩発展に貢献すること。

（出所：京セラホームページ　2019年11月12日閲覧）

２．刷新型

　ある契機により，それまでの経営理念に代わり，まったく新しい経営理念が
策定される場合，「刷新型」経営理念ということができるであろう。

刷新型　　　　　経営理念　　　　　　　　　　　　　　　"新"経営理念

　日経平均企業ではないが，この典型例は，日本航空グループに見ることがで
きる。2002年，株式会社日本航空システム設立に伴い，JALグループの企業理
念が制定された。その後，株式会社日本航空への名称変更を経て，2010年に会
社更生法申請により企業再建がスタートした。2011年度に新たなJALグループ
企業理念が再構築され，その実現を目指すためJALフィロソフィが制定された。
ホームページには，「JALグループは，この企業理念を普遍的な経営の目的，
経営の基本とし，『JALフィロソフィ』の実践を通じてその実現を目指してい
きます。」と掲載されている。新たな経営理念は「不変型（普遍型）」となった
ことがうかがえる。またJALグループにおける企業理念（経営理念）の刷新の
契機は，経営危機である[2]。
　「刷新型」経営理念のもう一つの事例は，エーザイである。エーザイは創業
者の内藤豊次が，「創業精神」を制定した。3代目の社長である内藤晴夫は，

◆ 図表10−8　JALグループ企業理念（2002年）

JALグループ企業理念

JALグループは、総合力ある航空輸送グループとして、
お客さま、文化、そしてこころを結び、日本と世界の平和と繁栄に貢献します。
(1) 安全・品質を徹底して追求します
(2) お客さまの視点から発想し、行動します
(3) 企業価値の最大化を図ります
(4) 企業市民の責務を果します
(5) 努力と挑戦を大切にします

（出所：JALホームページ　2002年10月3日ニュースリリース，2019年11月12日閲覧）

◆ 図表10－9　JALグループ企業理念（2020年）

> ＪＡＬグループは、全社員の物心両面の幸福を追求し、
>
> 一、お客さまに最高のサービスを提供します。
>
> 一、企業価値を高め、社会の進歩発展に貢献します。

> 公明正大で、大義名分のある高い目的を掲げ、これを全社員で共有することで、
> 目的に向かって全社員が一体感をもって力を合わせていくことができると考えています。

（出所：JALホームページ　2020年１月８日閲覧）

◆ 図表10－10　エーザイの経営理念

創業精神

> "よい研究からは、よい製品ができる。よい製品によいプロモーションをすれば、よい
> 利益を生み出す。よい利益があがれば、社業はよく発展し、社員もよい給与で報い
> られる。よい製品をつぎつぎと考え出し、よい品質を売りものとし、良心的でしかも巧
> みなプロモーションで普及をはかり、世界の国々の多くの人々の健康福祉に大きく
> 寄与することが、エーザイの創業精神である。"

企業理念

> ### 企業理念
>
> 患者様と生活者の皆様の喜怒哀楽を考え
> そのベネフィット向上を第一義とし
> 世界のヘルスケアの多様なニーズを充足する
>
> ### めざす企業像
>
> 一人ひとりが法令と倫理を遵守したビジネス活動を徹底し
> いかなる医療システム下においても存在意義のある
> ヒューマン・ヘルスケア企業

（出所：エーザイホームページ　2019年11月12日閲覧）

社長就任後の1992年に新たな「企業理念」「目指す企業像」を制定した。エーザイの場合の経営理念刷新の契機は社長交代である。内藤晴夫社長により，グローバル化が急激に進展した業界の環境変化に企業が対応するために，経営理念の刷新がなされたと言える（森田・露木2001）。環境変化に対し，社長交代を契機に経営理念を刷新した事例ということができよう。

　刷新型の経営理念の場合は，経営危機や企業変革，社長交代などの大きな事象が契機となることが考えられる。

3．見直型

　ある契機により，経営理念の見直しが行われる場合を「見直型」の経営理念と言うことができるであろう。環境変化への対応として，旧来の経営理念の内容を見直し，あるいは再解釈するものである。刷新型では新経営理念と旧来の経営理念との関係性は薄いが，見直型は旧来の経営理念の本質は継承した上で，表現や解釈を見直すものである。

　ミツカンが見直型の事例である（加藤2014）。7代又左エ門が表明した経営理念に関して，外部環境変化に対応し，8代又左エ門和英が経営理念を再解釈している。環境変化に対し，社長交代を契機に経営理念を見直した事例である。

◆ 図表10-11　ミツカンの経営理念とビジョン・スローガン

7代目中埜又左エ門 経営理念の表明とドメインの定義	8代目中埜又左エ門和英 経営理念の再解釈とドメインの再定義
「買う身になって　まごころこめて　よい品を」1960年 「脚下照顧に基づく現状否認の実行」　1984年	「限りない品質向上による業績向上」 ビジョン・スローガン 「やがて，いのちにかわるもの。」

（出所：加藤2014をもとに筆者作成）

4．追加並列型

　ある契機により，新たな経営理念（類似概念）が追加され，並列して存在する場合を「追加並列型」の経営理念と言うことができる。

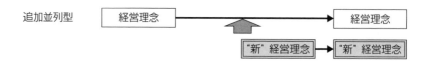

　このタイプの典型例はトヨタ自動車である。トヨタ自動車のホームページを確認すると経営理念および類似概念には下記のようなものがあることがわかる。

豊田綱領	（1935年策定）
トヨタ基本理念	（1992年策定，1997年改定）
トヨタウェイ2020	（2021年策定）
トヨタ行動指針	（1998年策定，2006年改定）
トヨタグローバルビジョン	（2011年策定）
トヨタフィロソフィー	（2020年策定）

　トヨタ自動車の事例からは，経営理念やその類似概念が，様々な時期に策定されていることがわかる。また，このような経営理念（類似概念）が，多く並列化することは経営理念の「多峰性」という性質を示している。近年，様々な環境変化に対応するために，経営理念は「階層性」とともに「多峰性」という特徴を持つようになってきたのではないだろうか。

　例えば，2011年に策定されたトヨタグローバルビジョンは，「リーマン・ショック後の大幅な販売の落ち込みなど，経営環境の悪化や一連のリコール問題を経験し，そこから学び反省したことを通じて，『トヨタはどんな企業でありたいのか。どんな価値観を大切にしていくのか』といった企業のあるべき姿を明らかにしたもの」とされている。これも環境変化への対応と考えることができるであろう。

　追加並列型のもう一つの事例として，SCREENホールディングスをあげることができる。1953年10月に社是として「5Sの信条」，1970年に経営理念「思考展開」が発表され，1989年には企業理念が策定された。また2004年「10年後

◆　図表10−12　SCREENホールディングスの企業理念体系

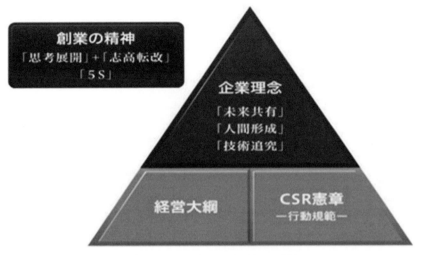

（出所：SCREENホールディングスホームページ　2019年11月12日閲覧）

ビジョン」の指標が示され，経営理念，企業理念，キャッチフレーズとともに，再度「5Sの信条」をSCREENグループで共有していくことが伝えられたという。

　企業理念体系を見ると，創業の精神と，企業理念・経営大綱（キャッチフレーズ含む）・CSR憲章の階層構造が，並列して存在していることがわかる。

5．追加融合型

　ある契機により，新たな経営理念（類似概念）が追加され，旧来の経営理念と融合する場合，「追加融合型」と言うことができる。

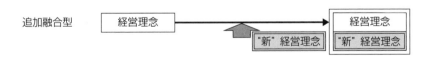

　典型的な事例は，前述の日立製作所である。企業理念・創業の精神に加えて，2013年に日立グループ・ビジョンを加え，「日立グループ・アイデンティティ」として融合した体系となっている。これは日立グループがグローバル化という

環境変化に対する適応として新たな理念（ここではグループ・ビジョン）を追加し，従来の経営理念に融合したことを示している。

◆ **図表10－13 クラレの経営理念**(1)

経営理念

企業理念

個人の尊重
同心協力
価値の創造

【1986年制定】
クラレ創業以来の歴史を支えてきた基本精神を表現したものです。

行動指針

顧客のニーズを基本とすること
現場での発想を基本とすること
積極的に行動をおこすこと

【1986年制定】
社員が日常活動に臨む際に持つべき姿勢を示したものです。

企業ミッション

私たちクラレグループは、独創性の高い技術で産業の新領域を開拓し、自然環境と生活環境の向上に寄与します。

【2003年制定】
クラレグループが、存続価値のある企業として、社会に果たすべき「使命」を表現したものです。

企業活動規準

私たちは、安全に配慮した商品・サービスを開発、提供します。
私たちは、自由、公正、透明な取引を実践します。
私たちは、社会との対話を図り、健全な関係を保ちます。
私たちは、地球環境の保全と改善、安全と健康の確保に努めます。
私たちは、営業秘密を含む知的財産を尊重し、情報を適切に管理します。

【1998年制定】
社会との幅広い係わりの中で、すべての企業活動が地球環境・市民社会と調和したものであるための行動のあり方を示したものです。

（出所：クラレホームページ　2015年８月閲覧）

◆ 図表10-14　クラレの経営理念⑵

企業ステートメント

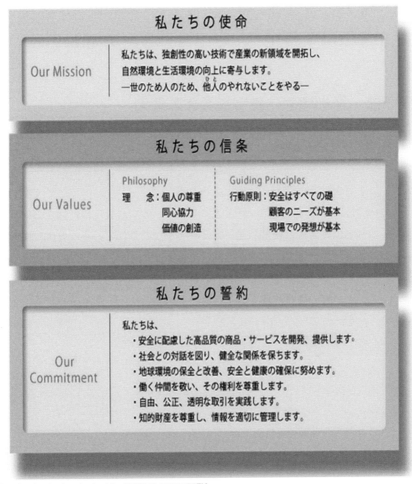

（出所：クラレホームページ　2015年9月15日閲覧）

　追加融合型のもう一例として，クラレの経営理念体系があげられる。クラレでは1986年に企業理念と行動指針，1998年に企業活動規準，そして2003年に企業ミッションが制定されている。これらが融合して経営理念体系を形成している。
　なお，2015年8月にクラレホームページを確認した際には，図表10-13のよ

うに企業理念・行動指針・企業活動規準，企業ミッションのそれぞれ制定年が記載されていたが，2015年 9 月15日に同じホームページを再確認したところ図表10-14のように「企業ステートメント」として階層性が整理されていた。2015年 9 月10日に「クラレCSRレポート2015」が公表されていることから，それに合わせて経営理念体系の図を変更したことが考えられる。

第 3 節 経営理念に影響を与える要因

これまで「企業組織の経営理念」が様々な継承・変更のパターンにより刷新・見直しされてきていることを確認した。それでは経営理念の制定や刷新・見直しに影響を与える要因とは何であろうか。

その一つは，経営者の思想，経営者の哲学，いわゆる経営者理念である。経営理念の制定に経営者の経営思想・経営哲学が反映されていることは，パナソニックの経営理念や京セラの企業理念に，松下幸之助や稲盛和夫の経営思想が基本となっていることからも明らかである。

二つ目は，企業の成長段階である。槇谷（2012）は，企業組織の成長・発展

◆ 図表10-15 経営理念に影響を与える要因

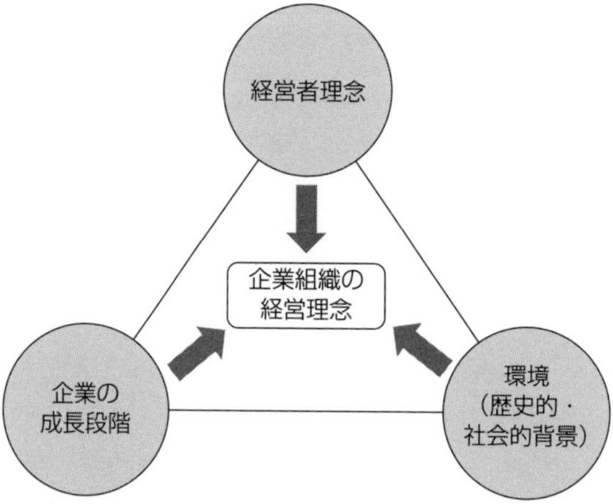

（出所：筆者作成）

段階と経営理念の関係を整理している。各段階に応じた経営理念の「機能化」により，企業は危機を脱し，成長・発展するという考え方である。また北村（2018）は，オリンパスの事例をもとに企業の成長段階に合わせ，経営理念が制定・見直しされたことを示している。

　三つ目は，企業を取り巻く「環境」の影響である。野村（1999）は90年代における日本企業の経営理念の状況を調査し，環境の変化により経営理念の見直しと変更がなされていることを明らかにした。経営理念は，（制定や見直し当時の）歴史的・社会的な背景の影響を受けている。また，住原・三井・渡邊編著（2008）は，各企業の「具体的な経営理念を発生せしめている（広い社会の）理念・観念・価値観の総体」として，「メタ理念」の存在を示している。このメタ理念とはその歴史的・社会的背景，すなわち環境そのものであるということもできよう。

　浅野（1991）は「時代の環境状況と企業システムの発展段階によって経営理念は変化する」と述べているが，特に経営理念の見直し・刷新については「環境」「企業の成長段階」が関係していることを示している。

　次章では，「環境」の要因，すなわち歴史的・社会的背景に注目しながら，「企業組織の経営理念」《概念 3 》の歴史的変遷に注目してみることにする。

【注】

1 ）図表10－ 2 は，2019年のトヨタ自動車の（広義の）「経営理念」の状況を示す。トヨタ自動車は2020年に「トヨタフィロソフィー」を制定している（詳細は第12章参照）。

2 ）JALの再生は，引頭麻美（2013）『JAL再生－高収益企業への転換』，日本経済新聞社　などに詳しい。

第 | 11 | 章

「企業組織の経営理念」《概念3》 がどのように変わっていったのか

　第Ⅰ部において，第二次世界大戦中から70年代頃まで，経営理念の言葉が誕生してから一般に広まるまでを振り返ってきた。その中で，経営理念の概念が，「経済思想・経営思想」《概念1》，「経営者の哲学，経営者理念」《概念2》，「企業組織の経営理念」《概念3》のように3つ出現し，使用されてきたことを確認した。

　第Ⅱ部では，現在最も使用されている経営理念の概念である「企業組織の経営理念」《概念3》には，異なる2つの視座があることを確認した。すなわち，経営理念こそ企業経営の本質であるという「経営理念本質論」と，経営理念は企業経営のための重要な構成要素であるという「経営理念機能論」である。また前章では「経営理念機能論」の視座から，成文化・公表された文言に注目し，その階層性を有する構造にも注目した。さらに経営理念の階層に含まれる，スローガンや行動指針などの類似概念までを経営理念とみなし（広義の経営理念），その継承・変更のパターンを整理した。

　本章では，「経営理念機能論」の視座に立ち，「広義の経営理念」と捉えて，「企業組織の経営理念の歴史的変遷」について確認してみたい。ここでは，下記のような5つの時期にわけて考えてみることとする。

1950〜70年代「企業の社会的責任」概念の追加
1980〜90年代「戦略概念の導入：戦略の上位概念としての経営理念」
1990〜2010年代「ミッション・ビジョン・バリューの導入」
2000〜2010年代「社会性（CSR・サステナビリティ）のさらなる強調」
2020年代以降「パーパス（存在意義）の導入」

第1節 1950年代〜70年代「企業の社会的責任」概念の 追加

1950年代，日本の復興が進み，企業規模が大きくなってくると，公害病の発生や消費者活動の増加，あるいは米国による社会的責任論の高まりを反映する理念が制定されてきた。株主，従業員，消費者，公衆に対する「社会的責任論」を反映した理念である（浅野1991）。

この考え方に大きな影響を与えたのは，1955年から1956年にかけて経済同友会で議論が進み，1956年の第9回大会で決議された「経営者の社会的責任の自覚と実践」である。その中では「現代の経営者は，倫理的にも，実際的にも単に自己の利益のみを追うことは許されず，経済・社会との調和において，生産諸要素を最も有効に結合し，安価かつ良質な商品を生産し，サービスを提供するという立場にたたなくてはならない」と宣言されている（中瀬1967）。このような環境変化によって，例えば，東洋レーヨン（現：東レ）では，社会的責任論を強く反映した社是『東洋レーヨンは社会に奉仕する』を1955年に制定している（浅野1991，間1972）。また，中西（1965）は，「社会化された現代では，たんに利潤追求に専念するというだけの古典・自由主義的な経営理念は，もはや通用しない。新しい経営理念には，経営の社会性ということが含まれなければならない必然性が，歴史的に成立している」と述べている。

一方で，「技術革新」「品質重視」を訴える理念が増えたのもこの時期である。1960年代，高度経済成長期を迎えた日本企業では，能力主義を重視した「新しい経営理念」の制定が行われ，利潤増大を重視する方向性が示された。1970年代に入り，高度経済成長期が終わり，オイルショック等での企業の行動への社会からの批判を受けて，企業は「経営行動基準」を追加していった。

この時期の特徴は，企業の社会的な位置づけが明確になったことにある。経営理念の機能から見ると，社会適応機能として，「企業の社会的責任概念が追加された」ということができる。

東洋レーヨン

当社の基本方針

『東洋レーヨンは社会に奉仕する』

　これが，当社が抱く経営理念ならびに基本方針の中核をなすものである。第一に，消費者にはよい品物を安く，第二に，従業員には安定した生活を，第三に，株主には公正な配当を提供するとともに，原材料供給，製品加工，製品販売などの関連業者に対しては共存共栄の精神をもって協力し合い地域社会の発展に寄与し，より良い社会生活に対し積極的に貢献することを意味する。

東レスピリット

『われわれは，誠実・和音を旨とし，開拓者精神を持って，絶えず前進しよう』

（出所：間宏1972，p.147）

第2節　1980年代～90年代「戦略概念の導入：戦略の上位概念としての経営理念」

　1980年代に入り，米国から「経営戦略」の概念が導入された。そこで経営理念と経営戦略との関係性が整理され，「戦略の上位概念としての経営理念」の位置づけが明確となった。すなわち，経営理念をもとに経営戦略が立案されるという「経営理念主導型の経営戦略」（水谷内1992）が実践されるようになったのである。

　この時期，多くの企業で，CI（コーポレート・アイデンティティ）の導入がブームとなり，経営理念を正しく社内外に伝えることの大切さが認識されていった。またピーターズ＆ウォータマン（邦訳1983）『エクセレント・カンパニー』による企業文化論の高まりから，企業文化の基盤としての経営理念が重要視された時期でもあった。

　1980年代からグローバル化などの大きな環境変化が生じ，日本企業はより不確実性が高い状況に直面することとなった。不確実性が高い状況での意思決定には，主観的な価値的判断としての経営理念やビジョンが重要となる[1]。この時期以降，多くの企業が「ビジョン」を設立するようになっている[2]。また，経営理念の中にドメイン（事業領域）の考え方が組み込まれるようになったのもこの時期からである。丹下（1993）は，1986年に制定された三洋電機の理念を新しい経営理念のタイプとして例示している。

```
                          経営理念
      わたしたちは，世界のひとびとになくてはならない存在でありたい
                          事業領域
                 新しい文化と技術を創造する事業
      1  健康で豊かな文化を創造する商品・システム
      2  社会の進歩に役立つ独創的な技術・ノウハウ
      3  人間性を重視した心にふれるサービス
                          行動基準
                     世界に誇りうる仕事
      1  品位のある仕事をする（品位）
      2  お客さまの満足を先取りする（顧客主義）
      3  時代を独自に切り開く（独創性）
      4  自由闊達な職場をつくる（相互信頼）
      5  経営効率を高め，利益を公平に分配する（社会貢献）
                 長期ビジョン「会社のあるべき姿」
      1  国際的な経営基盤をもった高収益の優良企業
      2  先進技術をもつ一流のエレクトロニクスメーカー
      3  社会への貢献を重視する企業
      4  優れたマーケティングにより顧客に信頼される企業
      5  一人ひとりの従業員が活力をもった積極経営の企業
                             （出所：丹下1993，p.124）
```

　それでは，1970年代までの経営理念は，経営戦略の上位概念としての機能を有していなかったのだろうか。1972年に刊行された中川編著『経営理念』の中で，北野（1972）は「経営理念とは企業がこれから到達すべき状況，すなわち企業の目的を構想したものであることが多く，<u>経営理念から戦略的要素がはずされている</u>のもうなずかれるところである」と述べている。

　一方，1980年代に入ると経営理念と経営戦略との関係性が議論されるようになる。加護野らによる『日米企業の経営比較』（1983）では，当時の日本企業の高い業績の理由を「経営理念の制度化」に求めている。経営理念の制度化とは，「<u>経営者あるいは経営者の信念が戦略展開や経営管理の制度に一貫して反映されている程度をさす変数</u>」と説明され，日本企業の高業績はこの経営理念の制度化によると説明されている（浅野1991）。

　なお，「経営理念の制度化」は，近年，新制度派組織論に基づく意味ととられることが多い。「経営理念の制定により，組織が制度的環境への適応を図り

正当性の獲得を図っている」（高尾2009）という意味合いである。加護野ら（1983）の「経営理念の制度化」とは意味が異なる。

　松田（2003）は経営理念研究の 5 つの論点の一つに経営戦略との関わりをあげているが，これらの研究は1980年代から1990年代初期に多い。松田（2003）は先行研究から「理念主導型戦略とは，経営理念の中に経営戦略が織り込まれる形，または経営理念が経営戦略に影響を与える形で経営理念と経営戦略が関係している形である」とまとめている。それらの先行研究の中で，「理念主導型経営戦略」として，経営理念と経営戦略の関係性を示した水谷内（1993）は，経営理念とその類似・関連用語を図表11－ 1 のように整理し，ビジョンやドメインなどを戦略に関わる用語として示している。

　1980年代から，経営戦略の概念が本格的に日本に導入され，これまでの経営理念との関係を整理する動きが見られた。具体的にはビジョンやドメインといった経営戦略の概念が経営理念に取り込まれ，あるいは追加されてきている。

◆ 図表11－ 1 　経営理念とその類似・関連用語のピラミッド

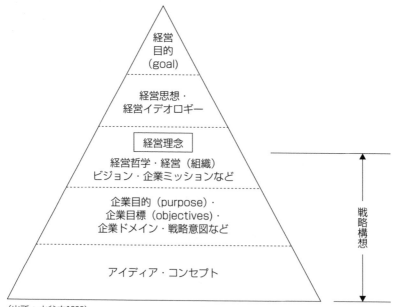

（出所：水谷内1993）

この時期から経営戦略の上位概念としての経営理念が明確になってきたと言える。

第３節　1990年代〜2010年代「ミッション・ビジョン・バリューの導入」

　1990年代後半以降，ミッションマネジメントの重要性が盛んに言われるようになり，西洋で使用されている「ミッション・ビジョン・バリュー（MVV）」が，日本企業にも導入されるようになった。「ミッション」は企業の使命，「ビジョン」は目指すべき企業の姿，「バリュー」は企業の価値観として定義されることが多い。

　ここでもその推進役となったのは，経営コンサルティングやビジネスマスコミである。アーサーアンダーセン（1997）は，『ミッションマネジメント』において，ミッション（企業使命），ビジョン（将来像），バリュー（価値観）を設定し，戦略と組織目標につなげることを示している。また経営学者である小野（1997，2000），田中（2006）もミッション経営，ミッションマネジメントの重要性を訴えている。

　なお，生産性本部編の『社是社訓』は，1986年から改定を続けて発刊されているが，第４版（2004）になってはじめて，『ミッション・経営理念』というタイトルがつけられた。2000年代から「ミッション」が一般化してきたと言ってよいであろう。

　これらの影響から，企業も経営理念として，ビジョンとともにミッション・バリューのすべて，あるいは一部を掲げるようになっている。例えばリクルートホールディングスは，経営理念として，基本理念・ビジョン（目指す世界観）・ミッション（果たす役割）・バリューズ（大切にする価値観）を，2013年に制定している（図表11-2参照）。

◆ 図表11－2　リクルートの経営理念

経営理念

基本理念
私たちは，新しい価値の創造を通じ，社会からの期待に応え，
一人ひとりが輝く豊かな世界の実現を目指す。

ビジョン［目指す世界観］
Follow Your Heart
一人ひとりが，自分に素直に，自分で決める，自分らしい人生。本当に大切なことに夢中になれるとき，人や組織は，
より良い未来を生み出せると信じています。

ミッション［果たす役割］
まだ，ここにない，出会い。
より速く，シンプルに，もっと近くに。
私たちは，個人と企業をつなぎ，より多くの選択肢を提供することで，「まだ，ここにない，出会い。」を実現し
てきました。
いつでもどこでも情報を得られるようになった今だからこそ，より最適な選択肢を提案することで，「まだ，こ
こにない，出会い。」を，桁違いに速く，驚くほどシンプルに，もっと身近にしていきたいと考えています。

バリューズ［大切にする価値観］
新しい価値の創造
世界中があっと驚く未来のあたりまえを創りたい。遊び心を忘れずに，常識を疑うことから始めればいい。良質
な失敗から学び，徹底的にこだわり，変わり続けることを楽しもう。

個の尊重
すべては好奇心から始まる。一人ひとりの好奇心が，抑えられない情熱を生み，その違いが価値を創る。すべて
の偉業は，個人の突拍子もないアイデアと，データや事実が結び付いたときに始まるのだ。私たちは，情熱に投
資する。

社会への貢献
私たちは，すべての企業活動を通じて，持続可能で豊かな社会に貢献する。
一人ひとりが当事者として，社会の不に向き合い，より良い未来に向けて行動しよう。

（出所：リクルートホームページ）

第４節　2000年代～2010年代「社会性
　　　（CSR・サステナビリティ）のさらなる強調」

　バブル崩壊後，度重なる企業不祥事と規制緩和の進展による企業の自己責任
重視の気運が高まり，企業倫理の重要性が社会で問われるようになっていた。
2000年代に入り，世界でのCSR（企業の社会的責任）への関心の高まりを受け，
日本においても企業がいかにCSRを果たしていくか，が問われるようになった。
また米国での巨額会計粉飾事件を受け，日本版SOX法が制定され，株主市場
から企業への視線はより厳しくなっていた。

　日本での本格的なCSRブームは2003年頃からであるが，市場や社会からの要
請を受け，それ以降，企業内での「CSRの制度化」が大きく進展するようになっ

ている。CSRの制度化とは，具体的には，CSR担当部署が設置されたり，担当役員を設置したり，CSR報告書を策定することである（谷本2013）。

　また，1992年のリオ会議「地球サミット」以降，持続可能な地球社会構築にむけて，企業の役割や責任が大きくなっていった。2010年頃から，日本においても，「サステナビリティ」（持続可能性）の重要性と，それに対する企業の役割が注目されている。

　これらの環境変化に対応し，1991年に制定された「経団連企業行動憲章」（のちの「企業行動憲章」）では，1996年，2002年，2004年，2010年，2017年と改定がなされた。2017年改訂にあたって，日本経団連では「持続可能な社会の実現が企業の発展の基盤であることを認識し，広く社会に有用で新たな付加価値および雇用の創造，ESG（環境・社会・ガバナンス）に配慮した経営の推進により，社会的責任への取り組みを進める」と宣言している。

　このような環境の影響を受け，企業はCSRに関する内容を経営理念に追加したり，経営理念とCSRの関係を整理したり，CSRに関わる行動指針を策定したりしている。これらは株主市場や社会全体を強く意識した企業の活動であり，新制度派組織論における「経営理念の制度化」と言える。すなわち「経営理念の制定により，組織が制度的環境への適応を図り正当性の獲得を図っている（高尾2009）」企業行動である。

　事例として，東レの経営理念とCSRを見てみよう（図表11－３）。経営理念とCSRの関係を明示するとともに，企業倫理・法令遵守行動規範（2003年10月制定・2015年12月改訂），東レグループ人権方針（2017年12月制定）を策定している。

　もう一社，サントリーの事例を見てみよう。サントリーはサステナビリティの概念を事業活動の基盤に置いている（谷本2013）。サントリーは2005年にグループ企業理念「人と自然と響きあう」を制定し「『人々の生活文化を潤い豊かにすること』と『自然環境を保全すること』が矛盾せずに幸福な相互関係で結ばれてこそ，永く持続していく社会づくりに貢献すること，それがサントリーグループの使命」としている。そしてその価値観の根源には，創業者鳥井信治郎の「利益三分主義」[3]があるとして，創業者の経営理念と新たに制定した経営理念を結びつけている。

◆ 図表11－3　東レの経営理念とCSR

経営理念とCSR

東レグループでは，「わたしたちは新しい価値の創造を通じて社会に貢献します」という企業理念のもと，創業以来，本業を通じて社会に貢献する志を掲げており，CSRの推進は経営理念の実現そのものと考えています。

経営理念体系

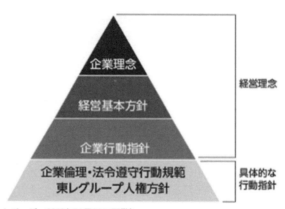

（出所：東レホームページ　2019年11月12日閲覧）

　また経営理念とともにコーポレートメッセージ「水と生きる」を掲げ，「ビジネスと社会双方の持続可能性をうまく融合させている」（谷本2013）。「持続可能な社会に向けて，サントリーグループの理念を実践することそのものがサントリーグループのCSRであると位置づけ，グループ一体となって活動を推進しています」（サントリーホームページ）として，CSR推進体制を整備し，活動内容についてはホームページやCSRレポート（コミュニケーションブック）として公表している。

　2000年代から2010年代まで，経営理念の機能から見ると，社会適応機能として，「社会性（CSR・サステナビリティ）がさらに強調された」と言うことができる。

◆ 図表11− 4　サントリーグループ企業理念

サントリーグループの約束

水と生きる

サントリーグループの理念体系

わたしたちの使命
人と自然と響きあう

わたしたちの志
Growing for Good

わたしたちの価値観

| やってみなはれ | 利益三分主義 |

サントリーグループWay
自然／人間性／お客様／品質／挑戦

サントリーグループ企業倫理綱領

（出所：サントリーホームページ　2019年11月12日閲覧）

第５節　2020年代以降　「パーパス（存在意義）の導入」

　2020年代に入り，西洋のPurpose（パーパス）概念が日本に導入され，パーパスブーム，というべき状況が生じている。パーパスの重要性を訴える雑誌記

事，書籍が多く発行され，実際に「パーパス」を掲げる企業も増えている。

　「Purpose」流行の源泉は，2019年 8 月の米国ビジネス・ラウンドテーブルでの「企業のパーパス宣言（Statement on the Purpose of a Corporation）」など（村山2022）を大きな契機[4]としている。この宣言に対し，ハーバード・ビジネス・レビュー誌のサイトでは，クローディン・ガーテンバーグとジョージ・セラフェイムが「米国トップ企業の経営者181人が株主資本主義との決別を宣言－ビジネス・ラウンドテーブルの声明は経営を変えるのか－」のタイトルの記事を掲載している（2019年 9 月11日）。この宣言では，これまで企業経営の原則とされていた「株主資本主義」を批判し，「ステークホルダー資本主義」への転換が宣言された，としている。また企業は自社の利益の最大化だけでなく，パーパスの実現も目指すべきだという姿勢を表明したこの声明は，ビジネス界に大きなインパクトを与えていると述べている[5]。

　これら企業の「パーパス」への注目の背景には，前述のように，これまでの株主資本主義への反省がある。株主のみならず顧客や従業員，地域社会といった全ての利害関係者と向き合うステークホルダー資本主義，ESGさらにはSDGsという考え方と共鳴して拡大している。

　これらの大きな潮流により，世界的な，「企業のパーパス」ブームが生じ，日本および日本企業へもその大きな波が及んできたと考えられる。なお，パーパス（Purpose）は，日本語で「存在意義」と訳される場合が多いが，名和（2021）はヤマト言葉の「志」という言葉こそふさわしいとしている。

　パーパスの定義として，統一されたものは無いようである。グラハム・ケニー（邦訳2019）によれば，「会社が会社自体をどう展望すべきか，どのように行動すべきかを強調する」（91頁）ものであるとしている。またボストン・コンサルティング・グループ（2020）によれば， 2 つの質問「我々は何者か」「世界のニーズは何か」の交差する領域をパーパスと定義している。すなわち，企業のパーパスとは，その企業が社会のニーズに対して独自の強みを通じた提供価値，である。

　これらのパーパスブームにより，日本においても多くの企業が実際にパーパスを制定し，公表している。そのパーパスブームの先駆けとなったのが，ソニー「Purpose&Values」（2019年制定）である（図表11 － 5 ）。エスエムオー株式会

◆ 図表11－5　ソニーのPurpose&Values

Purpose
存在意義

クリエイティビティとテクノロジーの力で、
世界を感動で満たす。

Values
価値観

夢と好奇心

夢と好奇心から、未来を拓く。

多様性

多様な人、異なる視点がより良いものをつくる。

高潔さと誠実さ

倫理的で責任ある行動により、ソニーブランドへの信頼に応える。

持続可能性

規律ある事業活動で、ステークホルダーへの責任を果たす。

（出所：ソニーホームページ）

社は，東証プライム上場企業1,839社を対象に，これら全企業の経営理念およびその呼称を調査している。その中で公式に「パーパス（もしくは英語でPurpose）」を掲げている企業は91社で，およそ５％であることがわかったという

◆ 図表11－6 SOMPOグループの経営理念の変化

<table>
<tr><td>

グループ経営理念
SOMPOグループは，お客さまの視点ですべての価値判断を行い，保険を基盤としてさらに幅広い事業活動を通じ，お客さまの安心・安全・健康に資する最高品質のサービスをご提供し，社会に貢献します。

グループ行動指針
お客さまに最高品質のサービスをご提供するために

1．一人ひとりがグループの代表であるとの自覚のもと，お客さまの声に真摯に耳を傾け，行動することに努めます。
2．自ら考え，学び，常に高い目標に向かってチャレンジします。
3．「スピード」と「シンプルでわかりやすく」を重視します。
4．誠実さと高い倫理観をもって行動します。

目指す企業グループ像
真のサービス産業として，「お客さま評価日本一」を原動力に，世界で伍していくグループを目指します。

</td><td>

グループ経営理念
SOMPOグループは，お客さまの視点ですべての価値判断を行い，保険を基盤としてさらに幅広い事業活動を通じ，お客さまの安心・安全・健康に資する最高品質のサービスをご提供し，社会に貢献します。

SOMPOのパーパス
"安心・安全・健康のテーマパーク"により，あらゆる人が自分らしい人生を健康で豊かに楽しむことのできる社会を実現する

＜SOMPOが社会に提供する価値＞
・社会が直面する未来のリスクから人々を守る
・健康で笑顔あふれる未来社会を創る
・多様性ある人材やつながりにより，未来社会を変える力を育む

人材コア・バリュー
ミッション・ドリブン：使命感とやりがいを感じ，当事者意識を持って働く
プロフェッショナリズム：高い専門性と倫理観に基づき，自律的に行動し，成果に繋げる
ダイバーシティ＆インクルージョン：多様性の重要性を理解し，それを新たな価値創造に結び付ける

</td></tr>
</table>

（出所：SOMPOグループホームページをもとに筆者作成）

（2022年6月15日 エスエムオー株式会社ニュースリリース）。

新たに制定されたパーパスは，既存の経営理念とどのような関係にあるかについては，前章で見た「経営理念内容の継承・変更のパターン」（刷新型・見直型・追加並列型・追加融合型）で整理することができる。例えば，前述のソニーは「Mission，Vision」から「Purpose&Values」への刷新型である。また図表11－6に示したSOMPOグループは，従来の経営理念に新たなパーパス等が融合する追加融合型ということができよう。

第6節　経営理念への影響（要因と歴史的変遷）

　経営理念に影響を与えるのは前述のように，①経営者の思想，②企業成長段階，③環境（歴史的・社会的背景）と考えられる。そのうち③環境（歴史的・社会的背景）に着目すると，日本の経営理念は，「企業の社会的責任概念の追加」「戦略概念の導入」「社会性（CSR・サステナビリティ）のさらなる強調」の３つの期を経て，現在の経営理念になっていると考えることができる。

　環境要因（歴史的・社会的変化）による経営理念の変化は，これまで述べてきたように，概ね図表11－7のような年代に実施されてきたと考えられる。「新しい経営理念」ブーム以降，経営理念のテキスト化（成文化）および公表が進み（企業組織の経営理念），経営理念の経営での機能を重視する「経営理念機能論」の考え方が強まった。この「経営理念機能論」に基づき，経営理念に社会性や戦略概念が新たに付与されることによって，その意味が拡大してきたのである。

◆ **図表11－7　経営理念概念の歴史的変遷**(3)

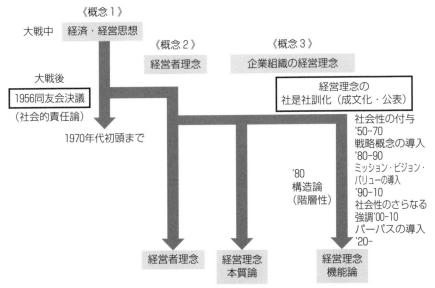

　しかし，実際の経営理念の変化は，必ずしもその年代だけに行われてきたわけではない。次章でトヨタ自動車の事例を見ながら，その点について考えてみたい。

【注】

1) 水谷内（1992）は，岡本（1983）を引用して，経営理念が経営戦略に影響を与えることを述べている。「経営戦略は，『その基礎に社会－経済－産業の巨視的洞察力を背景にして，企業とりわけ自分たちはこうあるべきだ，このような姿にすべきだという経営理念が作動している。高度にして不確実な，より正確には部分的無知に富む長期的将来に向かって，いくら情報を探索しても，事実判断にもとづいて経営戦略を固めていくことは不可能である。そこには，不可避に大きな飛躍があり，あえてなすべきかどうかの価値判断が大幅に加わらざるを得ない。こういったときに，当該企業にどのような経営理念が創設され，経営構成員とりわけ経営層の価値的態度に内化して作動しているかが，大網的ではあれ，戦略軌道の形成に重大な影響を与える』ことになる。」

2) 丹下（1993）は，理念の体系的分類として，伝統的タイプ，新しいタイプに大別している。伝統的タイプとして「創業の精神」型，「社是・社訓」型，「経営理念」に分類し，新しいタイプとしてCI活動推進型，企業革新型，ビジョン提示型に分けている。

3) 信心深かった創業者　鳥井信治郎が唱えた経営哲学で，事業で得た利益は「事業への再投資」にとどまらず，「お得意先・お取引先へのサービス」や「社会への貢献」にも役立てていこうという信念を言葉にしたもの（サントリーホームページ）。

4) 村山（2022）によれば，西洋のパーパス（Purpose）の震源地は，米国学士院の報告書（2018〜2019年），米国Black Rockのラリー・フィンクのCEOへの手紙（2019年1月），そして米国ビジネス・ラウンドテーブルでの宣言（2019年8月）などであるという。

5) クローディン・ガーテンバーグ＆ジョージ・セラフェイム（2019）「米国トップ企業の経営者181人が株主資本主義との決別を宣言」（2019年9月11日）https://dhbr.diamond.jp/articles/-/6147（2023年1月2日閲覧）

第 | 12 | 章

企業組織の経営理念：
トヨタ自動車の事例

「経営理念機能論」に基づく，「広義の経営理念」と捉えた企業組織の経営理念の変遷について，トヨタ自動車の事例について見てみたい（野林2016b）。トヨタ自動車は新たな経営理念を策定した場合，旧来の経営理念を残し，新たな経営理念を追加する「追加並列型」ということができるが，一部「追加融合型」ということもできる。なお内容は，トヨタ75年史ホームページをベースに，先行研究や書籍から引用を行っている。

◆ 図表12−1　経営理念「追加型」

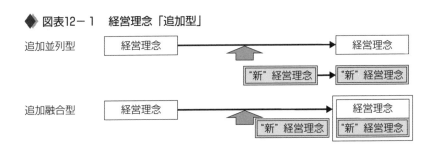

第1節　創業期：豊田佐吉と豊田綱領の制定（1935年）

　トヨタ自動車の経営理念を見るうえで，最も基盤となるのはトヨタグループの創始者である豊田佐吉の考え方である。豊田自動織機の発明で有名な豊田佐吉が生まれた静岡県湖西市は，二宮尊徳の「報徳」の教えや，日蓮宗の教えが根強く残っていた土地とされる。佐吉の父である伊吉もその熱心な信者であっ

たとされる。報徳と日蓮の教えは，豊田佐吉の考え方にも強く影響を与えている（日野2002，野口2002）。

　トヨタ自動車にとって最初の経営理念は，1935年（昭和10年）に発表された「豊田綱領」である（図表12−２）。トヨタ自動車創業者豊田喜一郎の父で豊田自動織機製作所を設立した，豊田佐吉の六回忌にあたる10月30日に発表された。豊田佐吉の娘婿の豊田利三郎と長男の豊田喜一郎らにより成文化された（日野2002）。豊田綱領は，報徳と日蓮の教えを具現化するとともに，常に時流を先取りし研究と創造に生きた佐吉の発明精神を加えたものである（佐藤1994），という。

　昭和初期は，日本国内の近代化が大きく進んだ時期である。このような外部環境変化の中，トヨタ自動車は，自動車産業の確立を通して，社会経済の発展に寄与するという「産業報国」の目的を明示する必要があった。同時に，自動車事業の本格化に伴って，多くの人たちが新たに入社し，豊田関係会社に引き継がれてきた佐吉の精神を，機会のあるごとに確認する必要があった，という内部要因の事情もあった。技術開発に努めて，さらに自動車を進化させていくという「研究と創造」の決意も表明されている。

　トヨタ自動車は，1963年から経営方針・計画を立案しそれに基づいて経営を

◆ 図表12−２　豊田綱領

豊田綱領
豊田佐吉翁の遺志を体し
一、上下一致、至誠業務に服し、産業報国の実を挙ぐべし。
一、研究と創造に心を致し、常に時流に先んずべし。
一、華美を戒め、質実剛健たるべし。
一、温情友愛の精神を発揮し、家庭的美風を作興すべし。
一、神仏を尊崇し、報恩感謝の生活を為すべし。

（出所：トヨタ自動車ホームページ）

遂行するようになったが，そのベースになったのは豊田綱領であった。

第2節　トヨタ基本理念の制定（1992年）と改定（1997年）

　「トヨタ基本理念」が制定されたのは，1992年である。これは，戦後2社（トヨタ自工とトヨタ自販）に分離されたトヨタ自動車[1)]が，1983年に「新生トヨタ自動車」として統合してから10年後に制定されたものである（伊藤2012）。制定の理由は，トヨタ自動車を取り巻く外部環境やトヨタ自身の内部要因の変化への対応である。このころトヨタ自動車は，円高や貿易摩擦，世界経済のグローバル化の進展や地球環境問題への関心の高まり，さらには国内のバブル崩壊といった外部環境変化に直面していた。一方，トヨタ自動車自身も事業活動のグローバル化への対応が課題となっていた。1991年の時点で約160の国・地域で販売を行い，22の国・地域に生産拠点を構えていたのである。世界各国・地域の人々と文化や価値観の違いを超えて協力して事業を推進することが非常に重要な課題となっていた。

　このような中，豊田英二会長は「グローバルな企業としてこれから前進する

◆　**図表12－3　「トヨタ基本理念」**

> 1. 内外の法およびその精神を遵守し，オープンでフェアな企業活動を通じて，国際社会から信頼される企業市民をめざす
> 2. 各国，各地域の文化・慣習を尊重し，地域に根ざした企業活動を通じて，経済・社会の発展に貢献する
> 3. クリーンで安全な商品の提供を使命とし，あらゆる企業活動を通じて，住みよい地球と豊かな社会づくりに取り組む
> 4. 様々な分野での最先端技術の研究と開発に努め，世界中のお客様のご要望にお応えする魅力あふれる商品・サービスを提供する
> 5. 労使相互信頼・責任を基本に，個人の創造力とチームワークの強みを最大限に高める企業風土をつくる
> 6. グローバルで革新的な経営により，社会との調和ある成長をめざす
> 7. 開かれた取引関係を基本に，互いに研究と創造に努め，長期安定的な成長と共存共栄を実現する
>
> 　　　　　　　　　　　　　　　　　　　　＜1992年1月制定，1997年4月改正＞

（出所：トヨタ75年史ホームページ）

ためには，グローバルに通用する理念・哲学を明示する必要がある。以心伝心で分かり合っていることを文字にし，これに沿って経営体制，組織体制を考えなければならない」と指示し，基本理念が制定されることとなったという。基本理念の策定には，海外経験の豊富な豊田達郎副社長が中心となり，1992年1月の社内年頭あいさつで豊田章一郎社長から発表された。「トヨタ基本理念」

◆ 図表12－4 トヨタ基本理念（1992年発行版，1997年改定版）と豊田綱領の関係

	トヨタ基本理念（1992年発行）	変更	トヨタ基本理念（1997年改定）	豊田綱領の反映状況
1	オープンでフェアな企業行動を通じて，国際社会から信頼される企業市民をめざす。	→	内外の法およびその精神を遵守し，オープンでフェアな企業活動を通じて，国際社会から信頼される企業市民をめざす。	（新規）
2	クリーンで安全な商品の提供を使命とし，住みよい地球と豊かな社会づくりに努める。		各国，各地域の文化・慣習を尊重し，地域に根ざした事業活動を通じて，経済・社会の発展に貢献する。	産業報国
3	様々な分野での最先端技術の研究と開発に努め，世界中のお客様のご要望にお応えする魅力あふれる商品を提供する。		クリーンで安全な商品の提供を使命とし，あらゆる企業活動を通じて，住みよい地球と豊かな社会づくりに取り組む。	産業報国報恩感謝
4	各国，各地域に根ざした事業活動を通じて，産業・経済の発展に貢献する。		様々な分野での最先端技術の研究と開発に努め，世界中のお客様のご要望にお応えする魅力あふれる商品・サービスを提供する。	研究と創造時流に先んずる
5	個人の創造力とチームワークの強みを最大限に高める企業風土をつくる。	→	労使相互信頼・責任を基本に，個人の創造力とチームワークの強みを最大限に高める企業風土をつくる。	温情友愛家庭的美風
6	全世界規模での効率的な経営を通じて，着実な成長を持続する	→	グローバルで革新的な経営により，社会との調和ある成長をめざす。	（新規）
7	開かれた取引関係を基本に，互いに研究と創造に努め，長期安定的な成長と共存共栄を実現する。	→	開かれた取引関係を基本に，互いに研究と創造に努め，長期安定的な成長と共存共栄を実現する。	研究と創造

（出所：日野（2002）『トヨタ経営システム』p69をもとに，1992年発行版を追加し1997年改定版との違いを明記した
1997年改定版のアンダーライン部分は，1992年発行版との相違箇所である（公表されているトヨタ基本理念にはアンダーラインの表記はない））
（野林2016b）

は和文と英文の双方で作成されている。

　トヨタ基本理念は，豊田綱領の考え方を反映し，時代の変化に合わせ表現を
わかりやすく変えるとともに，「企業市民」や「環境問題」，「グローバル化」
といった項目を盛り込んだことが特徴である。環境問題に対しては，トヨタ基
本理念の制定と同時に，『地球環境に関するトヨタの取り組み方針』（通称『ト
ヨタ地球環境憲章』）が制定された。同年ハイブリッド車のプロジェクトを開始
し，世界初のハイブリッド乗用車『プリウス』の1997年発売につながったとさ
れている（日野2002）。

　1997年，「トヨタ基本理念」制定から5年後に改定がなされた。このころ，
相次ぐ企業不祥事が発生し，規制緩和の進展による自己責任重視の流れが生じ
ていた。このような中，経団連も前年12月に「経団連企業行動憲章」の改定を
行っていた。

　この経団連企業行動憲章の改定を受けて，「トヨタ基本理念」にも「内外の
法およびその精神を遵守」「各国・各地域の文化や慣習を尊重」「労使相互信頼・
責任を基本に」などの文言が加えられた。当時，経団連の会長は豊田章一郎会
長が務めていたことから，経団連会長企業として，経団連企業行動憲章の改定
を率先して反映させたものと考えられる。なお改定時は奥田碩社長である。

第3節　トヨタ行動指針の策定（1998年）と改定（2006年）

　「トヨタ行動指針」は，「トヨタ基本理念」を実践し，社会的責任を果たすた
め，トヨタで働く人々の基本的な心構えをまとめ，具体的な留意点を示したも
のとして1998年に制定された。1998年当時は「トヨタ社員の行動指針」との名
称であったとされる。ホームページや資料で明確な記載を見つけることはでき
なかったが，前年（1997年）に改定されたトヨタ基本理念を受けて策定されて
いると思われる。前述のように「経団連企業行動憲章」が1996年に改定され，
その翌年にトヨタ基本理念も，「内外の法およびその精神を遵守」等の文言を
追加し改定している。経団連企業行動憲章とともに公表された「実行の手引き」
では具体的アクションプランとして「新たな行動規範の作成と周知徹底」が述

◆ 図表12－5　トヨタ行動指針

（出所：トヨタホームページ）

べられており（第９章３項），これに対応する形で「トヨタ社員の行動指針」
が策定されたと考えることができる。

　2006年，渡辺捷昭社長の時に「トヨタ行動指針」として改定がなされた。その理由として，初版策定時（1998年）と比べてトヨタがはるかに社会的関心の高い立場となったこと，加えて個人情報保護法など新たな法規制や考え方が登場するなどの社会背景の変化があったこと，が序文に述べられている。2004年には，日本経団連[2)]の「企業行動憲章」が改定され，個人情報や顧客情報の保護などが追加されており，これに対応したとも考えられる。なおこのとき日本経団連の会長は奥田碩会長であった。

第4節　トヨタウェイ2001[3]の制定（2001年）

　2001年4月，張富士夫社長は，「トヨタ基本理念」を実現するための社員と
して共有すべき価値観と行動指針を明示した「トヨタウェイ2001」を発表し，
世界各地のトヨタに務める管理職以上に配布した（野口2002）。張社長は，そ
の序文において「トヨタに働く我々の行動原則になるもの」と述べている。こ
のトヨタウェイの作成プロジェクトは，張社長がアメリカの生産子会社の社長
であった際に，アメリカ人マネージャーにトヨタウェイ教えるために始めたも
のである（ライカー＆ホセウス著・稲垣訳2009）。実際の文書化まで10年かかっ
たとされる。

　制定の目的は，トヨタのグローバル化への対応と現地への権限委譲をスムー
ズに進めていくためである。特に海外現地生産を推進する際，日本人社員の"当
たり前"とする基本的な考え方が現地社員になかなか理解されないことから明
文化された（伊藤2012）。トヨタ社内（特に国内）で，暗黙知として伝承され
てきたトヨタの経営哲学，価値観，実務遂行上の手法を明文化したものとされ
ている。具体的には，「人間性尊重」「知恵と改善」の2つを柱に，「チャレンジ」
「改善」「現地現物」「リスペクト」「チームワーク」の5つのキーワードでまと
められており，トヨタ社員の行動原則であるとされる。なお，この中には豊田
綱領の内容や豊田佐吉の言葉はもとより，豊田喜一郎，石田退三，豊田英二，
豊田章一郎，奥田碩といった歴代の社長はじめ，カンバン方式を広めた大野耐
一元副社長などトップ・マネジメントの言葉が語録として掲載されている。

　2002年度には，海外販売，国内販売，人事，経理，調達など，機能別のトヨ
タウェイを策定することによって社内でのさらなる徹底が図られた。また，ト
ヨタウェイの共有を軸に各事業体の有機的な結合強化を目的とした人材育成機
関として，トヨタインスティテュートが設立された。

　注目すべきは，トヨタウェイ「2001」と，末尾に2001をつけたことである。
将来は変更するかもしれないということを示している（伊藤2012）。実際に75
年史ホームページにも「トヨタウェイは環境変化の中で進化し，トヨタの強み
でありつづけなければならない。これからも，時代に応じトヨタウェイ自体を

◆　図表12－6　トヨタウェイ2001

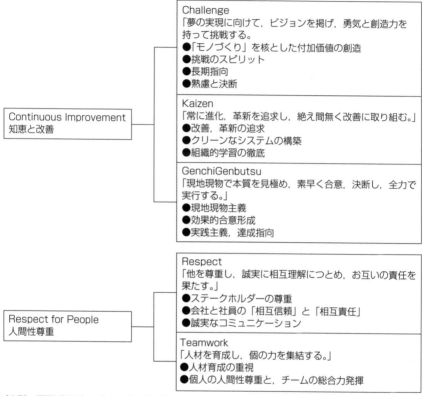

Continuous Improvement
知恵と改善

Challenge
「夢の実現に向けて，ビジョンを掲げ，勇気と創造力を持って挑戦する。」
● 「モノづくり」を核とした付加価値の創造
● 挑戦のスピリット
● 長期指向
● 熟慮と決断

Kaizen
「常に進化，革新を追求し，絶え間無く改善に取り組む。」
● 改善，革新の追求
● クリーンなシステムの構築
● 組織的学習の徹底

GenchiGenbutsu
「現地現物で本質を見極め，素早く合意，決断し，全力で実行する。」
● 現地現物主義
● 効果的合意形成
● 実践主義，達成指向

Respect for People
人間性尊重

Respect
「他を尊重し，誠実に相互理解につとめ，お互いの責任を果たす。」
● ステークホルダーの尊重
● 会社と社員の「相互信頼」と「相互責任」
● 誠実なコミュニケーション

Teamwork
「人材を育成し，個の力を集結する。」
● 人材育成の重視
● 個人の人間性尊重と，チームの総合力発揮

（出所：梶原（2002）をもとに筆者作成）

変革していく」と明記されている。トヨタウェイ自身は普遍的なものではなく，それ自身が「Kaizen」すべきものであると宣言しているのである。

第5節　CSR方針の制定（2005年）と改定（2008年）

　2005年「トヨタ基本理念」から，ステークホルダーとの関係を念頭にCSR指針として「社会・地球の持続可能な発展への貢献」が策定された。その後，環境変化や社会のCSRへの関心の高まりを受けて，2008年にCSR方針「社会・地

◆　図表12－7　トヨタ　CSR方針

CSR方針『社会・地球の持続可能な発展への貢献』

私たち（トヨタ自動車株式会社およびその子会社）は、「トヨタ基本理念」に基づき、グローバル企業として、各国・各地域でのあらゆる事業活動を通じて社会・地球の調和のとれた持続可能な発展に率先して貢献します。

私たちは、国内外・国際的な法令並びにそれらの精神を遵守し、誠意を尽くし誠実な事業活動を行います。

私たちは、持続可能な発展のために、以下のとおり全てのステークホルダーを重視した経営を行い、オープンで公正なコミュニケーションを通じて、ステークホルダーとの健全な関係の維持・発展に努めます。

私たちは、取引先がこの方針の趣旨を支持し、それに基づいて行動することを期待します。

（出所：トヨタホームページ）

球の持続可能な発展への貢献」として改定された。

　日本経団連は2004年に「企業の社会的責任（CSR）推進にあたっての基本的考え方」を公表，同年「企業行動憲章」の改定で「CSR」の内容が盛り込まれている。さらに2007年には日本経団連から「CSR推進ツール」も公表されている。トヨタ自動車は，日本経団連の「企業行動憲章」の策定にも参画していることがホームページでも明記されており，これらの企業行動憲章の改定等を受けて，CSR方針も制定されたと考えられる。

　CSR方針の序文を図表12－7に示す。この後，各ステークホルダー（お客様，従業員，取引先，株主，地域社会・グローバル社会）ごとに具体的な方針が示され，それぞれとトヨタ基本理念の関係性も示されている。

第6節　トヨタグローバルビジョンの制定（2011年）

　トヨタではこれまで何回か「ビジョン」「グローバルビジョン」が策定されている。基本理念をベースにして，長期的に目指すべき方向を示した長期ビジョンが必要との認識から，1996年，当時の奥田碩社長より「2005年トヨタビジョン」が発表された。1990年代後半になると，環境やITでの技術開発が進展するとともに，自動車の世界市場での競争が激化した。そうした外部環境の

変化に対応し，新たなビジョンとして，2002年，張富士夫社長から「グローバルビジョン2010」が発表された。さらに2005年には，新たなビジョンである「グローバルビジョン2020」が，渡辺捷昭社長より発表された。「人と技術の力で明日の世界を切り開く」をキーワードに，地球規模の環境・エネルギー問題などに対処しながら，「地球の一員」また「社会の一員」として役に立つ存在を目指すことが述べられている。なお，奥田社長以降，歴代の社長がビジョンもしくはグローバルビジョンを制定している。

　2011年，豊田章男社長が，現在のビジョンである「トヨタグローバルビジョン」を発表した。2008年秋の世界的な金融危機による2009年３月期決算での赤字転落，その後に表面化した品質問題という危機的状況を通じて，トヨタは「どんな企業でありたいか」「どんな価値観を大切にしていくのか」をグローバル30万人の従業員で共有するビジョンとして成文化したものであるという。２つの大きな危機を乗り越え，グローバル全社員がもう一度価値観を共有し，一体感を持って発展するためにグローバルビジョンが発表されたと考えられる。またそれは，世界トップの自動車会社であり，日本のリーディングカンパニーであるトヨタが，「この２つの危機をどのように克服するか」という外部からの厳しい視線への対応でもあろう。それはすなわち豊田章男社長がどのような経営でこの危機を克服するのかという，外部の厳しい目に対するメッセージでも

◆　図表12−8　トヨタグローバルビジョン

笑顔のために。期待を超えて。

人々を安全・安心に運び，心までも動かす。
そして，世界中の生活を，社会を，豊かにしていく。
それが，未来のモビリティ社会をリードする，私たちの想いです。
一人ひとりが高い品質を造りこむこと。
常に時代の一歩先のイノベーションを追い求めること。
地球環境に寄り添う意識を持ち続けること。
その先に，期待を常に超え，お客様そして地域の笑顔と幸せにつながるトヨタがあると信じています。
「今よりもっとよい方法がある」その改善の精神とともに，トヨタを支えてくださる皆様の声に真摯に耳を傾け，常に自らを改革しながら，高い目標を実現していきます。

（出所：トヨタホームページ）

ある。

　ビジョン策定にあたっては，世界各地域のメンバーで策定チームを編成し，議論を重ねて本ビジョンを作り上げている。「お客様に選ばれる企業でありたい」「トヨタを選んでいただいたお客様に笑顔になっていただきたい」という想いから，このビジョンのキーワードは "笑顔のために　期待を超えて" となっている。「期待を超える商品やサービスを提供することで，お客様に驚き・感動を与え，お客様の笑顔が世界中に広がることを目指す」ことを意味する。

　またこのグローバルビジョンから，それぞれの地域本部のミッションを作成し，具体的な地域の経営目標や経営計画に落とし込んでいる。したがって，このグローバルビジョンは，経営理念の「経営実践機能」を示していると考えられる。

第7節　トヨタフィロソフィーの制定（2020年）

　2020年11月6日，2021年3月期第2四半期決算説明会（いわゆる中間決算）に出席した豊田章男社長は，「トヨタフィロソフィー」を発表した。自動車業界が「100年に1度の大変革時代」にある中で，トヨタとしての原点を振り返り，「トヨタとは何か」を定義したものである（図表12－9）。トヨタの企業広告であるトヨタイムズ（https://toyotatimes.jp/）に掲載された11月6日の決算発表会の記事をもとに，トヨタフィロソフィーについて確認してみたい。

　トヨタフィロソフィーを示す円錐状のフィロソフィーコーンは，60年以上前，豊田喜一郎が亡くなったあとの経営陣によってまとめられた「トヨタとは？」を模して作成されている。

　フィロソフィーコーンの最上部には，創業以来のトヨタ経営の核として受け継がれてきた豊田綱領が示されている。トヨタグループの創始者である豊田佐吉の考えをまとめたトヨタのDNAとなっている。

　フィロソフィーコーンの下から2番目には，新たにMissionが設定されている。トヨタイムズ11月6日によれば，「グローバル37万人とその家族のために，そして，これからのトヨタを支えていく次世代のために，私たちの使命を『幸

◆　図表12−9　トヨタフィロソフィー

（出所：トヨタホームページ）

せの量産』と定義させていただきました」と示されている。豊田章男社長は，60年前の「トヨタとは何か」と対比し，「佐吉は織機を，喜一郎は自動車をつくったわけですが，本当につくりたかったものは，商品を使うお客様の幸せであり，その仕事に関わるすべての人の幸せだったと思います。たとえ，私たちがつくるモノが変わったとしても，『幸せ』を追求することは決して変わらないと考えました」と述べている。

　Missionの下，最下層にはVison「可動性を社会の可能性に変える」がこちらも新しく設定されている。「可動性」には２つの意味があり，一つは車としてのモビリティ，もう一つは「一人ひとりが行動を起こす」ということであるという。さらに「今の私たちに求められていることは，トヨタに働く一人ひとりが，地球環境も含めた人類の幸せにつながる行動を起こすことだと思っております」ともトヨタタイムズ11月６日には示されている。

またMissionの上には「Value」として「トヨタウェイ」が示されている。「ソフトとハードを融合し，トヨタウェイというパートナーと唯一無二の価値を生み出す」としている。

さらに豊田社長は，「豊田綱領から続くトヨタのフィロソフィーはSDGsの精神そのものだと思っております」と述べ，そのフィロソフィーに基づいた経営をすることこそが，SDGsにつながると語っている。

第8節　トヨタウェイ2020の制定（2021年）

2021年から，ホームページにてそれまで掲載されていた「トヨタウェイ2001」に代わり，「トヨタウェイ2020」が公表されている（図表12-10）。トヨタに働く人々の新たな「行動原則」である。

◆ 図表12-10　トヨタウェイ2020

一人ひとりの行動が，価値をつくる。

トヨタウェイ2020

100年に一度と言われる変革期。
自らを変えながらこの変革期をリードし，
次の100年も変わらず幸せを量産するために。

トヨタ社員は，動きます。

TOYOTA

トヨタは，

「だれか」のために
誠実に行動する
好奇心で動く
ものをよく観る
技能を磨く
改善を続ける
余力を創り出す
競争を楽しむ
仲間を信じる
「ありがとう」を声に出す

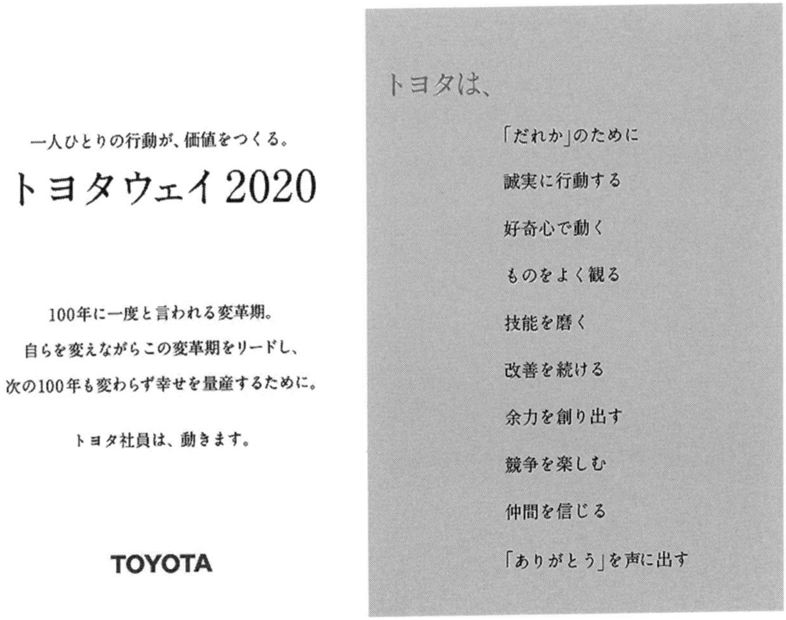

（出所：トヨタホームページ）

　「一人ひとりの行動が価値をつくる」という言葉とともに，「100年に一度と言われる変革期。自らを変えながらこの変革期をリードし，次の100年も変わらず幸せを量産するために。トヨタ社員は，動きます。」と示されている。また行動原則として，「トヨタは，『だれか』のために　誠実に行動する　好奇心で動く　ものをよく観る　技能を磨く　改善を続ける　余力を創りだす　競争を楽しむ　仲間を信じる　『ありがとう』を声に出す」が明記されている。

　75年史ホームページには「トヨタウェイは環境変化の中で進化し，トヨタの強みでありつづけなければならない。これからも，時代に応じトヨタウェイ自体を変革していく」とある。「トヨタウェイ2001」が時代の変化に応じて，自ら変革したものが「トヨタウェイ2020」であろう。この時代の変化とは，トヨタはじめ自動車業界が直面している「100年に1度の変革期」である。また「幸せの量産」とは，トヨタフィロソフィーにあるMissionである。トヨタフィロソフィーをもとに，新たなトヨタウェイ2020が制定されたと思われる。

第9節　サステナビリティ基本方針の制定（2021年）

　2021年12月に，「CSR方針」に代わり，「サステナビリティ基本方針『社会・地球の持続可能な発展への貢献』」が企業ホームページの「サステナビリティ」サイトに公表されている。

　その冒頭には，豊田章男社長によるトップメッセージが掲載されている。そこでは「幸せの量産」というトヨタフィロソフィーのMissionが最初に示され，それを実現するために「世界中で自分以外の誰かの幸せを願う」人財育成が必要であり，それはSDGsにつながると明記されている。

　本文においては，「お客様」「従業員」「取引先」「株主」「地域社会・グローバル社会（環境・社会・社会貢献）」というステークホルダー別に，それぞれ基本方針が示されており，さらに「トヨタ基本理念」のどの条文に対応しているかも記載されている。

> **お客様**
> 私たちは、「お客様第一主義」という信念に基づき、世界中の人々の生活を豊かにするために、お客様の様々な期待に応える革新的・安全かつ卓越した高品質な製品とサービスを開発・提供します。（基本理念3，4）
> 私たちは各国の法およびその精神を遵守し、お客様をはじめ事業活動に関わる全ての人々の個人情報保護の徹底に努めます。（基本理念1）

　2020年の「トヨタフィロソフィー」制定を受け、「サステナビリティ基本方針」が新たに制定されたことが示されている。また、「トヨタ基本理念」との関係性も明確にされている。

第10節　「トヨタ自動車の広義の経営理念」のまとめ

　これまで見てきたように、トヨタ自動車では広義の経営理念として、様々な"経営理念"が誕生している。

　まず2019年までの状況を見てみよう。この時までに「豊田綱領」「トヨタ基本理念」「トヨタ行動指針」「CSR方針」「トヨタウェイ2001」「トヨタグローバルビジョン」「トヨタフィロソフィー」が制定されていた。これらそれぞれについての関係性はあまり明確ではなく、「トヨタの広義の経営理念」の全体像は、あいまいなものであったと言える。

　ホームページでも、これらの関係性はあまり明確に示されていなかった。ホームページ上を探すと、2つの関係性を示す図表が見つかった。図表12－11はCSR方針による各経営理念の位置づけである。トヨタ基本理念とその中にCSR方針が包含されており、トヨタウェイ2001とトヨタ行動指針が両脇にあり、トヨタ基本理念をもとにグローバルビジョンが制定され、それが中期経営計画、会社方針、日常業務につながっているという関係である。

　もう一つは、グローバルビジョンの中にある「ビジョン経営のあり方」である（図表12－12）。ここでは木の根にあたるものが、トヨタ共通の価値観である、豊田綱領・トヨタ基本理念・トヨタウェイであるとしている。

　しかしどちらもホームページの中に大きく掲載されているとは言い難い。

◆ 図表12−11 CSR方針の位置づけ

（出所：トヨタホームページ https://www.toyota.co.jp 2019年11月12日閲覧）

◆ 図表12−12 ビジョン経営のあり方

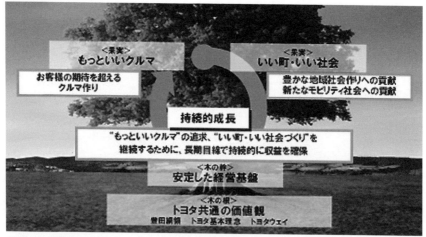

（出所：トヨタホームページ https://www.toyota.co.jp 2019年11月12日閲覧）

2019年の段階では，それぞれの"経営理念"の関係性はあいまいなままである
と言える。

2020年に，トヨタの（広義の）経営理念に関する，大きな転換がなされる。
新たに「トヨタフィロソフィー」が制定され，「豊田綱領」を原点に，「Mission」，

「Vision」，「Value」が示された。またそのMissionを反映し，「トヨタウェイ」
も「トヨタウェイ2001」から「トヨタウェイ2020」に大きく見直しがなされて
いる。同様に，「CSR方針」も「サステナビリティ基本方針」に代わっている。
トヨタホームページを見ると，「経営理念」のサイトは以下のように示されて
いる（図表12-13）。

　経営理念のサイトの中で，「トヨタフィロソフィー」が最初に示され，経営
理念の中で最上位にあるものとして位置づけられていると考えられる。しかし，
他の"経営理念"，すなわち「トヨタ基本理念」や「トヨタグローバルビジョン」
などとの関係性が明確に示されているとは言えない。

　また，「サステナビリティ基本方針」は，「経営理念」のサイトではなく，「サ
ステナビリティ」のサイトに掲載されていることから，「経営理念」とは別の
位置づけになっていることがわかる。

　これまでトヨタ自動車の経営理念（広義の経営理念）として，「豊田綱領」「ト
ヨタ基本理念」「CSR方針」「トヨタ行動指針」「トヨタウェイ2001」「トヨタグ
ローバルビジョン」「トヨタフィロソフィー」「トヨタウェイ2020」「サステナ
ビリティ基本方針」の制定の背景や改定の理由などを見てきた。図表12-14に

◆ 図表12-13　トヨタの経営理念サイト

経営理念

- トヨタフィロソフィー

- 基本理念

- トヨタウェイ2020／トヨタ行動指針

- トヨタグローバルビジョン

- トヨタ生産方式

（出所：トヨタホームページより）

◆ **図表12－14　トヨタ自動車の経営理念の制定年と制定者，制定理由**

	制定年	制定者 (制定時のトップ)	制定した理由	
			外部環境変化	内部要因
豊田綱領	1935年	豊田利三郎社長 豊田喜一郎副社長	昭和初期，日本の近代化が進む中で，自動車産業の確立を通して，社会経済の発展に寄与するという「産業報国」の目的を明示する必要があったため。	自動車事業の本格化に伴って，多くの人たちが新たに入社し，豊田関係会社に引き継がれてきた豊田佐吉の精神を，機会のあるごとに確認する必要があったため。
トヨタ基本理念	1992年	(豊田英二会長) 豊田章一郎社長 豊田達郎副社長	世界経済のグローバル化の進展，円高・貿易摩擦，国内バブル崩壊，地球環境問題への関心の高まりなどに対し，企業として対応することが必要となったため。	事業活動のグローバル化に伴い，世界各国・地域の人々と文化や価値観の違いを超えて協力して事業を推進するため。
トヨタ基本理念 (改定)	1997年	(豊田章一郎会長) 奥田碩社長	相次ぐ企業不祥事発生と，規制緩和の進展による自己責任重視の流れへの対応のため。これらの環境変化に対し，経団連企業行動憲章が前年(1996年)に改定されていた。	当時の経団連会長が豊田章一郎会長であり，企業行動憲章改定に率先して対応する必要があった。(のではないか)
トヨタ行動指針	1998年	奥田碩社長	「経団連企業行動憲章」改定への対応のため。	「トヨタ基本理念」を実践し，社会的責任を果たすため，トヨタで働く人々の基本的な心構えをまとめ，具体的な留意点をまとめた。(トヨタ基本理念改定と連動)
トヨタ行動指針 (改定)	2006年	渡辺捷昭社長	トヨタが社会的関心の高い立場となったこと，および個人情報保護法など新たな法規制ができてきたことに対応するため。 (日本経団連「企業行動憲章」改定への対応のため)	(奥田碩社長が日本経団連の会長であった)
トヨタウェイ2001	2001年	張富士夫社長		トヨタのグローバル化への対応と現地への権限委譲をスムーズに進めていくため。特に海外現地生産を推進する際，日本人社員の"当たり前"とする基本的な考え方が現地社員になかなか理解されないことから明文化された。
CSR方針	2008年	渡辺捷昭社長	環境変化，社会のCSRへの関心の高まりなどから制定された。(日本経団連の「企業行動憲章」改定への対応)	
グローバルビジョン	2011年	豊田章男社長	世界トップの自動車メーカーであるトヨタが，２つの大きな危機に対し，どのように克服するのかという世界の厳しい視点への対応のため。	金融危機による赤字転落と，品質問題という大きな２つの危機を乗り越え，グローバル全社員がもう一度価値観を共有し，一体感を持って発展するため。
トヨタフィロソフィー	2020年	豊田章男社長	自動車産業の「100年に一度の大変革時代」への対応のため。また，SDGs，国際社会が目指す「より良い世界づくり」に持続的に取り組むため。	大変革時代にあたり，トヨタ社員が心を一つにして，さらに前へ進んでいくため，「トヨタとは何か」という原点を確認した。
トヨタウェイ2020	2021年	豊田章男社長	自動車産業の「100年に一度の大変革時代」への対応のため。	大変革時代にあたり，トヨタ社員の行動原則を示した(トヨタフィロソフィー制定を受けて)。
サスティナビリティ基本方針	2021年	豊田章男社長	SDGsへの対応のため。	トヨタフィロソフィーの制定を受けて。

整理しているように，これらの制定および改定の理由は，外部環境変化および内部要因であることが明らかである。

第11節　トヨタ自動車の経営理念：歴史的変遷のまとめ

　それではトヨタ自動車の経営理念（広義の経営理念）について，前節の流れにそって，その歴史的変遷をまとめてみよう。繰り返しになるが，トヨタ自動車は新たな経営理念を策定した場合，旧来の経営理念を残し，新たな経営理念を追加する「追加並列型」が中心であるが，一部「追加融合型」も含まれる。

1．「豊田綱領」：「経営者理念」から「企業組織の経営理念」へ

　トヨタ自動車の経営理念として最初に制定されたのは，「豊田綱領」（1935年制定）である。これはトヨタグループの創始者である豊田佐吉の考え方が豊田利三郎，豊田喜一郎により成文化されたものである。経営ナショナリズムである，産業報国の考え方が反映された経営理念であった。

2．「トヨタ基本理念」「行動指針」「トヨタウェイ2001」： 企業の社会的責任概念の追加

　1992年に，「トヨタ基本理念」が制定された。それまでトヨタグループの創始者である豊田佐吉の考え方を成文化した「豊田綱領」（1935年制定）があった。「トヨタ基本理念」はその「豊田綱領」を踏まえながらも，企業市民や環境問題といった「企業の社会的責任論」を反映した内容である。これに加え，1998年には，「トヨタ行動指針」が制定され，基本理念の内容が社員ひとり一人の具体的行動へ結びつけられた。また2001年に策定された，「トヨタウェイ2001」は，基本理念を実現するために社員として共有すべき価値観と行動指針を明示されたものであり，世界各地の管理職以上の社員に配布された。

3．「トヨタビジョン」：戦略概念の導入

　1996年に制定された「2005年トヨタビジョン」は，トヨタ基本理念をベースに長期的に目指すべき方向を示している。経営戦略に直結する上位概念としてビジョンが設定されている。環境変化に対応するように，2002年「グローバルビジョン2010」，2005年には「グローバルビジョン2020」が発表され，2011年，豊田章男社長による「トヨタグローバルビジョン」につながっている。

4．「CSR方針」：社会性（CSR・サスティナビリティ）のさらなる強調

　2005年「トヨタ基本理念」から，ステークホルダーとの関係を念頭にCSR指針として「社会・地球の持続可能な発展への貢献」が策定された。その後，環境変化や社会のCSRへの関心の高まりを受けて，2008年にCSR方針「社会・地球の持続可能な発展への貢献」として改定された。

5．「トヨタフィロソフィー」：Mission・Vision・Valueの制定および「トヨタウェイ2020」「サステナビリティ基本方針」制定

　2020年に豊田章男社長（現会長）が，100年に一度の大変革期に対し「トヨタフィロソフィー」を制定し，「豊田綱領」を頂点に，Mission，Vision，Valueで構成されるフィロソフィーコーンが示された。トヨタフィロソフィーは，従来の「豊田綱領」と新しいMission，Vision，Valueが融合する「追加融合型」の経営理念であると言える。また「トヨタフィロソフィー」の制定を受け，2021年には「トヨタウェイ2001」が「トヨタウェイ2020」に，「CSR方針」が「サステナビリティ基本方針」に変更された。

　これまで見てきたように，トヨタ自動車では，経営理念として，「豊田綱領」の後に「トヨタ基本理念」が制定され，「トヨタ行動指針」「CSR方針」「トヨタウェイ2001」「トヨタグローバルビジョン」が順番に制定されている。さらに「豊田綱領」を包含した「トヨタフィロソフィー」が設定され，「トヨタウェ

イ2001」が「トヨタウェイ2020」に変更され，「CSR方針」が「サステナビリティ
基本方針」に変更された。「トヨタ基本理念」「トヨタ行動指針」「トヨタグロー
バルビジョン」と現在も併存している。新たな経営理念が追加されることによ
り，それぞれの機能も追加されていったことがわかる。

第12節　経営理念に影響を与える要因の相互関係性

　これまでトヨタ自動車の経営理念の歴史的変遷を見てきた。しかし前章で述
べた経営理念概念の変遷の5つの期の年代とは齟齬が生じている。企業の社会
的責任概念を追加した「トヨタ基本理念」の制定は1992年であり，1950年代〜
1970年代の期間とは異なっている。これはなぜなのだろうか。1992年のトヨタ
基本理念の制定時に関して，影響を与える3要因についてあらためて整理して
みよう。

　この頃トヨタ自動車は，円高や貿易摩擦，世界経済のグローバル化の進展や
地球環境問題への関心の高まり，さらにはバブル崩壊による国内市場の閉塞感
といった外部環境変化に直面していた。一方，トヨタ自動車自身も事業活動の
グローバル化への対応が課題となっていた。1991年の時点で約160の国・地域

◆　図表12−15　経営理念に影響を与える要因（トヨタ基本理念の制定時）

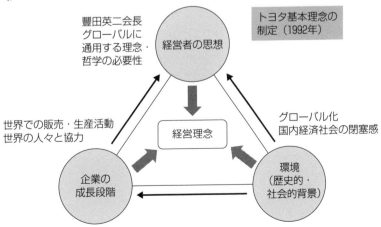

で販売を行い，22の国・地域に生産拠点を構えていたのである。世界各国・地域の人々と文化や価値観の違いを超えて協力して事業を推進することが非常に重要な課題となっていた。

このような中，豊田英二会長は「グローバルな企業としてこれから前進するためには，グローバルに通用する理念・哲学を明示する必要がある。以心伝心で分かり合っていることを文字にし，これに沿って経営体制，組織体制を考えなければならない」と指示し，基本理念が制定されることとなった。

３つの要因は独立して経営理念の策定・刷新・見直しに影響を与えるのではなく，それぞれ相互に関係しながら経営理念に影響を与えていると考えられる。すなわち，環境要因だけでなく，企業の成長段階や，その時の経営者の思想[4]と関係して，経営理念の制定や刷新，見直しが行われていると言える[5]。

【注】

1）戦後の不況，特に1949年に実施された「ドッジライン」による金融引き締めにより，トヨタ自動車は資金調達が厳しくなり，加えて激しい労働争議により倒産の危機に追い込まれた。この危機に対する再建策として，日銀の特別融資を受け入れる条件の一つが販売会社を分離独立させることであった。（伊藤2012，野口2002など）

2）2002年，経済団体連合会（経団連）と日本経営者団体連盟（日経連）を統合して，日本経団連となり，初代会長に奥田碩会長が就任した（2002年５月～2006年５月）。

3）トヨタウェイ2001は内部文書であり，ホームページ等には掲載されていないが，梶原（2002）『トヨタウェイ 進化する最強の経営術』（ビジネス社）の巻末には参考資料として掲載されている。

4）経営者が交代すると，経営者の思想も異なる部分が生ずる。トヨタ自動車では，経営理念（および類似概念）の制定・見直し時の経営者は，異なっている。（野林2016b）

5）経営理念に影響を与えるのは，経営者の思想，企業の成長段階，環境要因（歴史的・社会的背景）の３要因であるが，逆に経営理念はこれら３要因へ影響も与える。経営理念による戦略実施により企業成長につながり，経営理念に基づく企業行動は外部環境に影響を及ぼす場合もあると思われる。また創業者の経営理念が，後代の経営者の思想に影響を与えることもある。

第 | 13 | 章

「企業組織の経営理念」研究

　ここでは，「企業組織を主体とした経営理念」《概念3》の最終章として，その概念による研究について，「経営理念本質論」「経営理念機能論」の2つの視座を確認しつつ概観したい。

　序章で述べたように，松田（2003）は日本の経営理念の研究テーマを大きく5つに分類している。①経営理念の定義，②経営理念の機能や効果，③経営理念の構造，④経営理念と経営戦略の関わり，⑤経営理念の浸透の5つである。ここで，①経営理念の定義，を除けば，経営理念概念を，ほぼ「企業組織の経営理念《概念3》」と捉えても問題ないであろう[1]。本章では2000年までによく研究されてきた上記①〜④のテーマを簡単にまとめるとともに，2000年以降盛んに行われてきた経営理念の浸透研究を確認し，さらに新たな経営理念研究テーマについても見てみよう。

第1節　1990年代までに多く研究されてきたテーマ

1．経営理念の定義

　経営理念の定義は，研究者によって異なっている。例えば中川（1972）は，経営理念を「経営者自身によって公表された企業経営の目的およびその指導原理」としており，浅野（1991）は，「経営者・組織体の行動規範，行動指針となる価値観，あるは行動原理」としている。また奥村（1994）は，「経営理念は，

当初は会社の創業者やトップの信念として形成され，公式表明として文書など
で公表・伝達されたものである」とし，簡単には「企業経営について経営者な
いし会社あるいは経済団体が公表した信念（あるいは世界観）」としている。
さらに柴田（2017）は，1967年から2015年までの26人（組）の研究者の経営理
念の定義を整理し，「経営者による経営理念の定義の変遷」としてまとめ（22-
23頁），2003年以降も経営理念の定義が固まっていないことを確認している。
　「企業組織の経営理念」《概念 3 》を対象とした経営理念の定義であっても，
「経営理念本質論」と「経営理念機能論」の視座の違いによる，「経営理念の定
義」の差異は明確になっているとは言えない。定義は抽象的なものであり，経
営理念の本質性や機能性について，明確な記述がなされなかったためであると
思われる。

2．経営理念の機能や効果

　経営理念の機能・効果として広く認められているのは，企業内部の統合機能
と企業外部に対する適応機能である。
　企業内部の統合機能には，組織の指針（バックボーン）的機能と，組織の成
員統合機能がある。またさらに組織の成員統合機能には，一体感の醸成機能と，
成員の動機づけがある。また，企業外部への適応機能には，自社の対外活動の
正当化の機能と，環境変化に対する適合機能がある。さらに環境適合機能には，
適合機能を通じて存続効果を期待する機能と，活性化を行う機能の 2 つの機能
がある。
　「経営理念機能論」「経営理念本質論」のどちらの立場をとる研究者も，「内
部統合」「外部適応」の 2 つの機能については賛同している。この 2 つの機能

◆　図表13− 1　経営理念の機能・効果

内部統合機能		外部適応機能	
バック ボーン （指針）	一体感の醸成	自社活動 の正当化	適合・存続
	成員の動機づけ		活性化
	成員統合機能		環境適合機能

（出所：松田2003, p.43)

の考え方は「最近の経営理念研究では意外なほど議論が収束している」と言われており，さらにこの考え方は鳥羽・浅野（1984），さらには間（1972）まで遡るという（高尾2009）。

　これに対し，横川（2010b）は，この2つの機能のほかに，経営理念に基づいた戦略や組織を構築する機能として，「経営実践」機能を加えている。横川（2010b）は，高田（1978）『経営目的論』から，経営理念が「経営目標」，「経営経済」，「経営組織」を規定しており，これらは経営活動における実践的側面として機能することを示している。なお，「経営経済」は経営戦略に相当するという。経営理念は「経営目標」，「経営経済」，「経営組織」を統括する機能を果たすと共に，経営活動の実践に結びついていなければならないとしている。

◆ **図表13−2　経営理念の機能**

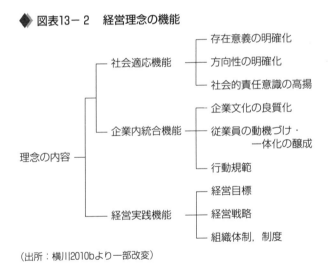

（出所：横川2010bより一部改変）

「戦略の上位概念としての経営理念」という考え方は，「経営理念は企業経営のための重要な構成要因である」という「経営理念機能論」に合致する。すなわち，経営戦略や経営組織と同じように，経営理念も企業経営の重要な構成要素であるという考え方である。
　第11章第2節で見てきたように，1980年代〜1990年代には西洋から経営戦略の考え方が本格的に導入されるようになった。それとともに，経営理念にも経

営戦略の概念が加えられ，「戦略の上位概念としての経営理念の位置づけ」が明確になってきたのである。間（1972）が経営理念の機能を整理した際には，まだ「経営戦略」の概念は一般企業には浸透していなかったと思われる。同じ中川編著（1972）『経営理念』の中で，北野（1972）は「経営理念とは企業がこれから到達すべき状況，すなわち企業の目的を構想したものであることが多く，<u>経営理念から戦略的要素がはずされているのもうなずかれるところである</u>」と述べている。一方，1980–1990年代の経営理念の代表的研究の一つである水谷内徹也（1992）では，「理念が戦略を生む」として，経営戦略につながる経営理念の重要性を述べている。

　「経営理念機能論」の立場に立つ場合には，「戦略の上位概念」としての「経営実践機能」を考慮することが重要であろう。

3．経営理念の構造・階層性

　第10章で見てきたように，「企業組織の経営理念」《概念１》として，また成文化・公表された「経営理念機能論」の視座に立ち，さらに類似概念までを含む「広義の経営理念」と捉えると，経営理念の構造も注目すべき対象となる。

　このような視点の場合，経営理念の階層性には様々な構成要素があり，それが階層をなして成り立っていると考える。例えば，三菱電機の経営理念は企業理念と経営方針の２部構成であり，ホンダの経営理念は社是と運営方針の２部で構成されている。使われる用語（社是，経営理念，企業理念，運営方針，企業方針など）は企業によって多様であるが，より抽象的で理想を示す上位概念

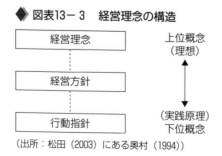

◆ 図表13－3　経営理念の構造

（出所：松田（2003）にある奥村（1994））

から（理念），具体的で実践的な下位概念（方針）という階層をなしている。

　経営理念の構造論については，1980-1990年代にはよく議論されてきたが，2000年代以降はテーマとなることはほとんどなかった。数少ない構造論の視点が，第10章で述べたような「経営理念内容の継承・変更パターン」の構造による検討（野林2016a）である。

4．経営理念と経営戦略の関わり

　1980年代以降，経営戦略の考え方が本格的に日本企業に導入され，経営理念と経営戦略の関係も多く議論されるようになった。

　経営理念と経営戦略の関係性について，松田（2003）は5つのパターンがあるとしている。すなわち，①経営理念そのものが経営戦略となる場合，②経営理念が経営戦略を内包している場合，③経営戦略が経営理念を内包している場合，④経営理念が経営戦略に影響を与える場合，⑤経営理念と経営戦略が相互に影響を与え合う場合，である。また，この場合の経営戦略は「理念主導型戦略」と呼ばれる。

　経営理念と経営戦略の関係を考える際，経営理念も経営戦略と同様に，企業経営のための重要な構成要素であるとの視点に立つ。すなわち，経営理念と経営戦略との関係は，「経営理念機能論」の視座に基づいて議論されると言える。

　経営理念と経営戦略の関係性についての捉え方は研究者によってまちまちであり，また経営理念と経営戦略はどちらも多義であるためその関係を明確にすることは容易ではない（柴田2017）。しかしながら，「経営理念機能論」の視座に立つ場合，経営理念と経営戦略の関係性が重要であることは間違いがないであろう。

第2節　経営理念の浸透

　経営理念は，組織や成員に浸透しなければ，その機能・効果を発揮できないことは良く知られているが，「経営理念の浸透」に関する研究が始まったのは

1990年代からである。松田（2003）によれば，経営理念の浸透の重要性について指摘する研究は多かったものの，1990年代までは経営理念の浸透に関する実証研究は少ない状況にあった。しかし，松田（2003）の6年後に発行された高尾（2009）では，「経営理念の浸透に関する研究が近年の経営理念研究のメイントピックになっている（59頁）」と記されている。経営理念研究は1990年代後半から2000年代に入り盛んに行われるようになり，現在でも経営理念浸透は，経営理念研究の中で最も大きな研究テーマとなっている。

　経営理念の浸透研究については，浸透の対象をどう捉えるかで大きく2つに分けることができる。一つは企業組織（全体）を対象とした「マクロ理念浸透研究」であり，もう一つは組織内の成員を対象とした「ミクロ理念浸透研究」である。ここでは①マクロ理念浸透研究，②ミクロ理念浸透研究について概観し，「経営理念機能論」「経営理念本質論」との関係性についても確認したい。

1．マクロ理念浸透研究[2]

　企業組織全体を対象とした理念浸透研究である。まず質問票調査によって，企業の経営理念の浸透方法を調査した研究に，北居・出口（1997）や横川（2009）がある。

　また，野林・浅川（2001）は，1社1回答式の質問票調査により，経営理念浸透策と，経営理念浸透度との因果関係を示した。さらに横川（2010a）は，1社1回答式の質問票調査により，経営理念の機能と経営理念の浸透手段の関係を明らかにした。

　経営理念の浸透と業績の関係に着目した研究として，鈴木（2009）や野林（2015a）がある。経営理念の浸透が業績にも（一部）関係があることが示された。

　これらは，定量研究により，多くの企業の状況を概観できるという特徴がある。一方，個々の成員間の浸透の違いを考慮できていないという課題が残されている。

　定量研究ではないが，槇谷（2012）は，様々な理論研究と事例研究によって，戦略的組織ルーティンと経営理念の機能化についてモデル化を行っている。

　これらのマクロ理念浸透研究は，「経営理念機能論」に立脚していると言ってよいであろう。多数の企業の経営理念を調査対象とする場合，成文化され公表されていなければ調査分析は難しい。また同様に，経営理念の多様性・多義性という特徴から，類似概念までを経営理念とみなす「広義の経営理念」として操作化することが必要であろう。

2．ミクロ理念浸透研究

　組織の成員を研究対象とした理念浸透研究である。金井・松岡・藤本（1997）は，コープこうべの調査をもとに，経営理念の浸透メカニズムに関する理論として，強い文化モデル，観察学習モデル，意味生成モデルの３つを提示した。また松岡（1997）は，経営理念の浸透に関して「言葉の存在を知っている」から「行動の前提となる」までの４段階の浸透レベルを示すとともに，浸透メカニズムを策定した。

　田中（2006）は，ミッションマネジメント実践企業６社の経営者へのインタビュー調査により，経営理念の浸透方法と，経営理念が成員のやる気につながる仕組みについて考察を行っている。またその続編ともいえる田中（2016）では，その企業に10年間のインタビュー調査（経営者，役員，管理職，若手）を実施することにより経営理念が成員に浸透するメカニズムを探求している。

　また，北居・田中（2009）は，経営理念の浸透度を媒介変数として，理念浸透方法と成果の分析を行っている。ここでの成果は「成員の職務満足」と「コミットメント」という成員の内面に対する成果である。

　高尾・王（2012）は，組織コンテストのアイデンティティ理論に依拠し，浸透の把握を行うために「情緒的共感」「認知的理解」「行動的関与」の３つの次元を構成した。2,700名もの質問票調査により，成員の認知的理解と，情緒的共感が，行動的関与につながることを示した。

　対象を中小企業に絞ったミクロ理念浸透研究も，2010年以降増えている。瀬戸（2017）は，中小企業２社への分厚いインタビュー調査を通じ，戦略的な経営理念浸透促進のプロセスを考察し，戦略的経営理念論を提唱している。また，柴田（2017）は，中小企業の経営者，従業員を対象とした質問票調査によって，

両者（経営者と従業員）の視点のギャップから分析を行い，関連性理論と実践
コミュニティにより理論モデルを示している。

　これらのミクロ理念浸透研究では，定性的あるいは定量的手法により，経営
理念が成員の心理や行動にどのように影響を及ぼしているか，を明らかにする
ことが可能である。マクロ理念浸透研究で課題となった「個々の成員間の浸透
の違い」を考慮することができる。一方で，研究対象企業は１社（もしくは数
社）となることから，一般化が難しい点が課題となる。

　ミクロ理念浸透研究は，「経営理念本質論」「経営理念機能論」のどちらの視
座でも実践されている。「普遍的で，経営の本質としての経営理念」を対象と
するか，「時代や環境によって変化し，その機能を重視する経営理念」を対象
とするか，研究を実施する前に明示することが必要であろう。

第３節　新たな研究テーマ：
経営人類学による経営理念研究

　経営理念に関する新たな研究テーマとして，経営人類学の視点に基づく経営
理念研究を挙げておきたい。

　住原・三井・渡邊ら経営理念継承研究会は，経営人類学的な視点での経営理
念の研究を実施している（住原・三井・渡邊2008）。住原らは，経営理念が成
文化されているかどうかにこだわらず，企業内の活動の中で経営理念を組織構
成員個々人が解釈・再解釈するという相互作用（ダイナムズム）の実態こそが，
経営理念の実体と捉えている。そしてその経営理念が組織内外にどのように伝
播・継承されていくのか，という「過程」に注目をしている。さらに国内企業
のみならず，アジア企業の経営理念の生成・伝播・継承に関する研究も行って
いる（三井編著2013）。

　これらの研究は，経営理念は企業経営の本質であるという「経営理念本質論」
に基づいた研究であると言ってよいであろう。形として見えている各企業の経
営理念の文言は，より普遍的な「理念の本質」としての「メタ理念」の上に成
り立っている点にも注目している。「メタ理念」とは具体的な経営理念を発生

せしめている基礎にあり理念・観念・価値観のことである。

　経営人類学的な視点によるこれらの研究は，今後さらに発展が期待でき，注目していくべき分野であると考えられる。

　これまで「企業組織の経営理念」研究について，それぞれのテーマ別に概観を行った。1956年の経済同友会「経営者の社会的責任の自覚と実践」決議以降，研究者による「企業組織の経営理念研究」は様々なテーマで実施され，多くの蓄積がなされてきた。現在でも，「企業組織の経営理念」研究が進められている。

　しかし，「『日本の経営理念』の概念規定は困難であるのに，これを無視して，無限定のままで論述されることが多い」（山本1972）という状況は現在も変わらない。企業組織の経営理念を研究対象としながら，その経営理念をどう捉えるのか，という概念定義を十分にしないまま，研究が実践されている。まず主体の違いによる3つの経営理念概念のどれを研究対象とするかを宣言する必要があるであろう。またさらに「企業組織の経営理念」を研究対象とする場合には，経営理念を企業経営の本質と考える「経営理念本質論」なのか，企業経営の重要な一構成要素として，その役割を重視する「経営理念機能論」なのかという視座の明示を行うことも重要であろう。

【注】

1）松田（2003）において①経営理念の定義については，主体を経営者もしくは組織体としている。

2）マクロ理念浸透研究については，野林晴彦（2015b）「経営理念浸透にかんするマクロレベル先行研究の考察－コンティンジェンシー理論に基づくパラダイムによる整理と新たな課題の抽出」『経営哲学』第12巻第1号5-22に詳しく整理を行っている。

第 | 14 | 章

経営理念の概念整理：総括

　これまで第Ⅰ部では「経営理念という言葉の誕生から一般の普及まで」の歴史を確認してきた。第二次世界大戦中に誕生した経営理念という言葉は，戦後1970年代初旬までに，一般に広く普及されるとともに，経営理念の3つの概念が誕生した。また，第Ⅱ部では，それらの経営理念概念のうち，現在中心に議論されている『企業組織の経営理念』について，2つの視座を提示するとともに，その歴史的変遷について現在までを振り返り，その整理を行ってきた。

　本章ではこれらを総括し，経営理念の概念を整理するとともに，概念自身が広範であいまいとなった理由について考察を行う。

第1節　日本における経営理念概念の歴史的変遷と概念整理

リサーチクエスチョン

> 日本における『経営理念』という言葉と概念は，どのように誕生し，変化し，現在のように受け入れられてきたのか？　その歴史を振り返ることで概念を整理する

　日本における経営理念の概念の歴史について，経営理念という言葉の歴史とともにその変遷を振り返ってきた。

　企業の「経営理念」という言葉は，主に実業界を中心に一般化してきた。哲学のイデー（理念）を起源に，「経営理念」という言葉が誕生し，第二次世界

大戦中に戦時統制経済下における「経済思想・経営思想としての経営理念」として使用された。戦後，経営者は奉仕の考えとしての「経営者の哲学，経営者理念」を持つべきとした川上嘉市のエールは，少しずつ経営者の中に広まっていった。そして，経済同友会決議および日本生産性本部による海外視察，そしてドラッカーの著書の流行により，「新しい経営理念」ブームが生じ，「経営者理念」という考え方が広く国内に広がっていった。このブームはさらに実際に企業が経営理念を制定するのを後押しし，「企業組織の経営理念」という考え方が浸透，定着していったのである。このブームにより，「経済思想・経営思想」としての経営理念概念は，「経営者理念」「企業組織の経営理念」という概念に置き換わっていった（パラダイム変換）。

「企業組織の経営理念」の概念は，経営理念が社是社訓のようにテキスト化，すなわち成文化され，公表されることによってさらなる視座が生まれる。経営理念の企業経営への役割，すなわち機能をより重視する「経営理念機能論」である。一方，経営理念こそ経営の本質であるとする「経営理念本質論」も，「理念」という言葉のイメージをもとに存在している。

「経営理念機能論」の視座では，経営理念として成文化・公表された文言に注目し，その階層性を有する構造にも注目する。経営理念の階層に含まれる，スローガンや行動指針などの類似概念まで経営理念とみなす（広義の経営理念）ことが，適しているであろう。

　広義の経営理念として経営理念の構造を考える場合，経営理念内容の変更や継承のパターンは，①不変型（普遍型），②刷新型，③見直型，④追加並列型，⑤追加融合型の5つが考えられる。企業組織の経営理念の歴史的変遷を考える際，上記の主に追加並列型や追加融合型により新たな意味が付加されていった。1950-70年代には，企業の社会的責任論としての「社会性の付与」が行われ，1980-90年代には，「戦略概念の導入」が行われた。次いで1990年代－2010年代には，「ミッション・ビジョン・バリューの導入」が行われ，さらに2000年代－2010年代には，CSRやサスティナビリティといった「さらなる社会性の付与」が行われた。2020年代の現在は，「パーパス（存在意義）の導入」が進行している。

　一方で，「経営理念本質論」の視座に立つと，経営理念は普遍的，本質的な

◆ 図表14－1　経営理念概念の歴史的変遷⑷

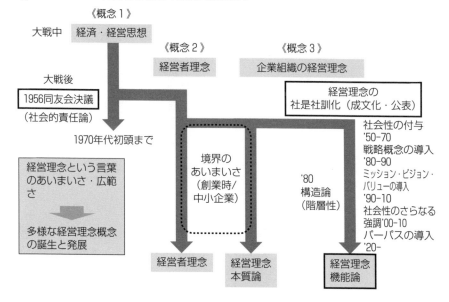

ものであり，変化しないものであり，成文化・公表の有無にはこだわらない。この視座の場合，創業期や中小企業の場合は創業者・経営者の「経営者理念」が「企業組織の経営理念」になることが多く，両者の境界はあいまいとなる。

　以上を簡単にまとめたものが図表14－1である。「経営理念」概念が，その言葉とともに誕生・変容し，国内に普及していったことがわかる。

　経営理念という言葉と概念の歴史的変遷により，概念は以下のように整理できる。

《概念１》経済思想・経営思想としての経営理念
　　　　　　　　　　　　　　　　　　　　　【主体】日本全体，日本の産業全体
《概念２》経営者の哲学，経営者理念としての経営理念
　　　　　　　　　　　　　　　　　　　　　【主体】経営者
《概念３》企業組織の経営理念　　　　　　　【主体】企業組織

　また企業組織の経営理念《概念３》の場合，さらに２つの視座が可能である。

①　経営理念本質論：経営理念こそ企業経営の本質であるとする考え方
　　　　　　　　　　経営理念の成文化・公表にはこだわらず，普遍性を重視する
　　　　　　　　　　創業時や中小企業の場合，経営者理念《概念2》との違いが明確で
　　　　　　　　　　なくなる
②　経営理念機能論：経営理念は，企業経営の一要因であるとする考え方
　　　　　　　　　　経営理念は成文化・公表されたものであり，変化するものとみなす

第2節　経営理念が広範であいまいな概念となった理由

　最後に，なぜ「経営理念」という言葉があいまいで広範な意味を有しているのであろうか？　あらためて整理をしてみたい。

1．「経営理念」という言葉自体の理由

　経営理念を分解すると「経営」と「理念」となる。それぞれの語源を確認してみよう。

　中本（2017）は，「経営」という言葉の語源を調べている。「経営」という言葉は，すでに中国最古の詩集である『詩経』や司馬遷の『史記』に現れているという。例えば，史記には，「欲以力征経営天下　五年卒亡其国身死東城（力征を以て天下を経営せんと欲せしも，五年にして卒（つひ）にその国を滅ぼし身東城に死す）」。また「経営」という言葉のもともとの意味は，①「なわを張り土台をすえて建物をつくること。縄張りして普請すること。また造園などの工事をすること」であったという。その後，②「物事のおおもとを定めて事業を行うこと」もしくは，③「物事の準備やその実現のために大いにつとめはげむこと。特に接待のために奔走すること」などへと変化したという（小学館『日本国語大辞典』）。「経営」という言葉は，日本でもすでに平安時代から使われており，「建物の造営」から次第に「物事の実現に向けて励む」，あるいは「努力してやりくりする」意味へと変化を遂げてきた（下谷2014）。

　一方，第1章で見てきたように，「理念」という言葉は，20世紀初頭に，ドイツ哲学，カントによる認識論におけるドイツ語のイデー（Idee）を「理念」

と訳して誕生している。すなわち，理念という言葉は「翻訳語」である。

　経営理念という言葉を，「経営」と「理念」に分けて考えると，「理念」という言葉のほうが抽象的で難しい意味を有している。平安時代から日本に定着してきた「経営」という言葉と，明治時代に哲学の用語として翻訳された「理念」とでは，後者のほうが抽象的で難解である。例えば『日本大百科全書』では次のように示している。

　　　もともとは事物の永遠の原型としての超感覚的な真実在を意味するプラトンのイデアideaが語源である。中世神学ではイデアが神の知性のうちにあるとされた。近世初頭にデカルトとロックが心理的な意識内容をさすために用いてからは，"idea" "Idee" は『観念』（アイデア，イデー）をも意味するようになり，今日ではこの語法が優勢を占めている。しかしカントは，形而上学の本来の対象である魂・世界・神の三つの純粋理性概念を理念（イデー）とよんで原義を回復し，超越的，価値的な意味を与えた。理念は，意識内容一般をさす表象と，主観に本来備わって経験的対象の構成に用いられる純粋悟性概念（範疇）とから区別され，悟性認識に最高の統一を与える理性認識の形式とされた。ただし経験においては，対象構成のために用いられてはならず，認識を規制する原理にとどまる。ヘーゲルでは，理念はその対象と統一され，論理・自然・精神として自己展開する実在的な理性概念であるとされる。［藤澤賢一郎］

　もう少し簡単に言えば，理念とは，「**あらゆる起こりうる経験の全体，あるいは私たちが普通使う意味での経験を超越した何ものかについての概念。経験を超えながら，経験を可能にするもの**」であり，「例えば不滅の魂や万物の原因である神などの概念」である。

　「経営」に比べて，「理念」のほうが抽象的で難解な意味を有している。したがって，「経営理念」のあいまいさ，広範さは「理念」という言葉に由来しているのではないかと考えられる。

　それではなぜ，「理念」のような難解な哲学の言葉が一般に広く使用され，そして「経営」という言葉と結びついて「経営理念」という言葉になったのであろうか。その理由は，「理念」という言葉が明治以降の「翻訳語」であったという言葉の特性にあると考えられる。

　翻訳論・比較文化論の研究者である柳父章は，この「翻訳語」が乱用されている事実を指摘している（柳父1972, 1976, 2013）。明治初期から日本においては，様々な外来語を「漢字」によって翻訳して受け入れるということが行われてきた。漢字は造語能力が高く，少ない文字を用いて，豊かな意味を表現できる。ところが，漢字の「文字自身」による表現能力は完全ではなく，表現されたところだけで理解することは難しい。柳父（2013）は，谷崎潤一郎の『文章読本』から，「蓄音機」「映画」という言葉が，「トーキングマシン」や「ムーヴィー」よりはそのものの意味を示しているが，実物を見たことのないものには十分理解できないことを説明している。言葉は単なる符牒にあることを忘れ，複雑な内容を2文字や3文字の漢字の中に盛り込もうとして新たな言葉を作成したというのである。

　明治以降，西洋からの新しい言葉は，ほとんど漢字による造語という方法で翻訳され，受け止められてきた。心理，権利，社会，理性，観念，理想，社会などとともに，「理念」という言葉もつくられたのである。

　ところがこれらの「翻訳語」は，「今日でも依然として，私たちの言葉になりきっていない」「不透明な言語」であると柳父（1972）は言う。そして十分に理解できないまま，知識人，特に若い知識人，学生たちにより「乱用」されているのである。それではなぜ，若者はそのような「翻訳語」を乱用するのか…それはその言葉自身に「魅力」があるからであると柳父章は述べている。このような新しい「翻訳語」は難しく，「丸ごと呑み込み，理解できない言葉を理解できないまま覚えこませる」のである。そして目新しく変わった「翻訳語」が，それ自体魅力であり，若者たちをひきつけ，そして乱用するのである。この点について，柳父（1976）は福沢諭吉が『通俗民権論』の中で「権」という言葉が乱用・誤用されていることに憤慨していることを紹介している。権利，権限などの「権」という言葉の熟語は，素人には理解しがたいにも関わらず，日々流行してほとんど世間通用の言葉となっている，と言うのである。

　「理念」も同様である。「イデー（Idee）」はドイツ哲学にある用語であり，その意味の理解は難しい。したがって，その翻訳語である「理念」の本来の意味も非常に難しい。明治末期から大正期，旧制高校で哲学をはじめて学んだエリートたちは，哲学自身の難しさとともに，新たな「理念」という言葉とその

意味の難しさに直面したはずである。しかしそれ以上に，その言葉の魅力に惹かれたのではないだろうか。そして十分に理解できないまま，丸ごと呑み込んだ上で，乱用され，一般に広く使用されるようになったのである。そして，本来の哲学の意味から，あいまいで，普遍的で超越的なイメージは残りながら「物事のあるべき姿，理想」という意味に広く使用されるようになった。「カント哲学におけるイデー」の本来の意味が薄れていったのである。

　そのようなあいまいな言葉となった「理念」が，やがて「経営」という言葉と結びついて「経営理念」となり，あいまいで普遍的，超越的なイメージを持った「不透明な言葉」として使用されるようになったのである。しかし，その中で，ドイツ哲学の「イデー」の本来の意味は薄れていった。

２．経営学者は，「経営理念」という言葉を望んでいたのか？

　それでは，経営学界は，この「経営理念」という言葉やその広範な概念について，どのように思っていたのだろうか。最初からこの言葉を望んでいたのだろうか？

　1958年に出版された土屋喬雄『日本における経営者精神の発達』には，その序章に，経済同友会1956年「経営者の社会的責任の自覚と実践」決議とその前年の経済同友会大会での櫻田武発言について述べられている箇所があるが，これらを新「経営者理念」としてとりあげている。そして，同書では「新経営者理念」の紹介・評論を述べるのではなく，日本における経営者精神の発展・変遷のあとを考察してみたい，としている。同書は，『経営セミナー』誌上に1957年に「日本における経営者精神の発達」の題目で連載された内容について加筆・修正されたものであるが，「経営者理念」ではなく「経営者精神」とされている。

　ここで注目すべきは２点である。この書籍において，経営理念ではなく，経営者理念としていること，そして経営者理念ではなく経営者精神という言葉をタイトルに選んでいることである。ここで後者から推測されるのは，土屋が「経営者理念」という言葉よりも「経営者精神」という言葉を好んだということである。経済同友会が提唱した「経営者理念」という考え方については，批判や

批評があるとしているが，土屋自身がその考え方に批判的であり，あえて「経営者精神」という言葉にしたのではないかと思われる。もう1点，「経営理念」でなく，「経営者理念」としていることは，経済同友会の提唱した考え方が「経営者個人の理念」であることに理由があると思われる。一方，経済同友会や実業界では，経営者理念ではなく，経営理念という言葉を使用していた。

　ところが，1964年に発行され，大きな反響を呼んだ土屋『日本経営理念史』では，「経営者精神」ではなく，さらに「経営者理念」でもなく，日本「経営理念」史というタイトルを使用している。また，序章の中でも「経営者理念」という言葉ではなく「経営理念」という言葉が用いられている。

　これは，前書（『日本における経営者精神の発達』）が発行された1958年から，1964年までの6年間の間に，「経営理念」という言葉が一般に広く浸透し，使われるようになったためと考えられる。

　また，1968年に邦訳されたB. K. マーシャル著『日本の資本主義とナショナリズム』は，『ビジネス・エリートの経営理念』のサブタイトルがついている。この書籍の中で翻訳を担当した鳥羽欽一郎は，Business Ideologyを経営理念と訳している。

　もう1冊，経営理念に関する著書を見てみよう。1968年，サットンらによる"The American Business Creed" は，『アメリカの経営理念』というタイトルに訳されて出版された。翻訳を行った高田馨は，冒頭で以下のように述べている。

　　経営理念−business creedをわれわれは経営理念と訳した。同じものをサットンたちはbusiness ideologyというが，われわれはこれを企業イデオロギーと訳した。business creedも企業信条ないし，企業理念と訳したほうがよいかもしれないが，<u>日本では経営理念の方が熟しているので，それによった</u>。
　　　　　　　　　　　　　　　　　　　　（アンダーラインは筆者）

このことから，1968年には，「経営理念」という言葉がすでに広く定着しており，置き換えることができなかったことがわかる。

　経済同友会など実業界が牽引して広めた「経営理念」という言葉とその概念を，すべての経営学者は必ずしも歓迎していなかったのかもしれないが，すで

に幅広く一般化していたために，そのままの形で経過してきたと考えられる。

3.「経営理念」に相当する英語

　最後に「経営理念」という言葉の英訳を考えてみよう。英語から「経営理念」として和訳されている言葉を見ると，下記のようなものがある。例えば，サットンらによる『アメリカの経営理念』（高田・長浜訳1968）では，Bisiness Creedを経営理念と訳している。B.K.マーシャル著（鳥羽訳1968）『日本の資本主義とナショナリズム－ビジネス・エリートの経営理念』では，Business Ideologyを経営理念と訳している。またJames C. Collins & Jerry I. Porras（1994）による "Built to Last : Successful Habits of Visionary Companies" の訳書である山岡訳（1995）『ビジョナリー・カンパニー』では，basic philosophyを経営理念，core ideologyを基本理念などと訳している。

　それ以外にManagement Philosophy，Corporate Values，Vision，Missionなども「経営理念」と訳される場合がある。

　しかし，これらの言葉は，それぞれ下記のようにも訳される。

Business Creed	経営信条
Business Ideology	企業イデオロギー
Management Philosophy	経営哲学
Corporate Values	（企業の）価値観
Vision	ビジョン
Mission	（企業の）使命・ミッション

　経営理念という言葉よりも，むしろ上記のそれぞれの訳のほうが，よりその意味に合致しているように思われる。

　これまで，経営理念は「経済思想・経営思想」《概念1》,「経営者の哲学，経営者理念」《概念2》,「企業組織の経営理念」《概念3》という3つの概念に分類されることを歴史的に確認してきた。「経営理念」という言葉は，3つの大きな概念を有し，広範な意味を持つ。したがって「経営理念」の概念すべてを包括するような単一の英語は存在しないのだろうか？

　ここで「理念」という言葉に立ち返って考えてみよう。理念という言葉は，ドイツ語のイデー（Idee）の翻訳である。ドイツ語のIdeeはギリシア語のideaに由来しており，同じギリシア語由来で英語ではidea（アイディア）となる。したがって"The idea of business"とする英語が，日本語の「経営理念」に最も適した言葉と言える。しかし，英語で"The idea of business"とされている書籍や文献はほとんど見られない。数少ない"The idea of business"という言葉が使用されているのは，Druckerによる"Managing for Results"（1964）である。この"The idea of business"を「経営理念」あるいは「企業の理念」と訳したのは，経済同友会創立メンバーの野田信夫であった。1965年の編著書『現代経営理論のエッセンス』の第2章において，「経営理念　ドラッカー『創造する経営者』」をまとめている。なお，野田一夫・村上恒夫による邦訳（1964）『創造する経営者』では"The idea of business"を「企業の構想」と訳され，その後の新版でも同様に訳されている。しかし，"The idea of business"を経営理念と訳したほかの書籍や文献は見当たらない。

　「経営理念」に相当する英語，この広範な概念を表現する英語は存在しない。「経営理念」は概念が広く，あいまいであるために，それらをすべて包含するような英語の言葉が見つからないのだ。逆に言えば，英語圏には日本の「経営理念」に相当する，非常に広範な概念が存在しない，と言うことができる。

　それでは　ドイツ語ではどうであろうか？　理念はドイツ語のIdeeの翻訳語[1]であるから，ドイツには「経営理念」に相当する言葉が存在するのだろうか？　しかしドイツ経営学のテキストや文献を見ても，日本の「経営理念」に相当する概念は見られない。ドイツにも，日本の経営理念と同じ広範な概念，およびその言葉は存在しないようである。前述のように経営理念という言葉を経営学において最初に使ったのは，ドイツ経営経済学者である古林喜楽と思われるが，その「ナチス下の経営学」の論文においても，「経営理念」がドイツ経済経営学の文献からの引用であるとは示されていない。「理念」という言葉はドイツ哲学，ドイツ語Ideeの翻訳語であるが，「経営理念」は日本でオリジナルに合成された言葉であり，概念なのである。

【注】

1）例えば，フリードリッヒ・マイネッケ（邦訳1976）『近代史における国家理性の理念』の原題は "Die Idee Der Staatsräson in Der Neueren Geschichte" であり，Idee（理念）という言葉を用いている。

終　章

おわりに：
本研究の成果・貢献と
残された研究課題

第 1 節　本研究の成果と貢献

　これまで経営理念という言葉と概念の歴史的変遷により，経営理念を 3 つの概念に分けて整理した。日本（産業）全体を主体とした「経済思想・経営思想としての経営理念」《概念 1 》，経営者を主体とした，「経営者の哲学，経営者理念としての経営理念」《概念 2 》，そして企業組織を主体とした「企業組織の経営理念」《概念 3 》である。

　また，「企業組織の経営理念」《概念 3 》の場合，さらに 2 つの視座が可能である。一つは，経営理念こそ企業経営の本質であるとする「経営理念本質論」である。この視座の場合，経営理念の「普遍性」を重視し，経営理念が文章となっているかどうか，公表されているかどうかにはこだわらない。もう一つは，経営理念は，経営戦略や経営組織などと同様に，企業経営の一要因とする考え方である。この場合の「経営理念」は，時代や環境に応じて変化するものであり，また成文化され，公表されてきたものであるという立場をとる。

　それでは，経営理念の概念整理，すなわち 3 つの概念と 2 つの視座は経営理念研究にどのような貢献があるのだろうか。既存研究と今後の研究に対して見てみよう。

　その一つは，これまでの経営理念研究で，あいまいに表現されていた経営理念の概念を整理できる点である。その研究の経営理念概念をより明確にすることによって誤解をなくし，その理解を深めることができる。

　例えば，瀬戸（2017）では，経営理念を，「成文化されず，公表されていないもの」，すなわち，「経営者・創業者の言説・行動」も経営理念として捉えている。この研究では，「経営理念本質論」の視座に立脚していることがわかる。一方，野林（2015a）は多数の企業の経営理念を対象とする定量研究であるが，「経営理念機能論」の視座に基づき，「成文化され，公表され，類似概念（スローガン，ビジョンなど）もすべて含む企業組織の経営理念」（広義の経営理念）として経営理念を捉えている。

　もう一つは，今後の経営理念研究に対してである。これから実施される経営理念研究において，事前にその視点（概念）を明示化することによって，研究の信頼性を高め，また誤解をなくすことができると思われる点である。

　経営理念の研究を行う場合には，その前提として，上記の3つの概念，2つの視座のどの立場に依るかを，あらかじめ明示することが良いであろう。

　それでは本研究は実業界にはどのような貢献があるのであろうか。経営者や企業が新しく経営理念を策定したり，見直しや追加を検討する際に，多様な経営理念の概念を理解するのに役立つことが考えられる。

第2節　残された課題

　これまで日本の「経営理念」について，その言葉の誕生・一般化の歴史を振り返りながら，多様な「経営理念概念」の整理を行ってきた。本研究の残された課題として，①経営理念の国際比較・国際化の経営理念，②経営理念と組織概念，の2つがあげられる。

1．経営理念の国際比較，国際化の経営理念

　本書では「日本の経営理念」について歴史を振り返り，その概念整理を行った。あくまで日本での経営理念だけを対象にしている。しかし，企業は様々な国に存在しており，日本の経営理念に相当するような概念は他国の企業にも存在している。したがって経営理念の国際比較は，重要な課題である。

　経営理念の国際比較に関する研究は，1970年代から1980年代かけてよく行われている。例えば，田杉（1967），中川（1972），竹中・宮本（1979），中川（1981），間（1990），奥村（1997）などである。しかし，最近は「経営理念の国際比較」の研究はなされていない。日本の経営理念が1990年代から現在に至るまで大きく変容してきたように，海外企業においてもその変化が予想される。経営理念研究にとって，現代における「経営理念の国際比較」は重要な研究課題の一つであると言ってよいであろう。

　前章で見てきたように，「経営理念」は日本でオリジナルに合成された言葉であり，様々な概念を包含した幅広い概念である。国際比較を行う場合にも，経営理念の概念を統一して行う必要がある。例えば第14章第2節で見たように，サットンら（邦訳1968）『アメリカの経営理念』（The American Business Creed）については，"Business Creed" を経営理念と訳している。この場合"Business Creed" は成文化され，公表された企業組織の経営理念であり，《概念3》を示すと考えられる。したがって，"Business Creed" としての経営理念の国際比較を行う場合は，日本の経営理念も「成文化され，公表された企業組織の経営理念」に限定する必要があるだろう。

　また日本から海外へ進出する場合の経営理念の研究も重要な研究課題である。グローバル化が進み，国を越えて存在する企業が増えている現在，日本企業はその経営理念を，どのように海外の子会社に移植してゆけばよいだろうか。文化や習慣の異なる海外で，日本の経営理念を展開していくことについて，調査研究の必要があるであろう。

2．経営理念と組織概念

　もう一つの残された課題は，「経営理念と組織概念」に関する視点である。理念という言葉は，ドイツ哲学のイデーの訳語であり，"あるべき理想の姿"の意味を有している。経営理念とは，経営のあるべき姿を示しており，組織の本質であると言ってもよいであろう。英米において，またドイツにおいても「経営理念」（the idea of business）とする言葉は存在していない。「経営理念」という言葉の存在には，日本の組織観が強く反映されていることが考えられる。

西洋的な組織観（あるいはドイツの組織観）と日本の組織観の違いと経営理念との関わりについては，より深く研究していくべき課題であると思われる。

　経営理念という言葉が誕生して70年余り，理念という言葉を用いたがゆえに，その概念は広範であいまいなものとなり，多様性と多義性を有しながら日本で独自の進化を果たしてきた。不透明性の高い将来において，経営理念の重要性はますます高まるであろう。本書をさらに発展させることで，少しでもその学術的研究に貢献していくことを望んでいる。

あとがき

経営理念とはいったい何だろうか。

私が経営理念に出会ってから，35年以上が経っている。大学を卒業し，就職した会社の新人研修で，その会社の「創業精神」を教わったのが最初だった。その2年後は，経営者が新たな「経営理念」を制定・公表し，徐々に社内に浸透していく様子を，当事者として体感することができた。さらに数年後には，その経営理念を社内に浸透させる仕事に従事する機会を得た。このような経験の中で，会社における経営理念の重要性やその浸透の難しさを学び，経営理念への関心がますます高まっていった。そして会社を離れ，研究者として少しずつではあるが，経営理念をテーマに研究を続けている。本書は，「経営理念は何か」という大きな問いに対する，途中経過の報告である。

本書は，滋賀大学より2020年3月に博士（経営学）学位を授与された審査論文をベースに，その後の投稿論文等を合わせ加筆修正したものである。博士論文の執筆にあたっては，主査をお務めいただいた滋賀大学教授の小野善生先生，副査の滋賀大学教授　伊藤博之先生（現大阪経済大学教授），同じく滋賀大学教授の澤木聖子教授から多大なるご指導，激励，ご支援を賜った。心より御礼と感謝を申し上げたい。在学途中でそれまでの研究の方向性に行き詰まり，途方に暮れていた際，本書のテーマに導いていただいた。この時の「経営理念とは何か」という大きなテーマについて，現在も継続して追い求めている。

また早稲田大学大学院教授の山田英夫先生からは，論理的な考え方，研究の進め方など懇切丁寧にご指導賜った。さらに，慶應義塾大学大学院教授の浅川和宏教授には，修士論文研究を通じて，研究の楽しさをお教えいただいた。両先生にも心から感謝申し上げたい。

経営哲学学会，日本マネジメント学会，経営倫理学会，経営戦略学会，組織学会，日本経営学会，実践経営学会など，様々な学会において，拙い学会発表や論文投稿での査読により貴重なご指導を賜った。すべての先生方のお名前をあげることはできないが，明治学院大学名誉教授（新潟産業大学特任教授）大

平浩二先生，慶應義塾大学名誉教授（城西大学特任教授）菊澤研宗先生，中部大学教授　辻村宏和先生，甲南大学教授　北居明先生，駒澤大学教授　村山元理先生，東京都立大学大学院教授　高尾義明先生，慶應義塾大学教授　王英燕先生に心から御礼申し上げたい。また今回の出版は，2022年10月の組織学会年次大会「学術書籍出版を考える研究者のためのピッチ・セッション」がきっかけである。服部泰宏先生はじめ関係の先生方に感謝したい。

　また，「理念会」の仲間である帝塚山大学教授　田中雅子先生，東海大学元教授　槇谷正人先生，広島経済大学教授　瀬戸正則先生，岐阜大学准教授　柴田仁夫先生に心から感謝したい。社会人から研究者・大学教員に転身され，同じ「経営理念」を研究テーマにしている先輩として，また同志としていつも新たな知見や刺激，そして励ましをいただいている。先生方がいらっしゃらなければ，会社を早期退職して研究者を目指すこともできなかった。また公立諏訪東京理科大学講師　田原慎介先生からは，分野は異なっても大きな刺激をいただいていることに感謝したい。

　「経営理念」に触れ，その魅力に惹かれたのは，26年間勤務したエーザイ株式会社の影響が大きい。エーザイ株式会社，および理念浸透を主業務としていた知創部での上司・先輩・同僚に心から感謝したい。

　また会社を早期退職後，教員そして研究者として勤務する機会をいただいた九州国際大学，北陸学院大学短期大学部，そして現在勤務している金沢星稜大学，および諸先生方，事務の皆様，そして学生の皆さんに御礼申し上げたい。さらに金沢星稜大学総合研究所からは，本書出版にあたり助成を受けていること，記して感謝したい。

　最後に，出版事情が厳しい中，単著出版の機会を与えていただいた株式会社中央経済社の山本継社長，学術書編集部の納見伸之編集長に，厚く御礼申し上げる。

　本書を通じ，多くの関係各位より賜ったご厚意を，経営理念の実務や研究で活躍されている皆様に，研究成果の一端として少しでもお役にたてれば幸いである。

2024年1月

野林　晴彦

参考文献

B.K. Marshall, "Capitalism and Nationalism in Prewar Japan −The ideology of the Business Elite,1868-1941", Stanford University Press Stanford, California 1967.

James C. Collins & Jerry I. Porras, "Built to Last : Successful Habits of Visionary Companies", Harper Business Essentials, 1994. (邦訳1995『ビジョナリーカンパニー』, 日経BP社)

Peter F. Drucker, "The Practice of Management", Harper Business & Row, 1954. (邦訳1956『現代の経営』, 自由国民社)

Peter F. Drucker, "Managing for Results", Harper Business & Row, 1964. (野田一夫・村上恒夫訳1964『創造する経営者』, ダイヤモンド社)

アーサーアンダーセン (1997)『ミッションマネジメント−価値創造企業への変革』, 生産性出版.

アダム・スミス (1776, 邦訳2023など)『国富論』, 日経ビジネス文庫など.

アドルフ・A・バーリ (邦訳1956)『二十世紀資本主義革命』, 東洋経済新報社.

アベグレン (邦訳1958)『日本の経営』, ダイヤモンド社.

浅野俊光 (1991)『日本の近代化と経営理念』, 日本経済評論社.

麻生義輝編 (1933)『西周哲學著作集』, 岩波書店.

安部清見 (1935)『新修身指導案 尋2』, 明治図書.

有馬頼寧 (1940)『大政翼賛会の発足に当りて』, 大政翼賛会宣伝部.

池上嘉彦 (1984)『記号論への招待』, 岩波新書, 岩波書店.

石毛忠編 (2009)『日本思想史辞典』, 山川出版社.

伊丹敬之・加護野忠男 (2003)『ゼミナール経営学入門 第3版』, 日本経済新聞社.

伊藤健市 (2009)「トップ・マネジメント視察団は何をアメリカから学んだのか(1)−日本生産性本部海外視察団からの教訓」,『関西大學商學論集』, 第54巻第3号, 73-91.

伊藤賢次 (2012)「トヨタの組織文化と豊田章男社長−「変えるべきこと」と「変えてはならないもの」の峻別と進化・発展」,『名城論叢』, 1 -21.

井上貞蔵 (1929)「日本の経濟政策とその基調」,『經營學論集』, 第3巻, 163-179.

井上哲次郎 (1881)『哲學字彙』, 東京大學三學部印行.

井上哲次郎 (1932)「明治哲學界の回顧」, 下村寅太郎・古田光編 (1965)『現代日本思想大系24 哲学思想』, 筑摩書房, 53-71. (初出は岩波講座『哲学』の一冊として公刊).

井森陸平・倉橋重史・大西正najp (1976)『経営理念の社会学的研究』, 晃洋書房.

入沢宗寿 (1927)『現代教育思想概説』, 山海堂出版部.

岩沢良岱 (1958)「フォードを追い越したGMの経営理念」,『事務と経営』, 第10巻104号, 35-37.

引頭麻実 (2013)『JAL再生：高収益企業への転換』, 日本経済新聞出版社.

ロベール・エスカルピ著 末松壽訳 (1988)『文字とコミュニケーション』, 白水社.

江幡亀寿 (1925)『公民道徳体系』, 弘成社.

大橋容一郎 (2017)「新カント学派と近代日本−桑木厳翼と三木清を手がかりとして」,『思想』, 1118号, 130-147.

大橋容一郎（2018）「桑木厳翼における『新』カント主義と『新カント学派』」，『思想』，1126号，105-126.

大森弘（2008）「議題：経営哲学形成の源流を辿る」「２．松下幸之助と稲盛和夫の経営哲学」，経営哲学学会編（2008）『経営哲学の実践』文眞堂，30-33.

大山良雄（1964）『社是社訓』，高陽書院.

岡崎哲二・菅山真次・西沢保・米倉誠一郎（1996）『戦後日本経済と経済同友会』，岩波書店.

岡本康雄（1983）「日本企業における経営戦略と経営組織」，『国民経済雑誌』，第148巻第３号，52-82.

奥野明子（2008）「株式会社再春館製薬所」，住原則也・三井泉・渡邊祐介編『経営理念－継承と伝播の経営人類学的研究』，PHP研究所.

奥村恵一（1994）『現代企業を動かす経営理念』，有斐閣.

奥村恵一（1996）「変革期における経営理念の刷新」，『横浜経営研究』，第17巻第３号，217-233.

奥村恵一編著（1997）『経営の国際開発に関する研究－現代企業を動かす経営理念の実証的研究』，多賀出版.

小野桂之介（1997）『ミッション経営の時代－社会的使命が企業を高める』，東洋経済新報社.

小野桂之介（2000）『ミッション経営のすすめ』，東洋経済新報社.

カント著・篠田英雄訳（1961）『純粋理性批判　中』，岩波文庫.

海道ノブチカ（2010）「ドイツ経営学における伝統的経営観」，『神戸学院大学経営学論集』，第６巻第２号，47-60.

加護野忠男（1988）『企業のパラダイム変革』，講談社現代新書.

加護野忠男・野中郁次郎・榊原清則・奥村昭博（1983）『日米企業の経営比較－戦略的環境適応の理論』，日本経済新聞社.

加護野忠男（2010）『経営の精神－我々が捨ててしまったものは何か』，生産性出版.

加護野忠男編著（2016）『松下幸之助－理念を語り続けた戦略的経営者』，PHP研究所.

春日賢（2012）「第２章　マネジメントのパイオニア」，経営学史学会監修　河野大機編『ドラッカー』，文眞堂.

春日賢（2016）「藻利重隆のドラッカー論について－日本におけるドラッカー受容(1)」，『北海学園大学経営論集』，第14巻３号，1-14.

加藤敬太（2014）「ファミリービジネスにおける企業家活動のダイナミズム－ミツカングループにおける７代当主と８代当主の企業家継承と戦略創造」，『組織科学』，vol. 47，No. 3，29-39.

加藤与三郎編著（1964）『サンスター物語』，週刊粧業.

加藤尚武（2015）「明治期日本におけるドイツ哲学の選択」，日本哲学史フォーラム編『日本の哲学』第16号（特集　ドイツ哲学と日本の哲学），昭和堂，3-10.

金井壽宏・松岡久美・藤本哲（1997）「コープこうべにおける「愛と協同」の理念の浸透－組織の基本価値が末端にまで浸透するメカニズムの探求」，『組織科学』，第31巻，29-39.

蟹江義丸（1899）『帝国百科全書　西洋哲学史』，博文館.

株式会社中村屋（1972）『新入社員のための会社案内　中村屋の生いたちと経営理念』（非売品）

川合正勝（1943）「統制下の新経営理念」，『新天地』，第23巻第１号，37-44.

川上嘉市・荒木昇編（1938）『人間苦の解脱（教育パンフレット）238輯』，社会教育協会.

川上嘉市（1944）『勝利の生産』，昭和刊行会.

川上嘉市（1946a）『事業と經營』，東洋経済新報社.

川上嘉市（1946b）『随想　人間教育』，大日本教育會.

川上恒雄（2008）「議題：稲盛哲学の宗教的背景」「２．松下幸之助と稲盛和夫の経営哲学」，経営哲学学会編（2008）『経営哲学の実践』，文眞堂，23-25.

川北禎一（1956）『米国における企業経営の理念と実際』（非売品）.

川瀬和也（2017）「ヘーゲル『大論理学』における絶対的理念と哲学の方法」，『哲学』，68巻，日本哲学会，109-123.

梶原一明（2002）『トヨタウェイ－進化する最強の経営術』，ビジネス社.

旧制高等学校資料保存会編纂（1981）『資料集成　旧制高等学校全書　第３巻教育編』，昭和出版.

経済同友会（1962）『経済同友会十五年史』（非売品）.

経済同友会（1978）『経済同友会三十年史』（非売品）.

菊久池博（1957）「近代的経営理念とヒューマン・リレーションズ」，『日本経済新報』，日本経済新報社，第320号，44.

北居明・出口将人（1997）「現代日本企業の経営理念と浸透方法」，『大阪学院大学流通・経営科学論集』，第23巻，65-83.

北居明・田中雅子（2009）「理念の浸透方法と浸透度の定量的分析－定着化と内面化」，『経営教育研究』，第12巻，第２号，49-58.

北村次一（1980）『経営理念と労働意識－ドイツ・キリスト教社会改革史』，新評論.

北村正仁（2018）「グローバル企業における経営理念」『経営哲学学会第35回全国大会　報告要旨集』：75-80.

北野利信（1972）「経営理念の構造」，中川敬一郎編著『経営理念』，ダイヤモンド社.

トーマス・クーン（中山茂訳　1971）『科学革命の構造』，みすず書房.

倉田貞雄（1957）「当社の経営理念について　丸善石油取締役　倉田貞雄」，『先見経済』，1957年７月10日，セイワコミュニケーションズ.

桑木厳翼（1900）『哲学概論』，東京専門学校出版部.

桑木厳翼（1917）『カントと現代の哲學』，岩波書店.

桑木厳翼（1924）『カント雑考』，岩波書店.

桑木厳翼（2008）『日本哲学の黎明期』，書肆心水.

グラハム・ケニー（2019）「ビジョン，ミッション，バリューとはどう違うのか」，『ダイヤモンド・ハーバード・ビジネスレビュー』，2019年３月号，90-91.

クローディン・ガーテンバーグ＆ジョージ・セラフェイム（2019）「米国トップ企業の経営者181人が株主資本主義との決別を宣言」（2019年９月11日），ダイヤモンド社ハーバードビジネスレビューホームページ，https://dhbr.diamond.jp/articles/-/6147

郷司浩平（1962）「家康・孫子と近代経営」，朝日新聞，昭和37年11月11日刊.

厚東偉介（2010）「経営哲学の諸領域と基礎概念」，『早稲田商学』，第423号，357-380.

越川弥栄（1933）『文化主義新教育原論』，明治図書.

小島直記（1971）『川上嘉市の生涯－静岡新聞連載「郷土と偉人」より』，日本楽器製造株式会社（非売品）.

小寺聡編（2015）「もういちど読む山川哲学　ことばと用語」，山川出版社.

小林惟司（2009）『二宮尊徳』，ミネルヴァ書房.

古林喜樂（1939）「ナチズム経営学の見地」，古林喜樂（1980）『ドイツ経営経済学』，千倉書房，129-143（初出は『国民経済雑誌』，第67巻，第5号）．

古林喜樂（1940）「ナチス下の經營學」，『經營學論集』，第14巻，213-220．

古林喜樂（1943）『戰時勞働と經營』，甲文堂書店．

古林喜樂（1980）『ドイツ経営経済学』，千倉書房．

サットン・ハリス・ケイスン・トービン著，高田馨・長浜穆良（翻訳）（1968）『アメリカの経営理念』，日本生産性本部．

三枝博音（2014）『近代日本哲学史』，書肆心水．

坂本藤良（1958）『経営学入門』，カッパ・ブックス．

佐々木周雄（1943）『兵器工業の指標』，兵器工業新聞出版部．

佐藤喜一郎（1956）「アメリカの経営理念」，『生産性の理論と実際Ⅱ』，生産性本部，76-79．

佐藤義信（1994）『トヨタ経営の源流－創業者喜一郎の人と事業』，日本経済新聞社．

佐藤弘夫編著（2005）『概説　日本思想史』，ミネルヴァ書房．

澤井隆治編著（2013）『独創改革』，日経BP社．

柴田仁夫（2017）『実践の場における経営理念の浸透－関連性理論と実践コミュニティによるインターナル・マーケティング・コミュニケーションの考察』，創成社．

渋沢栄一記念財団編（2012）『渋沢栄一を知る事典』，東京堂出版．

下谷政弘（2014）『経済学用語考』，日本経済評論社．

社会経済生産性本部（1998）『社是社訓　第3版』，生産性出版．

社会経済生産性本部（2004）『ミッション・経営理念【社是社訓　第4版】』，生産性出版．

朱京偉（2002）「明治期における近代哲学用語の成立－哲学辞典類による検証」，『日本語科学』，第12巻，国立国語研究所，96-127．

朱京偉（2005）「明治初期以降の哲学と論理学の新出語」，『日本語科学』，第18巻，国立国語研究所，71-93．

昭和研究会編（1939）『新日本の思想原理』，『新日本の思想原理続篇　協同主義の哲学的基礎』，昭和研究会．

白石剛（1942）「銀行經營理念の轉換と其の方向」，『理論と実際　銀行研究』，29-37．

新明正道（1929）『社会科学叢書　第16編　独逸社會學』，日本評論社．

鈴木勘一郎（2009）「中堅中小企業における理念経営に関する研究－価値，理念浸透，そして業績」，『日本ベンチャー学会誌』，14巻，13-22．

鈴木泰平（1943）「ジロンドの崩壊」，『史学』，三田史学会，第21巻第2号，慶應義塾大学，43-76．

須田敏子（2019）『マネジメント研究への招待－研究方法の種類と選択』，中央経済社．

住田正一（1943）「生産増強と経営理念」，『実業之日本』，第46巻．

蘇俏（2016）『経営理念の本質的役割とその変遷に関する経営学史的考察』，大手門学院大学博士学位論文．

住原則也（2014）『経営と宗教－メタ理念の諸相』，東方出版．

住原則也・三井泉・渡邊祐介編，経営理念継承研究会著（2008）『経営理念－継承と伝播の経営人類学的研究』，PHP研究所．

瀬戸正則（2017）『戦略的経営理念論－人と組織を活かす理念の浸透プロセス』，中央経済社．

相馬愛蔵（1894）『蚕種製造論』，経済雑誌社．

第一高等學校（1924）『第一高等學校一覧　自大正十三年　至大正十四年』，第一高等學校．

第十八回群馬縣國民學校教育研究會編『國民學校經營の研究』，群馬縣國民學校教育研究會.

高巖（2009）「経営哲学とは何か－７つの定義」，京都大学京セラ経営哲学寄附講座編『経営哲学を展開する』，文眞堂.

高尾義明（2009）「経営理念の組織論的再検討」，京都大学京セラ経営哲学寄附講座編『経営哲学を展開する』，文眞堂.

高尾義明・王英燕（2012）『経営理念の浸透－アイデンティティ・プロセスからの実証分析』，有斐閣.

高田馨（1967）「経営哲学－とくに経営理念論について」，『經濟論叢』（京都大學經濟學會），第100号第５巻，15-33.

高田馨（1978）『経営目的論』，千倉書房.

高橋正則（1941）『大東亜共栄圏の指導理念』，豊国社.

高宮晋編著（1978）『木川田一隆の経営理念』，電力新報社.

竹島富三郎（1928）「經營學と經濟學との關係に關する一考察－社會政策より經營學へ，との時代の要求の變遷に就いて」，『經營學論集』，第２巻，269-300.

竹中靖一（1977）『日本的経営の源流－心学の経営理念をめぐって』，ミネルヴァ書房.

竹中靖一・宮本又次監修（1979）『経営理念の系譜－その国際比較』，東洋文化社.

武政太郎（1930）『教育學の基本問題』，中文館書店.

田杉競（1967）「経営理念の類似性と相異－メーソン・ヘアーの国際比較」，『經濟論叢』，第99巻第６号，493-515.

田中雅子（2006）『ミッションマネジメントの理論と実践－経営理念の実現に向けて』，中央経済社.

田中雅子（2016）『経営理念浸透のメカニズム』，中央経済社.

田中宏（1957）『日本の紡績　鐘紡と系列』，日本コンツェルン刊行会刊.

田邊元（1932）『ヘーゲル哲學と辯證法』，岩波書店.

谷口雅春（1932）『生命の実相』，生長の家出版部.

谷口吉彦（1940）『新體制の理念』，千倉書房.

谷本寛治（2013）『責任ある競争力－CSRを問い直す』，NTT出版.

田村光三（1965）「わが国における会社の経営信条とその特質」，本位田祥男編（1965）『新企業原理の研究』，清明会叢書.

ダビッド・E. リリエンソール（邦訳1956）『ビッグ・ビジネス－大企業の新しい役割』，ダイヤモンド社.

丹下博文（1993）『検証　新時代の企業像』，同文館.

中央公論社（1942）『中央公論』，第57年第３號（三月号），中央公論社.

中小企業庁監修　中小企業診断協会編（1959）『企業診断ハンドブック　商業編（上巻）』.

土屋喬雄（1958）『日本における経営者精神の発達』，経営書房.

土屋喬雄（1964）『日本経営理念史』，日本経済新聞社.

土屋喬雄（1967）『続日本経営理念史』，日本経済新聞社.

土屋好重（1957）「ビジネスと万人同報の理念－新経営理念における人間関係の諸問題」，『経済往来』，1957年１月号，12-16.

手島邦夫（2001）「西周の訳語の定着とその要因」，『國語學』，第52巻第３号，日本語学会，91.

東京市政調査会編（1928）『公民教育研究上巻』，東京市政調査会.

東洋経済新報社編（1965）『私の経営理念－流企業の首脳は語る』，東洋経済新報社.

遠山敦（2010）『丸山眞男－理念への信（再発見　日本の哲学)』，講談社.

朝永三十郎（1905）『哲学辞典』，東京寶文館.

鳥羽欽一郎・浅野俊光（1984）「戦後日本の経営理念とその変化」，『組織科学』，第18巻，第2号，37-51.

中瀬寿一（1967）『戦後日本の経営理念史』，法律文化社.

中川敬一郎（1972）「第一編　経営理念の国際比較－その経営史的考察」，中川敬一郎編（1972）『経営理念』，ダイヤモンド社.

中川敬一郎（1981）『比較経営史序説』，東京大学出版会.

中川敬一郎・由井常彦編（1969）『経営哲学・経営理念（明治・大正編)』，ダイヤモンド社.

中川敬一郎・由井常彦編（1970）『経営哲学・経営理念（昭和編)』，ダイヤモンド社.

中川敬一郎編著（1972）『経営理念』，ダイヤモンド社.

中田正男（1955）「經營理念と映写技術」，『映写』，全日本映写技術者連盟，5.

中西勉（1942）『經營必携』，図南書房.

中西勉（1943）『新訂　経営必携』，図南書房.

中西勉（1954）『経営学（経営マニュアル)』，高陽書院.

中西勉（1956）『経営管理と原価計算』，税務経理協会.

中西勉（1958）『経営必携』，高陽書院.

中西勉（1958）『会計実務必携』，高陽書院.

中西勉（1963）『経営学要説』，高陽書院.

中西勉（1968）『システムと管理会計』，森北出版.

中西寅雄（1931）『經營經濟學』，日本評論社.

中西寅雄・鍋島達編著（1965）『現代における経営の理念と特質』，日本生産性本部.

中村進（1982）『社是社訓集』，日本実業出版社.

中本和秀（2017）「経営と経済－その字義と語義およびその転換」，『経済と経営』，第47巻第1・2号，81-88.

名和高司（2021）『パーパス経営－30年先の視点から現在を捉える』，東洋経済新報社.

西周（1882）『尚白劄記』，大久保利謙編（1960）『西周全集第一巻』，宗高書房.

西田幾多郎（1943）「世界新秩序の原理」，『西田幾多郎全集　第12巻』（1966年），岩波書店.

西村剛（2017）「古林喜樂の経営学方法論に関する一考察」，『商学論究』（関西学院大学），第64巻3号，131-157.

日本経済新聞社（1963）『会社年鑑（1963年版)』，日本経済新聞社.

日本経済新報社（1956）『日本経済新報』，第15巻12月号.

日本経済新報社（1958）「新しい経営理念－田辺製薬，平林専務に聞く」，『日本経済新報』，第11巻第20号，44.

日本經濟情報　巻頭言（1956）「財界の新経営理念」，『日本經濟情報』，第15巻12月号，創造社.

日本国有鉄道営業局（1956）『国鉄線』，No.83，日本国有鉄道.

日本実業出版社編（1969）『わが企業経営実践記－実力中小企業21社長の経営理念と手法』，日本実業出版社.

日本実業出版社編（1982）『社是社訓実例集』，日本実業出版社.

日本生産性本部編（1956）『生産性の理論と実際Ⅲ』，日本生産性本部.

日本生産性本部編（1957）『前進するアメリカ経済－第2次トップ・マネジメント視察団報告書』，日本生産性本部.

日本生産性本部（1985）『生産性運動30年史』，日本生産性本部.

日本生産性本部（1986）『社是社訓』，日本生産性本部.

日本生産性本部（1992）『新版　社是社訓』，生産性出版.

「日本の経営」研究会（1967）「社是・社訓に見る経営理念」，『マネジメント』，第21巻第10号.

野口均（2002）『トヨタを創った男　豊田喜一郎』，WAC.

野田一夫監修・日本事務能率協会編（1959）『ドラッカー経営哲学』，日本事務能率協会.

野田信夫講述・経済同友会研究部会編（1963）『「現代の経営」を通じてみたドラッカーの経営学』，鹿島研究所出版会.

野田信夫（1965）「2．経営理念」，野田信夫監修『現代経営理論のエッセンス－テイラー以後の17大理論』，ぺりかん社，39-62.

野林晴彦（2015a）「理念浸透における理念内容と浸透策，浸透度，成果－企業組織を対象としたマクロレベルの実証研究」，『経営戦略研究』，第15巻，51-72.

野林晴彦（2015b）「経営理念浸透にかんするマクロレベル先行研究の考察－コンティンジェンシー理論に基づくパラダイムによる整理と新たな課題の抽出」，『経営哲学』，第12巻第1号，5-22.

野林晴彦（2016a）「経営理念類型化の試み－マクロ研究実施のために」，『経営哲学』，第13巻第1号，76-87.

野林晴彦（2016b）「経営理念の変遷－トヨタ自動車の事例」，『びわ湖経済論集』，第15巻第1号，1-17.

野林晴彦（2019a）「日本における経営理念概念の変遷と機能変化」，『経営哲学』，第16巻第1号，5-21.

野林晴彦（2019b）「日本の経営理念概念に関する一試論」，『経営哲学』，第16号第2巻，128-136.

野林晴彦（2020a）「経営理念2つの視座－「経営理念機能論」と「経営理念本質論」」，『経営哲学』，第17巻第1号，17-25.

野林晴彦（2020b）「戦時期の経営理念－中西勉（1943）『新訂　経営必携』を手掛かりに」，『北陸学院大学・北陸学院大学短期大学部研究紀要』，第13号，115-125.

野林晴彦（2020c）『日本の経営理念の歴史的変遷－概念の誕生・変容と普及』（博士論文），滋賀大学大学院経済学研究科.

野林晴彦（2022）「「経営理念」という言葉の原義に関する一考察－「理念」という言葉の誕生・普及から，「経営理念」の始まりまで」，『日本経営倫理学会誌』，第29巻，11-26.

野林晴彦・浅川和宏（2001）「理念浸透「5つの策」－経営理念の企業内浸透度に着目して」，『慶應経営論集』，第18巻，37-55.

野村千佳子（1999）「90年代における日本企業の経営理念の状況－環境の変化と経営理念の見直しと変更」，『早稲田商学』，第380号，47-73.

間宏（1963）『日本的経営の系譜』マネジメント新書，日本能率協会.

間宏（1972）「第二編　日本における経営理念の展開」，中川敬一郎編著『現代経営学全集第3集　経営理念』，ダイヤモンド社.

間宏（1990）「日本における産業化初期の経営理念－国際比較の理論的枠組を求めて」，『経営史学』，第25巻，第2号，1-32.

橋爪大三郎（2020）『皇国日本とアメリカ大権』，筑摩書房.

馬場敬治（1931）『経営学方法論』，日本評論社.

馬場敬治（1948）『組織の調整力と其の諸理念型』，日本評論社.

坂東学（2014）「生産性本部の設立と運動の展開」，『産研論集』（関西学院大学），第41号，15-22.

T.J. ピーターズ＆R.H. ウォータマン（大前研一訳1983）『エクセレント・カンパニー－超優良企業の条件』，講談社.

J. ヒルシュマイヤ著（土屋喬雄・由井常彦訳1965）『日本における企業者精神の生成』，東洋経済新報社.

日野三十四（2002）『トヨタ経営システムの研究－永続的成長の原理』，ダイヤモンド社.

平井泰太郎（1941）『国防経済講話』，千倉書房.

平井泰太郎（1942）『統制経済と経営経済』，日本評論社.

平山洋（1992）「西田幾多郎とカント」，『比較思想研究』，第18巻，39-46.

福沢諭吉（1878）『通俗民権論』，慶應義塾出版社.

福住正兄（1884-1891）『二宮翁夜話』，報徳社.

福本邦雄（1959）『学閥・人間閥・資本閥』，知性社.

藤田正勝（2018a）「日本におけるドイツ観念論の受容」，『理想』，700号，26-48，理想社.

藤田正勝（2018b）『日本哲学史』，昭和堂.

フリードリッヒ・マイネッケ（邦訳1976）『近代史における国家理性の理念』，みすず書房.

古川栄一（1957a）『経営管理要説』，千倉書房.

古川栄一（1957b）『初等経営学』，経林書房.

古川栄一（1958）『新しい経営管理』，通信教育振興会.

古川栄一（1959）『経営近代化のための経営者の知識』，経林書房.

古荘凌（1943）「大東亞共榮圏完成過程における　満州都市交通經營理念」，『汎自動車』，昭和18年3月20日号，自動車資料社，24-27.

降簇典弥（1958）「新しい経営理念とは－新資本主義に対する確信と生産性向上」，『経営セミナー』，1958年11月号，経営書房，2-20.

古林輝久（1979）「第10章　戦後の経営理念と社会的責任（Ⅱ）」，中谷哲郎・川端久夫・原田実編著『経営理念と企業責任』，ミネルヴァ書房.

ヘーゲル著・武市健人訳（1961）『改譯　大論理学　下巻』，岩波書店.

ボストンコンサルティンググループ編著（2020）『BCG次の10年で勝つ経営－企業のパーパス（存在意義）に立ち還る』，日本経済新聞出版.

堀越芳昭（2006）「第2章　日本における経営理念の変遷と「企業の社会的責任」概念の質的変換」，松野弘・堀越芳昭・合力知工編著『「企業の社会的責任論」の形成と展開』，ミネルヴァ書房.

本位田祥男（1940）『新體制下の経濟』，日本評論社.

B.K. マーシャル著（鳥羽欽一郎訳1968）『日本の資本主義とナショナリズム－ビジネス・エリートの経営理念』，ダイヤモンド社.

牧健二（1945）『「いへ」の理念と世界観』，星野書店.

槇谷正人（2012）『経営理念の機能－組織ルーティンが成長を持続させる』，中央経済社.

桝谷勝一（1957）『経営改善の着眼』，日刊工業新聞社.

増田米治（1959）『経営実務－マネジメントの実務知識』，光文社.

まつうら生（1957）「近代経営理念に徹せよ」,『ゴム時報』, ゴム時報社, 第36巻1月号, 7.

松岡久美（1997）「経営理念の浸透レベルと浸透メカニズム－コープこうべにおける『愛と協同』」,『六甲台論集』, 第44巻第1号, 183-203.

松下幸之助（1968）『私の行き方考え方』, 実業之日本社, 280-283.

松田良子（2003）「経営理念と経営戦略」, 加護野忠男編著（2003）『企業の戦略』, 八千代出版, 39-52.

松本照敬（2018）「観念」, 中村元編著『仏教語源散策』, 角川ソフィア文庫, KADOKAWA, 44-46.

マックス・ウェーバー（邦訳1938）『プロテスタンティズムの倫理と資本主義の精神』, 有斐閣.

真野三郎（1956）「新しい経営理念」,『関西経協』, 16.

三上富三郎（1961）『卸売業経営』, 同文館出版.

水谷内徹也（1992）『日本企業の経営理念－「社会貢献」志向の経営ビジョン』, 同文館.

水谷内徹也（1993）「現代企業の経営理念と経営戦略」, 水谷内徹也・村上亨編著『現代企業の新展開－理念・戦略・組織』, 高文堂出版社.

三井泉編著（2013）『アジア企業の経営理念－生成・伝播・継承のダイナミズム』, 文眞堂.

三本重長（1935）『尋三の學級經營』, 厚生閣.

南博（1994）『日本人論－明治から今日まで』, 岩波書店.

宮川透（1966）『日本精神史への序論』, 紀伊国屋書店.

三宅雄二郎（1889）『哲學涓滴』, 文海堂.

宮下藤太郎・諸井勝之助・大沢豊・岡本康雄（1964）『わが国企業における経営意思決定の実態（Ｖ）－経営理念と企業活動』, 財団法人東京経済研究センター.

宮田喜代蔵（1928）「經濟性と經營性」,『經營學論集』, 第2巻, 115-120.

宮永孝（2014）「明治・大正期のヘーゲル」,『社会志林』, 法政大学社会学部学会, 324-172.

宮村悠介（2016）「カントの理念論の歴史的背景－近代哲学におけるイデア論受容の一断面」,『愛知教育大学研究報告. 人文・社会科学編』, 第65巻, 101-109.

武藤山治（1926）『實業讀本』, 日本評論社.

村山元理（2022）「パーパスは経営理念か－その背景とビッジョンの一考察」,『駒大経営研究』, 第53巻第3・4号, 97-119.

村山元理（2023）『中島久万吉－高僧といわれた財界世話役の研究』, 文眞堂.

藻利重隆（1959a）『ドラッカー経営学説の研究』, 森山書店.

藻利重隆（1959b）「新しい経営理念」, 一橋大学一橋学会編『新しい経営理念と経営技術』, 春秋社.

森川英正（1973）『日本型経営の源流－経営ナショナリズムの企業理念』, 東洋経済新報社.

森田宏・露木恵美子（2001）「事例研究3：エーザイ」妹尾大・阿久津聡・野中郁次郎編著『知識経営実践論』, 白桃書房, 69-103.

文部省（1937）『國體の本義』.

文部省教學局（1941）『臣民の道』.

柳川昇（1957）「実践の理念か, 理念の実践か－経済同友会の決議を読んで」,『経済往来』, 1957年1月号, 6-11.

柳父章（1972）『翻訳語の論理－言語に見る日本文化の構造』, 法政大学出版局.

柳父章（1976）『翻訳とは何か－日本語と翻訳文化』, 法政大学出版局

柳父章（1982）『翻訳語成立事情』, 岩波新書, 岩波書店.

柳父章（2013）『翻訳文化を考える　改装版』, 法政大学出版局

矢野恒太（1907）『ポケット論語』, 博文館.

矢野恒太（1909）『ダイヤモンド論語』, 博文館.

山上克己（1985）『大原総一郎の経営理念とその実践』, 労働科学研究所.

山下淳一郎（2016）『日本に来たドラッカー　初来日編』, 同友館.

山下静一（1992）『戦後経営者の群像－私の「経済同友会」史』, 日本経済新聞社.

山城章（1956）『経営価格政策』, 中央経済社.

山城章（1967）「経営の基本理念と日本的経営」,『經濟論叢』（京都大學經濟學會）, 第100号
　　第5巻, 110-130.

山城章編著『現代の経営理念』（1967　実態編, 1969　理論編/1972　合本版）, 白桃書房.

山本安次郎（1967）「経営の理論と政策－経営理念論序説」,『經濟論叢』（京都大學經濟學會）,
　　第100号第4巻.

山本安次郎（1972）「経営理念の国際的比較」, 山城章編著『現代の経営理念』（合本版）, 白
　　桃書房.

山口誠一（2013),「観念・イデア・理念・理想」, 石塚正英・柴田隆行監修『哲学・思想翻
　　訳語事典　増補版』, 論創社, 50-51.

湯浅蓄電池製造株式会社（1953）『湯浅三十五年のあゆみ』.

由井常彦（1969）「解説　経営哲学・経営理念＜明治・大正編＞」中川敬一郎・由井常彦編
　　集・解説（1969）『財界人思想全集1　経営哲学・経営理念　明治・大正編』, ダイヤモ
　　ンド社, 3-44.

由井常彦（1985）「経営理念」, 日本経営史学会編（1985）『経営史学の二十年－回顧と展望』,
　　東京大学出版会, 101-105.

横川雅人（2009）「経営理念－その機能的側面と制度的側面」,『経営戦略研究』, 第3巻, 5
　　-20.

横川雅人（2010a）「現代日本企業における経営理念の機能と経営浸透策」,『ビジネス＆アカ
　　ウンティングレビュー』, 第5巻, 219-236.

横川雅人（2010b）「現代日本企業の経営理念－「経営理念の上場企業実態調査」を踏まえて」,
　　『産研論集』, 第37巻, 125-137.

横田啓三（1957）「新しい経営理念と労務管理方式」,『労働経済旬報』, No. 319, 22-26.

吉武顯（1940）『我社の江風會運動－新經營理念と其の實踐』, グリコ株式会社（非売品）.

吉村正利（1959）『企業繁栄の条件－ある経営者のノートより』, 日刊工業新聞社.

吉野信次（1956）「人間性尊重の経済, 新しい経営理念」,『実業之世界』, 実業之世界社, 25
　　-27.

淀野耀淳編（1907）『帝国百科全書　第169偏　認識論』, 博文館.

ジェフリー・ライカー, マイケル・ホセウス著　稲垣公夫訳（2009）『トヨタ経営大全②
　　企業文化（上）（下）』, 日経BP社.

劉慧真（1995）「経営理念の構造－その領域性と階層性について」,『立命館経営学』, 第34巻
　　第3号, 131-157.

渡邊祐介（2008）「議題：松下経営哲学形成の問題提起」「2.　松下幸之助と稲盛和夫の経営
　　哲学」, 経営哲学学会編（2008）『経営哲学の実践』, 文眞堂, 25-28.

【著者紹介】

野林 晴彦（のばやし はるひこ）

慶應義塾大学大学院修了（MBA），滋賀大学大学院修了（博士，経営学）。

製薬会社で26年勤務の後，九州国際大学経済学部，北陸学院大学短期大学部勤務を経て2022年より金沢星稜大学経済学部経営学科教授。

主な雑誌論文として「理念浸透における理念内容と浸透策，浸透度，成果：企業組織を対象としたマクロレベルの実証研究」（経営戦略研究，2015年），「日本における経営理念概念の変遷と機能変化」（経営哲学，2019年），「『経営理念』という言葉の原義に関する一考察：「理念」という言葉の誕生・普及から，『経営理念』の始まりまで」（経営倫理学会誌，2022年），「『表象としての経営理念』に関する理論的検討」（経営哲学，2023年）など。

日本における経営理念の歴史的変遷
―経営理念からパーパスまで

2024年3月25日　第1版第1刷発行

著　者　野　林　晴　彦
発行者　山　本　　　継
発行所　㈱中　央　経　済　社
発売元　㈱中央経済グループ
　　　　パ ブ リ ッ シ ング

〒101-0051　東京都千代田区神田神保町1-35
電話　03 (3293) 3371 （編集代表）
　　　03 (3293) 3381 （営業代表）
https://www.chuokeizai.co.jp
印刷／昭和情報プロセス㈱
製本／誠　製　本　㈱

©2024
Printed in Japan